Inhaltsverzeichnis

Vorwort		4
1.	**Benutzerhinweise**	**6**
1.1	ICB 4 und die Zertifizierung zum Projektmanager	6
1.2	Wie können Sie sich den für Sie wichtigen Stoff am besten aneignen?	6
2.	**Überblick über die relevanten Vertragstypen**	**9**
2.1	Charakterisierung der Vertragstypen in Projekten	9
2.2	Abgrenzung des Werkvertrags vom Kaufvertrag mit dessen Varianten *	11
2.3	Abgrenzung zwischen Werkvertrag und Dienstvertrag	12
3.	**Die Grundlagen für Verträge**	**17**
3.1	Eigenschaften der Rechtsvorschriften	17
3.1.1	Die wichtigsten Gesetze für Ihre Verträge	21
3.1.2	Vertragsfreiheit und ihre Grenzen	25
3.1.3	Die Regelungstechnik des Gesetzgebers	29
3.1.4	Allgemeine Geschäftsbedingungen und ihre Grenzen	37
3.2	Ansprüche stellen (oder abwehren) und die Voraussetzungen beweisen	42
3.3	Die Ermittlung des Inhalts von Verträgen	48
3.4	Europäisches Recht, UN-Recht und US-Recht	54
4.	**Der Vertragsabschluss in der Praxis**	**56**
4.1	Vertragsvorbereitung und -abschluss	56
4.1.1	Antrag und Annahme ergeben einen Vertrag	56
4.1.2	Der Vertragsantrag	58
4.1.3	Annahme und „Auftragsbestätigung"	60
4.1.4	Schweigen, insbesondere das des Antragsempfängers	63
4.1.5	Schriftform	65
4.1.6	Letter of Intent und Verträge im Vorfeld	68
4.1.7	Bedingungen für die Geltung eines Vertrags	70
4.1.8	Vertragsabschluss mit „Telekommunikationsmitteln" *	72
4.1.9	Noch einige Hinweise zu Verträgen	72
4.2	Unternehmerisches Bestätigungsschreiben und Protokolle	73
4.3	Vertretungsbefugnis, insbesondere durch Bevollmächtigung	78
4.4	Vertragsbestandteile und die Reihenfolge von deren Geltung	83
4.5	Vorvertragliche Pflichten	85
5.	**Allgemeines zu Leistungen**	**89**
5.1	Art von Ansprüchen auf Leistung/Erfüllung	89
5.2	Vergütung	89
5.3	Fälligkeit von Leistungen	90

5.4	Leistungsort/Erfüllungsort	91
5.5	Leistung Zug um Zug, Zurückbehaltungsrecht, Aufrechnung	92
5.6	Störung der Geschäftsgrundlage *	93
5.7	Pflichten im eigenen Interesse/Obliegenheiten:	94
5.8	Konsortium	95
6.	**Kaufverträge**	**97**
6.1	Grundzüge	97
6.1.1	Hauptpflichten des Verkäufers	97
6.1.2	Hauptpflichten des Käufers	99
6.2	Geschuldete Leistungen: Umfang und Eigenschaften	100
6.3	Vertragsdurchführung	101
6.4	Haftung wegen Mängeln, unberechtigte Mängelmeldungen	101
6.4.1	Beweislast bei Mängeln	101
6.4.2	Der Anspruch auf Nacherfüllung	104
6.4.3	Minderung und Rücktritt	107
6.4.4	Schadensersatzansprüche	108
6.4.5	Kenntnis von Mängeln, Kaufmännische Untersuchungs- und Rügepflicht	108
6.4.6	Verjährung	110
6.4.7	Garantien	111
6.4.8	Vergütung für die Beseitigung von Störungen beim Kunden	114
7.	**„Werkverträge und ähnliche Verträge"**	**116**
7.1	Grundzüge des Werkvertragsrechts	116
7.2	Geschuldete Leistungen: Umfang und Eigenschaften	118
7.2.1	Umfang und Eigenschaften des Werks	118
7.2.2	Umfang der Leistungen insgesamt	125
7.3	Vertragsdurchführung	126
7.3.1	Die Aufgaben	126
7.3.2	Die Konkretisierung der Aufgabenstellung	127
7.3.3	Änderungs- und Zusatzverlangen, Change-Request-Verfahren, Claimmanagement	139
7.3.4	Mitwirkung des Kunden	143
7.3.5	Freies Kündigungsrecht des Kunden	145
7.4	Preisvereinbarungen	146
7.5	Terminvereinbarungen	150
7.6	Abnahme	151
7.7	Haftung wegen Mängeln	155
7.8	Verträge mit Unterauftragnehmern über Leistungen für Kunden	158
7.9	Bauverträge	161
7.10	Beratungsverträge (Konzepterstellung usw.)	162
8.	**Werklieferungsverträge**	**164**

9.	**Dienstverträge**	**165**
9.1	Grundzüge des Dienstvertrags	165
9.2	Vertragstypen in der Praxis	169
9.2.1	Insbesondere Verträge mit freien Mitarbeitern	169
9.2.2	Abgrenzung zur Arbeitnehmerüberlassung *	170
10.	**Miet- und Leasingverträge**	**172**
10.1	Mietverträge	172
10.1.1	Hauptpflichten des Vermieters und seine Haftung	172
10.1.2	Hauptpflichten des Mieters	173
10.2	Leasingverträge *	174
11	**Vertragsverletzungen (Leistungsstörungen) und Haftung**	**176**
11.1	Allgemeines	176
11.1.1	Anspruch auf Schadensersatz	179
11.1.2	Vertretenmüssen bei anderen Ansprüchen	180
11.1.3	Mitverschulden	181
11.1.4	Rücktritt	182
11.1.5	Kündigung aus wichtigem Grund	185
11.1.6	Haftungseinschränkung im Vertrag	186
11.2	Ausdehnung der Verantwortung: Erfüllungsgehilfe	186
11.3	Verzug	187
11.4	Unmöglichkeit	189
11.5	Schlechterfüllung	191
11.6	Unzulängliche Mitwirkung des Kunden	191
11.7	Schadensersatz	192
11.8	Verjährung und Verwirkung	194
11.9	Annahmeverzug des Kunden	197
11.10	Vertragsstrafe	198
12.	**Haftung von Dritten**	**199**
12.1	Bürgschaft und Bankgarantie	199
12.2	Außervertragliche Haftung, insb. Produkthaftung	200
Abkürzungsverzeichnis		**203**
Literaturhinweise		**204**
Stichwortverzeichnis		**205**

Vorwort

Im Rahmen Ihrer Projektarbeit haben Sie auch mit Verträgen zu tun. Sie wollen einigermaßen Bescheid wissen, auf welchem Boden Sie sich dabei bewegen.

Das Buch bereitet Ihnen das Vertragsrecht dafür auf, was Sie in Ihrer Praxis brauchen:

- Wie Sie das, was Sie tun wollen, rechtlich richtig tun.
  Beispiel
  Wie können Sie die Schriftform für Verträge wirksam vereinbaren?
- Wie Sie Risiken vermeiden.
  Beispiel
  Sie halten die vereinbarte Schriftform ein, hilfsweise protokollieren Sie nachträglich mündliche Vereinbarungen auch wenn das nicht agil erscheint.
- Wie Sie mit Risiken und Problemen umgehen.
  Beispiel
  Wie gehen Sie mit mündlichen Nebenabreden um, die andere schändlicherweise getroffen haben, wenn Schriftform vereinbart worden ist? – Wenn Sie bei „schändlicherweise" nicht zucken, haben sie die nötige Kompetenz im Vertragsrecht erworben.

In komplizierten Fällen sollen Sie den Rat eines Juristen einholen, beispielsweise bei mündlichen Nebenabreden. Deswegen behandelt das Buch auch, auf welche Denkstrukturen Sie bei Besprechungen mit Juristen treffen.

Ich unterscheide bei Verträgen insgesamt vier Ebenen, so auch bei Projekten.

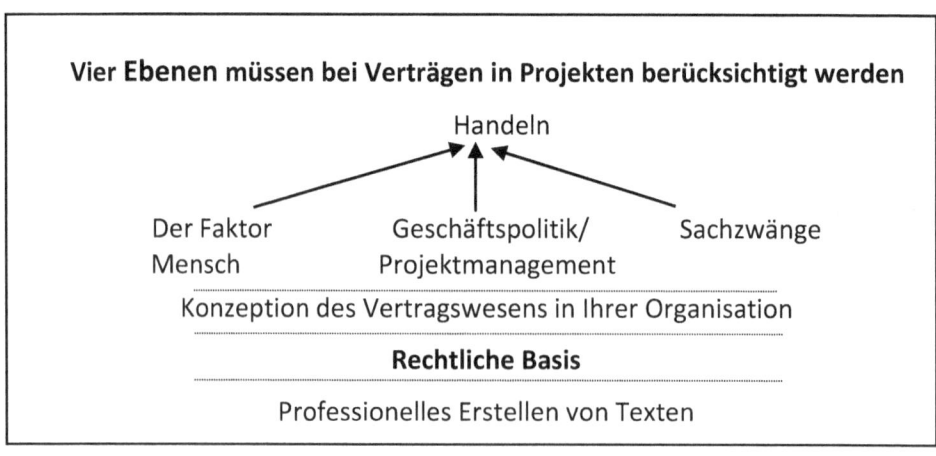

Dieses Buch handelt die zweite Ebene ab. Für die erste/unterste Ebene gibt es mein Buch zum Schreiben, und zwar in Varianten: „Geschäftstexte schreiben: klar und rechtlich sicher" mit einigem an Vertragsrecht und "Schreiben in Projekten" mit wenigem an Vertragsrecht. Sie haben zwar in der Schule gelernt, wie man Besinnungsaufsätze schreibt. Sachtexte sollten Sie aber anders schreiben, und ganz besonders solche in der Projektarbeit.

Neckargemünd, Dezember 2018   Christoph Zahrnt

1. Benutzerhinweise

1.1 ICB 4 und die Zertifizierung zum Projektmanager

Viele Projektleiter in Deutschland wollen sich nach ICB 4 der IPMA[1] als Projektmanager – wie dieser dort genannt wird – zertifizieren lassen. ICB 4 ist der Maßstab der GPM, der deutschen Gesellschaft für Projektmanagement (Mitglied in der IPMA). Für diese Zertifizierung müssen die Projektmanager/Projektleiter Basiswissen über Verträge im Bereich von Projekten nachweisen. Dieses Basiswissen habe ich im Projekthandbuch PM4 der GPM kurz beschrieben. Wer als Projektleiter oder sonst an Projekten Beteiligter mehr wissen will, kann sich in diesem Buch ausführlicher informieren. Das Buch unterstützt ihn auch dabei, Fertigkeiten im Sinne von ICB 4 zu entwickeln, um das Wissen auch anwenden zu können.

ICB 4 und damit auch PM4 handeln das Vertragsrecht aus der Perspektive des Kunden ab. Das Vertragsrecht gilt allerdings für beide Vertragspartner gleichermaßen. Dementsprechend ist dieses Buch neutral abgefasst, so dass die Auftragnehmerseite es ebenso nutzen kann.

1.2 Wie können Sie sich den für Sie wichtigen Stoff am besten aneignen?

Lesen Sie zuerst:

- Zum Warmwerden einen Überblick über die wichtigsten Vertragstypen: Kapitel 2.1.1
- Auf welchem Boden Sie sich bewegen: Kapitel 3 vom Anfang bis 3.1.2 sowie Kapitel 3.2, auch wenn diese Abschnitte trocken erscheinen mögen. Machen Sie nach jedem Abschnitt (nach jeweils etwa 5 bis 10 Minuten) eine Pause und überlegen sich, was Sie zu diesen Themen bereits in Ihrem Leben erfahren haben und was diese Themen für Sie bedeuten oder in Zukunft bedeuten können.
- Wie Sie auf diesem Boden Schritte machen können: Kapitel 4.1.1 bis 4.1.5 und 4.2 über den Vertragsabschluss und über spätere Vereinbarungen

und dann

- Was für Ansprüche Sie haben können: Kapitel 5.1, 11.1 und 11.6
- Wie Sie die im Vertrag formulierten Ansprüche bzw. Pflichten auszulegen haben: Kapitel 3.3

---

[1] Individual Competence Baseline der International Project Management Association

- und den Rest von Kapitel 4 *ansatzweise*, damit Sie wissen, dass es diese Themen gibt, und die entsprechenden Abschnitte bei Bedarf lesen können.
- Kapitel 2.2 und 2.3, damit Sie die wichtigsten Vertragstypen zu unterscheiden lernen.

Das reicht erst einmal. Alles Weitere ist eher zum Nachschlagen gedacht. Das gilt besonders für das Thema Haftung: Sie brauchen die Grundbegriffe. Denn wenn Sie etwas mit einem Juristen besprechen, wird es wahrscheinlich um dieses Thema gehen.

In Ihrem Interesse, der/die Sie einen Leitfaden suchen, habe ich auf Verweise auf Rechtsprechung und Literatur weitestgehend verzichtet. Dier klein gedruckten Texte und die Fußnoten sind für Leser gedacht, die es etwas genauer wissen wollen. Übergehen Sie beides, wenn Sie einen Text zum ersten Mal lesen.

In diesem Buch wird die Rechtslage für den Fall dargestellt, dass die Vertragspartner keine Vereinbarungen getroffen haben und sich die Rechtslage dementsprechend nach den Vorschriften des deutschen Vertragsrechts richtet. Manchmal wird auch dargestellt, wie Vereinbarungen zu verstehen sind, die in der Praxis häufig getroffen werden. Wenn Sie sagen, dass Sie dieses oder jenes anders kennen würden, gehen Sie davon aus, wie Verträge in Ihrer Organisation gestaltet und durchgeführt werden (dritte Ebene des Modells im Vorwort). Das ist dann kaum falsch, sondern spezifisch und dank der Vertragsfreiheit fast immer zulässig.

Sie werden immer wieder lesen, dass die Rechtslage "normalerweise" so und so sei. Das Vertragsrecht ist daraufhin ausgelegt, dass die jeweiligen Umstände zu einer anderen rechtlichen Beurteilung führen können. – Es kann auch heißen, dass die Rechtslage in schwierigen Situationen so oder so sein „dürfte". Diese Unsicherheit ist unvermeidbar. Lassen Sie sich dadurch nicht verunsichern, sondern nehmen Sie das als Aufforderung, in Ihrer Praxis unsichere Situationen möglichst zu vermeiden und riskanter Wege möglichst gar nicht erst einzuschlagen (oberste Ebene meines Modells).

Verweise: Auf mein Buch „Projektverträge: Erfolgreiches Management für Auftragnehmer" (oberste Ebene) wird mit „PM" verwiesen, auf das Buch „Geschäftstexte schreiben: klar und rechtlich sicher" (unterste Ebene) mit „Geschäftstexte". Die Variante „Schreiben in Projekten" hat als Teilmenge dieselbe Gliederung, sodass es nicht zusätzlich zitiert zu werden braucht.

Und wenn das Buch nicht hilft, Sie sich aber selbst helfen wollen: Sie können Erläuterungen von weiteren Begriffen im Internet finden:

www.juraform.de: Rechtslexikon über 6500 juristische Wörter. Teil eines Suchdienstes für Rechtsanwälte. Ausführliche Erläuterungen, allerdings häufig in der Sprache von Rechtsanwälten.

www.lexikon.jura-basic.de: von Diplom-Jurist Volker Friedrich-Schmid, der anscheinend genauso gerne wie ich Bücher schreibt, er zum Vertragsrecht der Wirtschaft. Die Begriffe sind nach Sachgebieten aufgeteilt, die Erläuterungen sind relativ kurz.

www.wikipedia.de: Ist zwar nicht auf juristische Begriffe ausgerichtet, handelt aber viele ausführlich ab. Dabei nimmt Wikipedia eher weniger Rücksicht auf Nicht-Juristen.

Vieles ist auf Jura-Studenten und Juristen ausgerichtet.

www.Rechtswoerterbuch.de

www.lexexact.de

www.JuraWiki.de

Und wenn Sie etwas mehr tun wollen

Dann greifen Sie zum Buch „Vertragsrecht für Projektleiter – Materialband".

Dort finden Sie

- ergänzende Erläuterungen zu einigen Themen,

    (Themen, zu denen es dort Erläuterungen gibt, werden hier mit einem „ * " gekennzeichnet)

- Aufgaben und Lösungen zum Üben,

    (Themen, zu denen es Aufgaben gibt, werden hier mit einem „ + " gekennzeichnet)

- Überblick über Begriffe, bei denen Nicht-Juristen Verständnisschwierigkeiten haben können,

- Hilfen, das Vertragsrecht besser zu verstehen,

- Hilfen, Juristen besser zu verstehen.

2. Überblick über die relevanten Vertragstypen

Die Wirtschaft spricht allgemein von *„Lieferungen"* von Waren/Produkten und von *„Leistungen"*, womit sie meist Dienstleistungen meint. Der Klarheit wegen heißt es hier gleich „Dienstleistungen".

Vertragsgegenstand	Reiner Kauf	Kauf als Werklieferung von beweglichen Sachen	Werk über Sachen	Werk als eine Dienstleistung (ohne Sachen)	Dienste
Im Vertragsrecht	Leistungen				
In der Wirtschaft	Lieferungen			(Dienst-)Leistungen	
In diesem Buch	Lieferungen			Dienstleistungen	
wenn detailliert abgehandelt	Kaufsache	System wenn für beide Typen gleich			
		Werklieferung		Werk	

Zur Vermeidung von Wiederholungen handele ich in Kapitel 5 Themen zu Leistungen ab, die mehrere Vertragstypen betreffen, und entsprechend in Kapitel 11 solche Themen zu Vertragsverletzungen.

2.1 Charakterisierung der Vertragstypen in Projekten

Der Besteller kann – so ICB 4 Kapitel 4.5.9 – für sein Projekt „Güter und/oder Dienstleistungen" beschaffen, nämlich „Ressourcen (Personal, Werkzeuge, Materialien und Teillieferungen) ..." Diese können "einen maßgeblichen Anteil des Projekts einnehmen."

Also kommen in Betracht Kaufverträge in den Varianten reine Kaufverträge und Werklieferungsverträge, Werkverträge, Dienstverträge sowie Miet- und Leasingverträge.

Das BGB charakterisiert die ersten vier Vertragstypen durch deren Hauptleistungen.

Vertragstypische Einordnung
§ 433 BGB Kaufvertrag: „Sache übergeben ..." (in § 433 BGB steht kein Wort zu „erstellen")

§ 650 BGB Kaufvertrag in der Variante Werklieferungsvertrag (inoffizieller Begriff): "Vertrag, der die Lieferung (!) herzustellender oder zu erzeugender beweglicher Sachen zum Gegenstand hat... Soweit ... Sachen nicht vertretbar ... sind, sind auch die §§ [Werkvertragsrecht zur Durchführung] anzuwenden ..."

§ 631 BGB Werkvertrag: "Herstellung (!) des versprochenen Werkes ..." und das „frei von Sach- und Rechtsmängeln" (§ 633 BGB).

Kaufverträge in zwei Varianten: §§ 433 ff BGB regeln erst einmal ausführlich den reinen Kaufvertrag. Als Dienstleistung kann nur die Montage der Kaufsache hinzukommen. Der Auftragnehmer hat „die Sache zu übergeben..." und "frei von Sach- und Rechtsmängeln zu verschaffen." Der Käufer hat "den Kaufpreis zu zahlen und die gekaufte Sache abzunehmen." Gemeint ist damit: "entgegenzunehmen".

Eine bewegliche Sache braucht zum Zeitpunkt des Vertragsabschlusses noch nicht vorhanden zu sein, kann also auch erst noch "herzustellen" sein (§ 650 BGB). Für diesen Fall unterscheidet § 650 BGB zwischen

- vertretbaren Sachen, das sind solche, die üblicherweise "im Verkehr nach Zahl, Maß oder Gewicht" behandelt werden (§ 91 BGB), Sie unterliegen dem normalen = reinen Kaufvertragsrecht. Dazu gehören beispielsweise PKWs. Mehr in Kapitel 6 *[S. 97]*.

- Sachen, die nicht vertretbar sind, sondern in einer Weise individualisiert erstellt werden, dass sie als solche nicht marktfähig sind. Für sie sind die Vorschriften des Werkvertrags über die Vertragsdurchführung ergänzend „anzuwenden" (§ 650 BGB). Diese Variante wird in der Praxis als „Werklieferungsvertrag" bezeichnet. Man denke an Steinplatten, die nach Maß zugeschnitten werden. Mehr in Kapitel 8 *[S.164]*.

Es gibt Kaufverträge, die nicht ganz in das gesetzliche Schema passen: Bei ihnen erbringt der Auftragnehmer erhebliche Dienstleistungen, ohne dass die Kaufsache dadurch ihre Marktfähigkeit verlieren würde, also nicht vertretbar werden würde. Das kann beispielsweise ein Standardprogramm sein, bei dem die Vergütung für die Dienstleistungen für dessen Einführung die für das Standardprogramm weit übersteigen kann. Dann besteht dasselbe Bedürfnis dafür, die Vorschriften des Werkvertragsrechts zur Durchführung ergänzend anzuwenden. Sie sind dann auch analog (= entsprechend) anzuwenden. Damit erledigt sich das Problem nahezu, die beiden Varianten voneinander abzugrenzen: Sobald der Auftragnehmer mehr als die Montage schuldet, greifen die Vorschriften über die Durchführung gemäß Werkvertragsrecht ergänzend ein.

Werkverträge: § 631 BGB spricht von der "Herstellung des versprochenen Werkes." Hier beinhaltet die Abnahme nicht nur die Entgegennahme, sondern die Abnahmeprüfung und die Abnahmeerklärung.

„Gegenstand ... kann die Herstellung ... einer Sache als auch ein ... durch ... Dienstleistung herbeizuführender Erfolg sein." Der erste Teil des Satzes enthält die Abgrenzung zum Werklieferungsvertrag, der zweite die zum Dienstvertrag. Mehr in Kapitel 7 *[S. 116]*.

Dienstverträge: Der Auftragnehmer schuldet die „Leistung der versprochenen Dienste", der Kunde die vereinbarte Vergütung (§ 611 BGB).

Der Auftragnehmer soll nicht nur tätig werden, sondern soll Tätigkeiten in Richtung auf einen Erfolg leisten; auf den Eintritt des Erfolgs kommt es aber nicht an. Mehr in Kapitel 9 *[S. 165]*.

Mietverträge: Der Vermieter hat "dem Mieter den Gebrauch der Mietsache während der Mietzeit zu gewähren. Der Vermieter hat die Mietsache ... in einem zum vertragsgemäßen Gebrauch geeigneten Zustand zu überlassen und sie während der Mietzeit in diesem Zustand zu erhalten... Der Mieter ist verpflichtet, ... die vereinbarte Miete zu entrichten" (§ 535 BGB). Mehr in Kapitel 10.1 *[S. 172]*.

Leasingverträge : Sie sind nach der Rechtsprechung dahingehend modifizierte Mietverträge, dass der Leasinggeber das Leasingobjekt für den Leasingnehmer erwirbt und an diesen vermietet. Dabei schließt er seine eigene Haftung möglichst dadurch aus, dass er seine Haftungsansprüche gegen den Lieferanten an den Leasingnehmer abtritt. Mehr in Kapitel 10.2 *[S. 174]*.

2.2 Abgrenzung des Werkvertrags vom Kaufvertrag mit dessen Varianten *

Für die Abgrenzung zwischen dem reinen Kaufvertrag (höchstens mit Montage als Dienstleistung) und dem Werkvertrag gilt die Formel:

reiner Kaufvertrag = Werkvertrag *minus* Vorschriften zur Durchführung und zur Abnahme

Für die Abgrenzung zwischen dem Werklieferungsvertrag und dem Werkvertrag gilt:

Werklieferungsvertrag ~ Werkvertrag *minus* Abnahme

Diese Formel ist nur ungefähr richtig: Im Werklieferungsvertrag geht es wie in Kap. 2.1 dargestellt um ein individualisiertes Ergebnis, im Werkvertrag um ein Werk als „Ergebnis einer individuellen Tätigkeit" (BGH). Wortklauberei von Juristen? Unvermeidbar, weil das BGB die zwei Vertragstypen vorsieht.

Auf die Abgrenzung kommt es nur an, wenn es um bewegliche Sachen geht. Die Leistung von unbeweglichen Sachen fällt immer unter das Werkvertragsrecht.

Warum bringe ich Ihnen diese Wortklauberei: Zum einen, um zu zeigen, wie schwierig es für den Gesetzgeber ist, Schubladen zu bilden, in die er die Lebenswirklichkeit hineinpackt, wären diese doch ein Kontinuum mit Schwerpunkten bildet.

Zum anderen will ich darüber informieren, dass die Abgrenzung eine große Rolle für viele Juristen spielt, sei es dass sie die Tradition des deutschrechtlichen Werkvertrags wahren wollen oder dass Rechtsanwälte betonen wollen, wie wichtig es ist, sie bei der Wahl des richtigen Vertragstyps hinzuziehen.

Der Unterschied solle (!) darin liegen, dass der Auftragnehmer bei einem Werkvertrag nicht nur wie bei einem Werklieferungsvertrag ein funktionierendes System schulden würde, sondern gemäß der Definition des Werkvertrags einen "Erfolg". „Herbeiführen eines Erfolgs" klingt für den Kunden besser als „Tätigkeit" (beim Dienstvertrag) oder „Lieferung" beim Kaufvertrag. Mancher Kunde möchte daraus in seinem Interesse ableiten, dass seine (schriftlichen) Anforderungen so auszulegen seien, wie er das für seine Zwecke bräuchte. Denn nur dann könne das Ergebnis ein Erfolg genannt werden.

Wesentliche Rechtsfolgen bei Kaufverträgen und Werkverträgen		
	Kaufvertrag	Werkvertrag
Fälligkeit der Vergütung	mit vollständiger Lieferung des Vertragsgegenstands	mit Abnahme *)
Beginn der Verjährungsfrist für Mängelansprüche	mit vollständiger Lieferung des Vertragsgegenstands	mit Abnahme
Beweislast für Mängel beim Kunden	ab Gefahrübergang (~vollständige Lieferung)	ab Abnahme
Durchführung	in der Variante Werklieferungsvertrag: ergänzend Werkvertragsrecht, aber keine Abnahme	nach Werkvertragsrecht mit Abnahme

*) Vorher Abschlagszahlungen für erbrachte Leistungen (auch wenn diese nicht als Teilleistungen vereinbart sind).

Das Wort "Erfolg" dient allerdings im BGB nur der Abgrenzung von Werkvertrag zu Dienstvertrag *[Kap. 2.3, S. 12])* und hat bei dieser Abgrenzung nichts zu suchen. Ohnehin ist mit Erfolg ist nicht mehr als ein Ergebnis gemeint. Aber selbst wenn man auf den „Erfolg" im üblichen Sinn abstellt: Auch ein Kaufvertrag kann laut BGH in diesem Sinne "erfolgsbezogen" sein.

2.3 Abgrenzung zwischen Werkvertrag und Dienstvertrag

Zuerst eine Klarstellung: Der Begriff „Dienstleistung" ist primär ein Begriff aus dem Wirtschaftsleben. Er bezieht sich nicht nur auf Dienstverträge wie Beratung bei der Auswahl eines Systems oder Organisationsberatung, sondern umfasst auch Werkverträge, die die Erstellung eines nicht körperlichen Gegenstandes beinhalten, beispielsweise die einer Spezifikation.[2]

In der Praxis wird häufig der Begriff "Dienstleistungsvertrag" verwendet: Entweder weil man einen Oberbegriff braucht, so im Vergaberecht, oder weil man offen las-

---

[2] Die „Erbringung von Dienstleistungen" wird im Vergaberecht (GWB Teil 4, hier: § 113) im Gegensatz zu „Lieferungen von Waren" und zur „Ausführungen von Bauleistungen verwendet" und umfasst dementsprechend viele Leistungen, die dem Recht des Werkvertrags unterliegen.

sen möchte, welcher der beiden Vertragstypen vorliegt. Schließlich kann das unerheblich sein, insbesondere bei Vergütung nach Aufwand. Oder man setzt „Dienstleistungsvertrag" fälschlich mit „Dienstvertrag" gleich.

Einordnung unter die gesetzlichen Vertragstypen: Verträge, die ohne Zusammenhang mit der Lieferung/Erstellung von Sachen auf Dienstleistungen gerichtet sind, können Dienstverträge oder Werkverträge sein.

Wenn Sie in der Praxis einen Vertrag einordnen müssen, sollten Sie fragen:

- Soll der Auftragnehmer ein Werk/Ergebnis („einen Erfolg") abliefern? Ein Werkvertrag kann nur vorliegen, wenn das der Fall ist.

Dann sollten Sie weiter fragen, ob ein Werkvertrag trotzdem ausscheidet:

- Ist der Kunde an der Erstellung des Werks beteiligt? Ist das der Fall, kann kein Werkvertrag vorliegen, weil der Auftragnehmer bei diesem allein tätig sein muss. Der Kunde mag Informationen liefern sollen oder Wünsche äußern dürfen. Damit ist aber nicht an der Erstellung des Ergebnisses beteiligt.
- Kann man bei alleiniger Erstellung ausnahmsweise dem Auftragnehmer nicht zumuten zu haften, wenn er das Ergebnis nicht erreicht? Das kann beispielsweise bei einem Forschungs- und Entwicklungsauftrag der Fall sein (auch bei einer ärztlichen Behandlung).

Werden Dienstleistungen innerhalb eines Vertrags über die Lieferung eines Systems erbracht, bestimmt die Lieferung weitgehend auch die Regeln für dienstvertragliche Leistungen, beispielsweise für die Schulung, falls der Kunde vom Liefervertrag zurücktritt.

Ist die Aufgabenstellung zum Zeitpunkt des Abschlusses des Vertrags erst vage beschrieben, liegt deswegen noch nicht ein Dienstvertrag vor; es besteht dann ein vager Maßstab für das geschuldete Ergebnis (§ 631 BGB: für den „Erfolg"), sodass unterschiedliche Ergebnisse vertragsgemäß sind.

> **Beispiel**
> Manche berühmte Persönlichkeit war mit dem Portrait, das sie bei einem modernen Künstler in Auftrag gegeben hatte, sehr unzufrieden, musste das aber bezahlen.

Gibt der Kunde die Anforderungen Stück für Stück vor, dürfte eher gemeinsame Arbeit, also ein Dienstvertrag, vorliegen. Dienstverträge kommen vor allem in Betracht, wenn die Vertragspartner das Ergebnis in einem gemeinsamen Team entwickeln.

Bei einem Werkvertrag ist der Auftragnehmer für die Gestaltung des Ergebnisses zuständig, z.B. entscheidet er, welche Entwicklungs- und Dokumentationsrichtlinien er sachgerechter Weise anwendet, wenn nichts ausdrücklich vereinbart ist. Bei einem Dienstvertrag muss er hingegen mit dem Kunden vereinbaren, welche Entwicklungs- und Dokumentationsrichtlinie das Team anwenden soll.

Die vertragstypische Einordnung ist auch hier nicht so wichtig, wie Juristen oft behaupten und Nicht-Juristen oft annehmen. Diese Überschätzung ist im Wesentlichen auf zwei Faktoren zurückzuführen.

Erstens werden in der Praxis vielfach *fälschlich* Werkvertrag mit Festpreis und Dienstvertrag mit Vergütung nach Aufwand gleichgesetzt. Daran ist nur so viel richtig, dass bei einem Werkvertrag der Arbeitsumfang oft besser als bei einem Dienstvertrag abgeschätzt werden kann und deshalb ein Festpreis eher in Betracht kommt. Es gibt aber auch viele Dienstverträge gegen eine pauschale Vergütung, also gegen einen Festpreis.

Beispiele

Ein Rechtsanwalt erhält für die Führung eines Rechtsstreits eine pauschale „Gebühr", gleich ob er einen Schriftsatz oder viele erstellen und ob er einmal oder mehrmals zu Gericht gehen muss.

Ein Arzt erhält für sehr viele dienstvertragliche Tätigkeiten jeweils eine bestimmte Gebühr. Es handelt sich um typische Tätigkeiten, für die der Aufwand gut geschätzt werden kann.

Zweitens möchte die Auftragnehmerseite die Abnahme sowie das Risiko vermeiden, dass sie im Werkvertragsrecht einen ominösen „Erfolg" schulden würde, deswegen mehr leisten müsse und stärker haften würde. Andersherum sieht die Kundenseite das als Vorteile. Das zusätzliche Risiko bzw. die Vorteile werden rechtlich gesehen allerdings weit überschätzt.

Beispiele

(1) Der Kunde möchte Schulung als Werkvertrag einordnen: Seine Mitarbeiter sollen nach der Schulung das System einsetzen können. Dafür will der Auftragnehmer aber nicht einstehen und tut das nach dem Vertragsrecht auch nicht.

Damit die Idee des Erfolgs etwas hergibt, empfehlen manche Rechtsberater der Kundenseite, die Schulung so zu definieren, dass deren Mitarbeiter nach der Schulung das Werk „ordnungsgemäß" oder sogar „fehlerfrei" einsetzen können. Eine solche Vereinbarung kann dank der Vertragsfreiheit geschlossen werden; sie ergibt sich aber *nicht* aus dem Werkvertragsrecht.

(2) Die Vergütung kann von dem Erfolg abhängig gemacht werden, den der Kunde durch den Einsatz des Werks erzielt. Das folgt aber nicht aus dem vom Auftragnehmer geschuldeten Erfolg, sondern aus einer selbstständigen Garantieerklärung.

Abgrenzung: Es kann schwierig sein, werkvertragliche und dienstvertragliche Dienstleistungen voneinander abzugrenzen.

Beispiele

(1) Ein Auftragnehmer soll einen Fehler in einem alten, schlecht dokumentierten IT-System finden. Er soll die Vergütung wohl auch dann bekommen, wenn er den Fehler trotz ordnungsgemäßem Vorgehen nicht findet (beispielsweise mangels Reproduzierbarkeit des Fehlerbildes). Deswegen wird der Vertrag als Dienstvertrag eingeordnet. Anders lag es lange Zeit bei einem modernen und gut dokumentierten IT- System. Inzwischen ... Komplexität ...? Mein IT-Berater ist davon überzeugt, dass er Dienstverträge abschließt.

(2) Ärzte schließen Dienstverträge eigener Art ab, wenn sie ihre Patienten behandeln (§§ 630a ff BGB): Sie streben den Erfolg zwar an, schulden diesen aber nicht. Sie werden sich desto stärker einsetzen, den gewünschten Erfolg zu erreichen, je (lebens-)wichtiger dieser für den Patienten ist. Aber desto weniger wollen und sollen sie diesen schulden.

In allgemeiner Rechtsprechung werden Verträge über die Erstellung von Gutachten und ähnliche Leistungen, deren Ergebnis in einem Dokument festgehalten wird, als Werkverträge eingeordnet, z.B. Gutachten über Kanalisationsschäden. Beratungsverträge dürften ebenso einzuordnen sein, wenn sie eine Auswahl *einschließlich* eines Entscheidungsvorschlags zum Gegenstand haben.

Arbeitnehmerüberlassung ist eigentlich ein deutlich abgesetzter Vertragstyp. In der Praxis wird allerdings häufig versucht, ihn dadurch zu umgehen, dass der Vertrag, der eigentlich Arbeitnehmerüberlassung zum Gegenstand hat, als Dienstvertrag *[Kap. 9.2.2, S. 170]*.

Unterschiede in den Rechtsfolgen: Die wesentlichen Unterschiede hinsichtlich

– der finanziellen Seite,
– der terminlichen Seite und
– der Qualität der Ergebnisse

sind in der Abbildung dargestellt.

Vertragstyp	Werkvertrag	Dienstvertrag	Arbeitnehmer-überlassung
	„AN erstellt Programm für / Konzept für …" (§ § 631 BGB)	„AN unterstützt bei folgenden Arbeiten: …" (§ 611 BGB)	„AN stellt Mitarbeiter für …. zur Verfügung" (AÜG)
Geld gibt es für	das Ergebnis	das (zielgerichtete) Arbeiten	das Überlassen von Mitarbeitern
geschuldet: Haftung für Qualität	Eignung des Ergebnisses (bezogen auf Vorgabe) = Mangelfreiheit Mängelbeseitigung, bei Vertretenmüssen auch Schadensersatz	ordentliche Arbeit (mit geeigneten Mitarbeitern) bei Vertretenmüssen Schadensersatz, z.B. Aufwand für Mängelbeseitigung	ordentliche Auswahl (also Bereitstellung geeigneter Mitarbeiter) bei Vertretenmüssen Schadensersatz
geschuldet: Haftung für Termine	termingerechte Übergabe ohne Vertretenmüssen Rücktritt, bei ~ auch Schadensersatz	termingerechtes Arbeiten ohne Vertretenmüssen a.o. Kündigung, bei ~ auch Schadensersatz	rechtzeitige Bereitstellung bei Vertretenmüssen Schadensersatz
Vergütungs-form	entsprechend der konkreter Vereinbarung (eher Festpreis)	entsprechend konkreter Vereinbarung (meist nach Aufwand)	nach Aufwand

Vertragstypen bei Beratung und Programmierung

Drei Vertragstypen für verschiedene Wege zum Ziel

3. Die Grundlagen für Verträge

Verträge sind im Schuldrecht des BGB geregelt. Es heißt „Schuldrecht", weil" die Vertragspartner sich gegenseitig etwas schulden. Im Folgenden bezeichne ich das Schuldrecht zusammen mit den Vorschriften des BGB über den Abschluss von Verträgen als "Vertragsrecht".

Bei Ihren Verträgen haben Sie laufend mit Rechtsvorschriften zu tun. Deswegen erkläre ich Ihnen erst einmal den Boden, auf dem Sie sich bewegen, nämlich welche Arten von Rechtsvorschriften es gibt und wie diese aufgebaut sind. Das ist zwar am Anfang etwas trocken, aber grundlegend für Ihr späteres Verstehen.

3.1 Eigenschaften der Rechtsvorschriften

(1) Rechtsvorschriften dem Zustandekommen nach

Geschriebenes Recht: Wie Sie wissen, gibt es in Deutschland ungeheuer viel davon. Es wird danach unterschieden, welche Institution es geschaffen hat:

Gesetze werden durch die Parlamente erlassen, z.B. das BGB und das HGB.

Verordnungen werden auf der Grundlage von gesetzlichen Ermächtigungen durch die Regierungen erlassen, auf der Ebene der Bundesrepublik Deutschland oft mit Zustimmung des Bundesrats, z.B. die Straßenverkehrsordnung. – „Verordnungen" der EU haben Gesetzesrang und gehen den nationalen Gesetzen vor.

Ungeschriebenes Recht: Gewohnheitsrecht entwickelt sich im Laufe der Zeit, oft vorläufig durch Entscheidungen von Richtern als Richterrecht. Dieses kann sich auf Grund seiner Anwendung durch die Rechtsgenossen zum Gewohnheitsrecht verfestigen. – Gewohnheitsrecht ist mit dem geschriebenen Recht gleichrangig. Wenn die Juristen vom „positiven (= gesetzten) Recht" oder vom „Gesetz" sprechen, meinen sie damit auch das Gewohnheitsrecht.

Richterrecht: Dieses Quasi-Recht entsteht durch die Rechtsprechung, insbesondere indem der Bundesgerichtshof (BGH) erklärt, dass er eine Frage „in ständiger Rechtsprechung" so und so entscheiden würde.[3] Die Rechtsprechung konkretisiert damit vage Rechtsvorschriften und bildet Fallgruppen; insbesondere nutzt sie dazu den Grundsatz von Treu und Glauben *[zu Beispielen siehe Kap. 3.1.3 (4), S. 36]*. Sie schafft damit also nicht wirklich etwas Neues.

---

3 Der BGH kann seine ständige Rechtsprechung abändern. An Gewohnheitsrecht ist er gebunden, kann es aber auslegen und fortentwickeln.

Für Richter und Rechtsberater hat die Rechtsprechung des BGH *faktisch* Gesetzeskraft: Andere Richter werden dieser Rechtsprechung in der Regel folgen, und Rechtsberater gehen von diesem Verhalten aus. Für Richter ist es einfach und zeitsparend, sich auf die ständige Rechtsprechung höherer Instanzen zu berufen. Das liegt meist auch im Interesse der durch Richterrecht belasteten Partei, weil ein für sie abweichendes günstiges Urteil mit hoher Wahrscheinlichkeit in einer höheren Instanz aufgehoben werden würde.

Verkehrssitten *: Das geschriebene Recht nimmt auf sie ausdrücklich Bezug *[Kap. 3.1.3 (3) bei den Beispielen zu Generalklauseln, S. 34]*. Sie entstehen, wenn die beteiligten Personenkreise während längerer Zeit etwas einheitlich tun oder eine branchenübliche Vereinbarung einheitlich auslegen und das als rechtlich richtig ansehen („Das ist doch selbstverständlich.").

> **Beispiel**
>
> Sahen Verträge über die Überlassung von Standardsoftware anfangs die Lieferung einer Benutzerdokumentation nicht vor, prüften Richter, ob sich die Pflicht zu deren Lieferung aus Treu und Glauben ergeben würde. Sachverständige bestätigten wiederholt, dass eine Benutzerdokumentation erforderlich sei und ordentliche Anbieter diese liefern würden. Daraufhin stellen Richter darauf ab, dass deren Lieferung eine Verkehrssitte sei, sich also entsprechend verfestigt habe.
>
> Wiederum später fragten die Richter die Sachverständigen, ob die Lieferung einer Online-Bedienerhilfe gemäß Treu und Glauben geschuldet werde oder sogar schon eine Verkehrssitte sei. Jetzt gehen sie von der Lieferung einer Online-Bedienerhilfe als Verkehrssitte aus.

Verkehrssitten im kaufmännischen Bereich werden als Handelsbräuche bezeichnet („branchenüblich"/"marktüblich") *[Kap. 3.1.3 (3) unter „Beispiele für Generalklauseln", S. 34]*.

Zu „Parteisitten" zwischen den Vertragspartnern siehe Kap. 4.1.9 (3) *[S. 73]*.

Technische Normen haben nicht den Rang von Rechtsvorschriften. Wenn sie sich in der Praxis durchgesetzt haben, werden sie zu (verbindlichen) Verkehrssitten. Besteht noch keine Verkehrssitte, *kann* sich aus den Umständen des Einzelfalls dennoch ergeben, dass eine Leistung eine bestimmte Norm einhalten muss, insbesondere wenn die Norm dem Schutz vor Schädigungen dient.

(2) Rechtsvorschriften der Funktion nach

Das Recht unterscheidet seiner Funktion nach zwei Bereiche:

Das materielle Recht regelt, unter welchen Voraussetzungen jemand welche Rechte/Ansprüche hat. Juristen verwenden den Begriff „materielles Recht" statt nur „Recht", wenn sie den Gegensatz zum Prozessrecht betonen wollen.

Das Prozessrecht regelt, wie der Kläger seine Rechte/Ansprüche bei Gericht durchsetzen bzw. wie der Beklagte diese abwehren kann. Dazu habe ich ein Buch veröffentlicht: „Ihr Rechtsstreit bei Gericht"

Bei Gericht ist es entscheidend, dass jede Partei ihre Behauptungen auch beweisen kann. Wahrscheinlich haben Sie den Satz schon oft gehört, dass Recht haben und Recht bekommen zweierlei ist. Deswegen wird das Beweisen in diesem Buch ausführlich abgehandelt *[Kap. 3.2, S. 42]* und immer wieder angesprochen. – Juristen sprechen kaum von der „Beweispflicht", sondern von der „Beweislast": Man ist nicht beweispflichtig, sondern trägt die Beweislast. Denn kein Vertragspartner ist verpflichtet, sein Recht zu beweisen. Er muss es allerdings tun, um Recht zu bekommen.[4] Als Nicht-Jurist können ruhig von Beweispflicht sprechen.

(3) Rechtsvorschriften ihrem Gegenstand nach

Das Recht unterscheidet seinem Gegenstand nach zwei Bereiche:

Das öffentliche Recht regelt, wie sich der Staat und die ihm unterworfenen (!) Bürger zu einander zu verhalten haben. Die Grundlage dieses staatlichen Handelns bilden Gesetze und Verordnungen; die Behörden handeln vielfach nicht durch Vertrag, sondern einseitig durch sog. Verwaltungsakte.

> **Beispiele**
>
> Die Baurechtsgesetze regeln, wie der Bürger bauen darf. Dieser stellt einen Bauantrag; die zuständige Behörde erlässt die Baugenehmigung (einseitig) durch Verwaltungsakt.
>
> Das Einkommensteuergesetz regelt die Steuerpflicht. Der Einkommensteuerpflichtige stellt einen Antrag auf Lohnsteuerjahresausgleich oder gibt eine Steuererklärung ab. Das Finanzamt erteilt einen Steuerbescheid.

Das Privatrecht (im Kern das Zivilrecht/Bürgerliche Recht einschließlich Handelsrecht und Arbeitsrecht) regelt, wie Rechtsgenossen auf gleicher Ebene miteinander rechtlich umgehen können, manchmal auch müssen. Das Vertragsrecht ist ein zentraler Teil davon.

(4) Prinzipien des Vertragsrechts

Das Vertragsrecht wie auch das Privatrecht insgesamt bauen auf drei Prinzipien auf:

- Sachgerechtigkeit
- Fairness / Einzelfallgerechtigkeit
- Rechtssicherheit

Zur Fairness/Einzelfallgerechtigkeit gehören insbesondere Treu und Glauben *[siehe Kap. 3.1.3 (4), S. 36]* und der Schutz des Schwächeren *[siehe zur Vertragsfreiheit Kap. 3.1.2 (2), S. 26]*.

---

[4] Es geht im juristischen Sprachgebrauch um eine Pflicht im eigenen Interesse. Vergleiche dazu die Obliegenheiten in Kapitel 5.7 *[S. 97]*.

Die Fairness/Einzelfallgerechtigkeit steht in einem gewissen Spannungsverhältnis zur Rechtssicherheit: Der eine Vertragspartner stützt seinen Anspruch auf den Wortlaut der Vereinbarung bzw. der Rechtsvorschrift; der andere beruft sich darauf, dass das Ergebnis in diesem Fall fairerweise nicht gewollt sein könne *[siehe auch Kap. 3.1.3 (4), S. 36]*.

Bei den Vorschriften des Vertragsrechts handelt es sich weitgehend um Konkretisierungen dieser Grundsätze auf regelungsbedürftige Sachverhalte hin.

> **Beispiele**
>
> Die Rechtsprechung hat die „Störung der Geschäftsgrundlage" aus Treu und Glauben entwickelt *[Kap. 5.6, S. 93]*: Ein Festpreis hat bei einem Werkvertrag eine Grenze, wenn der sachgerechte Aufwand den Festpreis weit übersteigt (ohne dass dieser Aufwand durch Wünsche des Kunden verursacht worden wäre): Der Auftragnehmer kann einen Anspruch auf Erhöhung des Festpreises haben. Im Jahr 2002 hat der Gesetzgeber die Störung der Geschäftsgrundlage in § 313 BGB geregelt.
>
> Ähnlich hat der Gesetzgeber die Rechtsprechung zur Verletzung von vorvertraglichen Pflichten ins BGB aufgenommen *[Kap. 4.5, S. 85]*.

(5) Was die Gesetze im Geschäftsleben beinhalten: Rechte bzw. Pflichten

Schuldrechtliche Verträge begründen Rechte (in der Regel: Ansprüche) und Pflichten zwischen den Vertragspartnern. Das Schuldrecht nennt denjenigen, der einen Anspruch hat, den „Gläubiger" und den anderen den „Schuldner".

Verträge sind im Wirtschaftsleben dazu da, für jeden Vertragspartner Ansprüche gegen den anderen zu schaffen; sie dienen also als Grundlage für Ansprüche. Weil es immer darum geht, ist die „Anspruchsgrundlage" das zentrale Thema des Vertragsrechts, und werden Sie immer wieder damit konfrontiert *[allgemein Kap. 3.2 (1), S. 42, für Leistungsansprüche Kap. 5.1, S. 89, und für Haftungsansprüche Kap. 11.1, S. 176]*.

Demgegenüber gibt es Herrschaftsrechte, die jemandem zustehen. Das sind Rechte einer Person an etwas, beispielsweise das Eigentum an Sachen. Das Sachenrecht des BGB befasst sich damit. Es gibt auch Herrschaftsrechte an nichtkörperlichen Gegenständen, wie die Inhaberschaft an Gesellschaftsanteilen oder an „geistigem Eigentum", beispielsweise an Patenten[5] oder an urheberrechtlichen Werken wie Software.[6]

> **Beispiel zur Abgrenzung**
>
> Der Eigentümer eines Hauses hat das Recht, alle anderen von der Benutzung seines Hauses abzuhalten. Er kann es mittels eines Mietvertrags vermieten. Der Mieter erlangt kein Herrschaftsrecht am Haus; er hat aber gegenüber dem Eigentümer den vertraglichen Anspruch

---

[5] Siehe Materialband Kapitel 1.1 (4) unter "Patentrecht".

[6] Dabei sollten Juristen eigentlich nicht von geistigem „Eigentum" sprechen, aber „intellectual property" übersetzt sich so schön.

auf Benutzung, d.h. dass der Eigentümer dessen Herrschaftsrecht ihm gegenüber nur sehr beschränkt ausüben darf. – Außerdem hat der Mieter als Besitzer (= als Repräsentant des Eigentümers) das herrschaftsrechtliche Recht, Dritte von der Benutzung auszuschließen. Das zeigt einen gewissen Übergang zwischen Herrschaftsrecht und schuldrechtlicher Position an; diesen gibt es auch anderswo.

Wer ein Herrschaftsrecht hat, kann von Dritten verlangen, dass sie dieses respektieren, beispielsweise sich keine Raubkopien verschaffen. Verletzt ein Dritte ein Herrschaftsrecht, kann dessen Inhaber gegen diesen Ansprüche auf Unterlassung, Rückgabe oder Vernichtung und auf Schadensersatz haben.

3.1.1 Die wichtigsten Gesetze für Ihre Verträge

Die wichtigsten deutschen Gesetze für Verträge in Projekten sind
- das BGB,
- das HGB.

(1) BGB

Das BGB (Bürgerliches Gesetzbuch) ist am 1. Januar 1900 in Kraft getreten. Das Vertragsrecht ist in den für Ihre Verträge relevanten Teilen ein Jahrhundert lang kaum geändert worden.

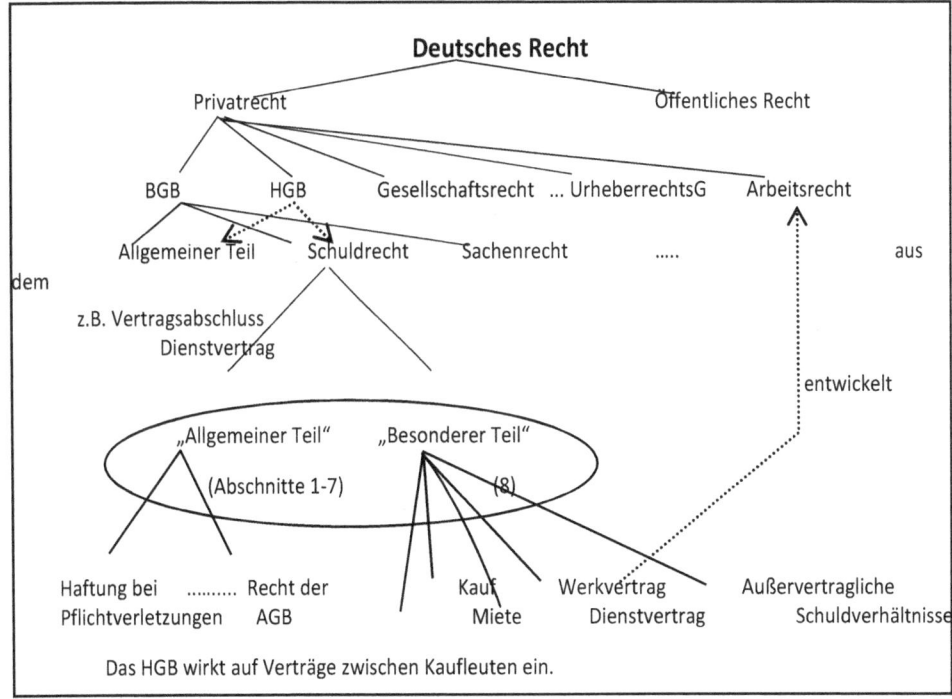

Zum 1.1.2002 hat der Gesetzgeber das Vertragsrecht modernisiert, insbesondere hat er das BGB an die ständige Rechtsprechung des BGH angepasst. Das klingt komisch, war aber so *[siehe Kap. 3.1 (4) unter „Beispiele", S. 19]*.

Das BGB besteht aus fünf „Büchern":

1. Allgemeiner Teil
2. Recht der Schuldverhältnisse
3. Sachenrecht
4. Familienrecht
5. Erbrecht

Für Ihre Verträge sind die beiden ersten Bücher wichtig, z.T. auch das dritte (Übereignung von Sachen).

Der *Allgemeine Teil* regelt insbesondere, wie Verträge geschlossen werden *[Kap. 4. S. 56]* und wie sie auszulegen sind *[Kap. 3.3, S. 48]*.

Das *Schuldrecht* regelt die Vertragstypen im unternehmerischen wie auch im privaten Geschäftsverkehr. Der Gesetzgeber leitet die einzelnen Vertragstypen jeweils mit deren „vertragstypischen Pflichten" ein *[Kap. 2.1, S. 9]*. Lassen Sie sich nicht beeindrucken, wenn Rechtsberater das in „vertragstypologische Pflichten" aufmotzen.

Die Juristen sprechen von „Austauschverträgen", da die Verträge die Grundlage dafür bilden, dass Leistungen ausgetauscht werden. Das steht im Gegensatz zu gesellschaftsartigen Verträgen, die der Zusammenarbeit für gemeinsame Ziele dienen.

Sachenrechtliche Verträge werden in Erfüllung einer schuldrechtlichen Pflicht geschlossen, so die Übereignung von Sachen. Der Kunde erwirbt durch den Abschluss eines Kaufvertrags noch nicht das Eigentum an der Kaufsache (die noch gar nicht zu existieren braucht), sondern nur einen Anspruch auf deren Übereignung. Der Verkäufer erfüllt diesen in der rechtlichen Konstruktion dadurch, dass er mit dem Käufer einen weiteren, sachenrechtlichen („dinglichen") Vertrag über die Eigentumsübertragung schließt und die Kaufsache übergibt.

Hinweis
in der Praxis wird dieser Vertrag oft nicht wahrgenommen. Bei einem Kauf in einem Supermarkt fallen der Kaufvertrag und der Übereignungsvertrag praktisch zusammen.

Das Schuldrecht besteht der Sache nach, wenn auch nicht formal, aus einem Allgemeinen Teil (Zweites Buch, Abschnitte 1 bis 7):

- Was sind die Leistungsinhalte von Pflichten?

- Welche Grenzen bestehen für den, der Allgemeine Geschäftsbedingungen aufstellt und zum Vertragsbestandteil machen will?
- Wie werden Verträge über Leistungen abgewickelt?
- Was sind die Rechtsfolgen bei der Verletzung von Vertragspflichten?

und aus einem umfangreichen Besonderen Teil (Zweites Buch, Abschnitt 8), in dem einzelne Vertragstypen geregelt sind.

Der Arbeitsvertrag ist rudimentär innerhalb des Dienstvertrags geregelt. Er wurde im Laufe der Jahre immer umfangreicher in zusätzlichen Gesetzen geregelt. Das Arbeitsrecht bildet heute einen eigenständigen Teil des Privatrechts.

Soweit die Vertragspartner (dank der Vertragsfreiheit *[Kap. 3.1.2, S. 25]*) nichts anderes vereinbaren, greifen die Vorschriften zu demjenigen Vertragstyp ergänzend ein, unter den der konkrete Vertrag fällt. Da die Einordnung streitig sein kann, ist die Vertragstypologie in manchen Fällen ein wichtiges Thema.

> **Beispiel**
> In welchen Fällen sind Systemverträge als Kaufverträge in der Variante Werklieferungsvertrag und in welchen als Werkverträge einzuordnen *[siehe Kap. 2.2, S. 11]*?

Ein Vertrag kann Leistungen enthalten, die unter verschiedene Vertragstypen fallen.

> **Beispiel**
> Ein Hotelaufnahmevertrag enthält Elemente des Mietvertrags, des Werkvertrags, des Dienstvertrags und des Aufbewahrungsvertrags.

Dann greifen für die verschiedenen Leistungen die jeweils einschlägigen Vertragstypen ergänzend ein; ein Vertragstyp kann aber das Schicksal des Vertrages insgesamt dominieren.

> **Beispiel**
> Ein Systemvertrag hat hinsichtlich der Schulung dienstvertragliche Züge. Der Kunde hat also keinen Anspruch auf Mängelbeseitigung bei schlechter Schulung (allerdings einen Anspruch auf Schadensersatz).
>
> Die Fälligkeit der Vergütung für die Schulung regelt sich allerdings nicht nach Dienstvertragsrecht (Fälligkeit bei Vergütung nach Aufwand praktisch täglich), sondern nach dem Vertragstyp, der den Vertrag insgesamt dominiert (wahrscheinlich Werkvertrag: Zahlung gemäß § 641 BGB mit Abnahme, aber mit Abschlagszahlungen). – Die Schulung unterliegt allerdings nicht der Abnahme nach Werkvertragsrecht *[siehe auch Kap. 2.3 unter „Einordnung unter die gesetzlichen Vertragstypen", S. 13]*.

Die Vertragspartner können dank der Vertragsfreiheit den gesamten Vertrag einem Vertragstyp oder die einzelnen Leistungen verschiedenen Vertragstypen unterstellen.

Beispiel

Die Kundenseite unterstellt Systemverträge gerne dem Werkvertragsrecht *[siehe Kap. 2.2, S. 11]*. Manche Juristen unterstellen in diesem Fall die Schulung allerdings dem Dienstvertragsrecht, weil doch insoweit ein Dienstvertrag vorliegen würde.

Voraussetzung für die Unterstellung unter einen Vertragstyp ist allerdings, dass das Sinn macht.

Negativbeispiel

Eine dienstvertragliche Leistung kann nicht dem Werkvertragsrecht unterstellt werden, weil kein Werk des Auftragnehmers greifbar wäre.

Die Regelungsdichte des geschriebenen Rechts ist sehr unterschiedlich. Der Gesetzgeber von 1900 hat im BGB das detailliert geregelt, was ihm wichtig erschien. So gibt es über den Fund 20 Paragraphen und über den Bienenschwarm vier.

Treten *neue Vertragsformen* in der Praxis auf (z.B. Leasing, Wartung/Pflege), bemüht sich die Rechtsprechung (zusammen mit der Rechtswissenschaft), diese den bereits gesetzlich geregelten Vertragstypen zuzuordnen. Dies geschieht manchmal mehr formalistisch („In welche Schublade passt der Vertragstyp?"), manchmal mehr in der Weise, dass bisher geregelte Typen als Musterregelungen verstanden werden und daraus abgeleitet wird, wie der Gesetzgeber diesen neuen Typ wohl geregelt hätte. – Manchmal rafft der Gesetzgeber sich dazu auf, etablierte Typen zu regeln *[siehe Kap. 7.9 zum Bauvertrag, S. 161]*.

(2) HGB

Das HGB (Handelsgesetzbuch) ist in seinen Wurzeln noch älter als das BGB. Seine wichtigen „Bücher" sind:

1. Handelsstand, insbesondere wer Kaufmann ist
2. Handelsgesellschaften und stille Gesellschaften (die AG und die GmbH sind in eigenen Gesetzen geregelt)
3. Handelsbücher
4. Handelsgeschäfte

Das HGB ergänzt und modifiziert das Vertragsrecht des BGB bei Verträgen zwischen Kaufleuten. Aus „Geschäften" werden „Handelsgeschäfte". Bei ihnen ist „in Ansehung der Bedeutung und Wirkung von Handlungen und Unterlassungen auf die im Handelsverkehr geltenden Gewohnheiten und Gebräuche Rücksicht zu nehmen" *[siehe als Beispiel Kap. 4.2 zum „Unternehmerischen (kaufmännischen) Bestätigungsschreiben", S. 73]*.

Das HGB soll u.a. den Geschäftsverkehr erleichtern und beschleunigen. Es erwartet, dass die Beteiligten kaufmännisch und somit auch im Vertragsrecht einigermaßen gebildet sind und dass sie deswegen Risiken besser erkennen können und bereit sind, diese zu übernehmen. Das HGB mutet ihnen deswegen mehr Risiken zu.

> **Beispiele**
>
> Ein Kaufmann kann eine Bürgschaft auch mündlich übernehmen (§ 350 HGB), während § 766 BGB sonst Schriftform vorsieht, damit der Erklärende durch diesen formalen Akt noch einmal auf die Bedeutung seiner Erklärung hingewiesen wird.
>
> Die Vollmacht eines Geschäftsführers oder eines Prokuristen kann nicht eingeschränkt werden. Jeder Verhandlungspartner weiß also, woran er ist, darf sich also darauf verlassen, dass sein Gegenüber die rechtsgeschäftliche Erklärung wirksam abgeben kann *[Kap. 4.3 (2), S. 79]*.

Kaufmann ist,

- gemäß § 1 HGB, wer ein Gewerbe betreibt, es sei denn, dass sein Unternehmen nach Art und Umfang einen in kaufmännischer Weise eingerichteten Geschäftsbetrieb nicht erfordert, oder auch
- wer als Handelsgesellschaft organisiert ist, auch wenn er kein Gewerbe betreibt, also insbesondere jede GmbH: Formkaufleute (§ 6 HGB).

Wird ein Mitarbeiter eines Kaufmanns (z.B. einer GmbH) nach außen hin tätig, tut er das für diesen. Also wird sein Tun nach Handelsrecht bewertet, auch wenn er sich gar nicht als Kaufmann fühlt.

> **Beispiel**
>
> Sein Schweigen in seiner beruflichen Tätigkeit gilt als das eines Kaufmanns und damit eher als Zustimmung, als wenn er als Privatperson schweigt *[Kap. 4.1.4 unter "Schweigen eines Kaufmanns", S. 64]*.

3.1.2 Vertragsfreiheit und ihre Grenzen

(1) Vertragsfreiheit

Das Vertragsrecht strebt einen fairen und sachgerechten Interessenausgleich zwischen den Vertragspartnern an *[Kap. 3.1 (4), S. 19]*. Es geht davon aus, dass die Vertragspartner dieses Ziel am besten eigenständig erreichen können. Deswegen sieht es erst einmal Vertragsfreiheit vor, erlaubt also den Vertragspartnern, ihre Verträge weitgehend selbst zu gestalten und damit von den Vorschriften des Vertragsrechts abzuweichen.

> **Beispiele für Vertragsfreiheit**
>
> Zum Abschluss von Verträgen: Der Anbieter kann die ziemlich kurze Frist, während der sein Vertragsantrag nach dem BGB wirksam ist, in einer Bindefrist verlängern *[Kap. 4.1.2 (2), S. 59]*. – Jeder kann Schriftform für den Vertrag vorgeben.

Die Verjährungsfrist für Mängelansprüche beträgt bei Kauf- und Werkverträgen zwei Jahre (§ 438 bzw. § 634a BGB). Ein Unternehmer kann sie in seinen AGB gegenüber Unternehmern auf ein Jahr abkürzen oder die Mängelhaftung in einer individuellen Vereinbarung überhaupt ausschließen.

Das Vertragsrecht stellt seine Vorschriften also weitgehend nur hilfsweise/als Ergänzung zur Verfügung. Insoweit wird es als „nachgiebiges/dispositives" Recht bezeichnet: Es steht zur Disposition der Vertragspartner. Diese können es nutzen oder ersetzen. Die Vertragspartner brauchen also nur das Wichtigste selbst zu vereinbaren und können im Übrigen das Vertragsrecht ergänzend gelten lassen. – Wenn die Juristen vom "geltenden Vertragsrecht" sprechen, meinen sie das Vertragsrecht, das derzeit in Kraft ist; sie wollen damit nicht ausdrücken, dass das Vertragsrecht insgesamt verbindlich („zwingend") ist.

Der Grundsatz der Vertragsfreiheit beantwortet also die Frage von Praktikern, ob sie dieses oder jenes vereinbaren können: Sie können es, soweit nicht ausnahmsweise Grenzen bestehen *[siehe (2)]*.

Die Vertragsfreiheit erlaubt also sehr weitgehend,

- Verträge abzuschließen: das überhaupt zu tun, und zwar in der gewünschten Weise und mit dem gewünschten Partner, oder aber das abzulehnen,
- andere Vertragstypen als die gesetzlich geregelten zu bilden: z.B. Outsourcing,
- von den gesetzlichen Vorschriften abzuweichen, soweit nicht zwingendes Recht entgegensteht,

    Beispiele für Abweichungen
    Einschränkung der Haftung auf Schadensersatz bei Vertragsverletzungen
    Leasing ist ein Mietvertrag, der insbesondere dahingehend modifiziert ist, dass die Pflicht des Vermieters, Mängel zu beseitigen, ausgeschlossen wird *[Kap.10.2, S. 174]*.

- geschlossene Verträge einverständlich zu ändern oder aufzuheben.

(2) Grenzen der Vertragsfreiheit

Das Vertragsrecht enthielt schon immer einzelne Vorschriften, die den einen der beiden Vertragspartner schützen, möglicherweise einen Vertragspartner sogar vor sich selbst.

Beispiel
Ein normaler Rechtsgenosse kann eine Bürgschaftserklärung nur schriftlich abgeben; er soll auf diese Weise noch einmal angehalten werden zu überlegen, was Gefährliches er gerade vorhat.

Das Vertragsrecht sieht zunehmend zwingende Vorschriften zu Gunsten von solchen Vertragspartnern vor, die in bestimmten Bereichen besonders schutzbedürftig sind. Das sind Personen in ihrer Position als Arbeitnehmer, als Mieter von

Wohnraum oder als Verbraucher. Sie sind oft wirtschaftlich schwach, zumindest im Verhältnis zu ihren Vertragspartnern, und wenig geschäftsgewandt. Von zwingenden Vorschriften können die Vertragspartner zumindest nicht zu Lasten des geschützten Vertragspartners abweichen.

Das Vertragsrecht kennt andererseits Vertragspartner, die weniger Schutz als die normalen Rechtsgenossen benötigen. Das sind traditionell die Kaufleute. Im Vertragsrecht gibt es für sie nur wenige zwingende Vorschriften; von diesen ist wiederum nur ein Teil bei Projekten relevant.

Inzwischen hat das Vertragsrecht auch die Freiberufler wie Steuerberater, Unternehmensberater oder Architekten zur Kenntnis genommen. Diese sind zumindest einigermaßen geschäfts- und rechtsgewandt und brauchen weniger Schutz als normale Vertragspartner.

> **Beispiel**
> Deswegen wendet die Rechtsprechung die Verkehrssitte zum bisher sogenannte kaufmännischen Bestätigungsschreiben schon lange auch auf Freiberufler an *[Kap. 4.2 (1), S. 74]*.

Das Vertragsrecht fasst Kaufleute, die öffentliche Hand und Freiberufler als „Unternehmer" zusammen und sieht zunehmend Vorschriften vor, die für alle Gruppen gelten. Es bleiben aber Unterschiede dadurch, dass das Handelsrecht nur für Kaufleute gilt. Wer einem Freiberufler einen Auftrag erteilt, sollte also die Unterschiede beachten.

Dass eine Vorschrift zwingend ist, kann so selbstverständlich sein, dass diese Eigenschaft im Gesetz nicht erwähnt wird. Meist findet sich ein Satz wie: „Von den vorstehenden Vorschriften kann zu Lasten von …. nicht abgewichen werden."

> **Beispiele für zwingende Vorschriften**
> Gemäß § 648a BGB kann ein Werkvertrag und gemäß § 314 BGB kann ein Dauerschuldverhältnis wie Miete stets aus wichtigem Grund gekündigt werden, wobei die Vorschriften ihren zwingenden Charakter nicht ausdrücken.
>
> Die Vorschriften des AGB-Rechts, die die Vertragsfreiheit des Verwenders einschränken *[Kap. 3.1.4, S. 37]*, sind zwingend, greifen allerdings zwischen Kaufleuten nur abgeschwächt ein.
>
> Gemäß § 288 BGB können Verzugszinsen nicht ausgeschlossen werden *[Kap. 11.3 (3), S. 188]*.
>
> Die Haftung auf Schadensersatz kann bei arglistigem Verhalten oder bei einer Beschaffenheitsgarantie *[Kap. 6.4.7 (1), S. 111]* nicht eingeschränkt werden.

Die Grenzen im Einzelnen: Die Vertragsfreiheit findet insgesamt vier Grenzen. Wo sie liegen, entscheidet sich teilweise nach der Art der Vertragspartner:

Sittenwidrige Verträge (§ 138 BGB): Sittenwidrigkeit beinhaltet einen schweren Vorwurf. Solche Verträge müssen unwirksam sein, weil die Rechtsordnung für deren Durchsetzung Rechtsschutz durch Gerichte nicht bereitstellen will.

Was sittenwidrig ist, können Sie selbst weitestgehend beurteilen.

Beispiel
Wucherische Zinsen bei Darlehen. Das Wort Wucher erinnert an Mietwucher, der strafbar ist, oder an gewerbsmäßigen Wucher, ebenfalls strafbar.

Verstöße gegen gesetzliche Verbote: § 134 BGB erklärt Vereinbarungen und andere Rechtsgeschäfte, die gegen gesetzliche Verbote verstoßen, für „nichtig (= unwirksam), wenn sich aus dem [jeweiligen] Gesetz nichts anderes ergibt." Bei Verträgen in Projekten greifen nur wenige Verbote ein.

Beispiele
Das Arbeitnehmerüberlassungsgesetz verbietet die Arbeitnehmerüberlassung ohne Erlaubnis, lässt sie aber unter solchen Bedingungen zu, die einen gewissen Schutz für die Leiharbeiter schaffen *[Kap. 9.2.2, S. 170]*.

Die Datenschutzgrundverordnung enthält Gebote und Verbote.

Gewährung von Schutz oder von Vertragsfreiheit

Schutz:	viel	normal	wenig Schutz	noch weniger
Vertragsfreiheit:	eingeschränkt	weit	sehr weit	noch weiter
	Arbeitnehmer	Vertragspartner	Unternehmer	
	Verbraucher	unabhängig von einer Rolle	Freiberufler öffentliche AG	Kaufleute speziell
Beispiele				
	Verbraucher	normale Partner	Freiberufler	Kaufleute
			alle Unternehmer	
Verzugszinsen Basiszinssatz plus	5 %	5 %		9 %
Einbeziehung von AGB	Mitteilung nötig	Mitteilung nötig	Kenntnisnahme muss möglich sein	
Beweislast bei Kauf wegen Mängeln	erste 6 Monate beim AN, dann beim AG	beim AG	beim AG	beim AG plus § 376 HGB *)

*) = kaufmännische Untersuchungs-/Rügeobliegenheit

Gesetze sehen Verbote (und nicht zwingendes Recht) insbesondere dann vor, wenn sie ein Handeln nicht schlechthin, sondern nur in bestimmten Zusammenhängen ausschließen wollen.

> **Beispiele**
> Ein Vertrag über ein Glas Bier in einer Gastwirtschaft vor der Sperrstunde ist (im Normalfall) wirksam, einer nach Beginn der Sperrstunde ist verboten und damit unwirksam.
>
> Das Arbeitszeitgesetz setzt Grenzen für die höchstens zulässige Arbeitszeit.

Besondere Grenzen wegen der Marktmacht eines Vertragspartners: Beispielsweise stellt sich die Frage, ob und ggf. in welcher Höhe ein Netzbetreiber Gebühren verlangen kann, z.B. wenn ein Kunde mit seiner Telefonnummer zu einem anderen Anbieter wechseln will. Gegebenenfalls besteht wegen der Marktmacht auch die Pflicht, Verträge abzuschließen, beispielsweise aufgrund des Gesetzes gegen Wettbewerbsbeschränkungen.

3.1.3 Die Regelungstechnik des Gesetzgebers

Rechtsvorschriften sind oft schwer zu verstehen. Nicht nur, dass sie Fachausdrücke verwenden; sie verwenden auch Ausdrücke aus der Alltagssprache mit einer von dieser abweichenden rechtlichen Bedeutung *[Auflistung siehe Geschäftstexte, Anhang A].*

> **Beispiel**
> Zwischen Eigentum und Besitz besteht rechtlich ein erheblicher Unterschied *[Kap. 3.1 (5), S. 20].*

Ihnen wird gepredigt, dass Sie Begriffe einheitlich verwenden sollen. Der Gesetzgeber hält dieses Gebot nicht durch. Das wird damit gerechtfertigt, dass verschiedene Rechtsgebiete verschiedene Anforderungen stellen würden. Aber nicht einmal im BGB hält der Gesetzgeber einheitliche Begrifflichkeit durch.

> **Beispiele**
> Der "Unternehmer" steht zum einen im Gegensatz zum „Verbraucher", zum anderen ist er der Auftragnehmer bei Werkverträgen.
>
> Das BGB spricht bei AGB abwechselnd von „Bedingungen", „Bestimmungen" und „Klauseln".

(1) Kurzer Code ist kaum guter Code

Der Gesetzgeber strebt nach sprachlicher Kürze. Zu diesem Zwecke fasst er ähnliche Sachverhalte zusammen.

> **Beispiel: Kurzer Code ist nicht guter Code**
> Wann endet eine Frist von einem Monat? Sie kann ganz unterschiedlich beginnen: 30. November (dann am 30. Dezember) 31. Oktober (dann am 30. November) 31. Januar (dann am 28. Februar) 28. Februar (dann am 28. März). Der Gesetzgeber regelt das in § 188 BGB in *einem* Paragraphen, und zwar zusammen mit der Berechnung von Fristen für ein Jahr, ein halbes Jahr und ein Vierteljahr, weil die Fragestellungen gleich sind; er regelt darin auch noch für den Fristbeginn, ob der erste Tag mitgezählt oder nicht. § 188 zum Fristende lautet:

„(1) Eine nach Tagen bestimmte Frist endigt mit dem Ablauf des letzten Tages der Frist.

(2) Eine Frist, die nach Wochen, nach Monaten oder nach einem mehrere Monate umfassenden Zeitraum – Jahr, halbes Jahr, Vierteljahr – bestimmt ist, endigt im Falle des § 187 Abs. 1 mit dem Ablaufe desjenigen Tages der letzten Woche oder des letzten Monats, welcher durch seine Benennung oder seine Zahl dem Tage entspricht, in den das Ereignis oder der Zeitpunkt fällt, im Falle des § 187 Abs. 2 mit dem Ablaufe desjenigen Tages der letzten Woche oder des letzten Monats, welcher dem Tage vorhergeht, der durch seine Benennung oder seine Zahl dem Anfangstage der Frist entspricht.

(3) Fehlt bei einer nach Monaten bestimmten Frist in dem letzten Monat der für ihren Ablauf maßgebende Tag, so endigt die Frist mit dem Ablaufe des letzten Tages dieses Monats."

Der Gesetzgeber fasst auch ganze Gesetze möglichst kurz. Das erreicht er insbesondere durch deren Strukturierung. Er „zieht Allgemeines vor die Klammer", wie die Juristen es ausdrücken, d.h. er regelt das vorab, was sich bei vielen Sachverhalten und damit Rechtsvorschriften auswirkt. Er kann mehrere Stufen verwenden.

Der Gesetzgeber verwendet dabei mehrere Stufen, beispielsweise im Vertragsrecht, wenn es um Schadensersatz geht.

Beispiel

Abstrakt: Anspruch auf Schadensersatz bei Vertragsverletzungen
Erste Stufe: Vorschriften, die für alle Willenserklärungen gelten
Zweite Stufe: Vorschriften, die für den Abschluss von allen Verträgen gelten
Dritte Stufe: Allgemeine Vorschriften zur Haftung aus Verträgen
Vierte Stufe: Vorschriften zur Haftung bei einzelnen Vertragstypen

Konkret: Ein Kunde verlangt Schadensersatz, weil eine Funktion im erworbenen System nicht wie vereinbart realisiert sei.
Erste Stufe: §§ 145ff BGB regeln die Anforderungen an Willenserklärungen, die zu einem Vertrag führen: Wann und damit mit welchem Inhalt ist der Vertrag geschlossen worden?
Zweite Stufe: §§ 133 und 157 BGB regeln, wie die Erklärungen auszulegen sind: Ist die Funktion so vereinbart worden, wie der Kunde es jetzt verlangt?
Dritte Stufe: §§ 280 ff BGB regeln die Voraussetzungen für Schadensersatzansprüche, §§ 249 ff deren Inhalt.
Vierte Stufe: § 634 BGB regelt im Werkvertragsrecht bzw. § 437 BGB im Kaufvertrag, ob und welche Schadensersatzansprüche der Kunde haben kann.

Das erlaubt dem Gesetzgeber, mit Verweisen zu arbeiten. Manche sind so umfangreich, dass auch Juristen mit ihnen kaum klarkommen.

Beispiel aus dem Kaufrecht

Zum vorhergehenden Beispiel: Der Käufer kann bei Mängeln gemäß § 437 BGB, "wenn die Voraussetzungen der folgenden Vorschriften vorliegen und soweit nichts anderes bestimmt ist,

1. nach § 439 Nacherfüllung verlangen,

2. nach den §§ 440, 323 und 326 Abs. 5 von dem Vertrag zurücktreten oder nach § 441 den Kaufpreis mindern und

3. nach den §§ 440, 280, 281, 283 und 311a Schadensersatz oder nach § 284 Ersatz vergeblicher Aufwendungen verlangen."

Ähnlich erlaubt die Strukturierung dem Gesetzgeber, in Vorschriften auf Begriffe Bezug zu nehmen, die in anderen Vorschriften definiert sind.

Beispiel
Der Schuldner haftet gemäß § 280 Abs. 1 Satz 2 nicht auf Schadensersatz, "wenn er die Pflichtverletzung nicht zu vertreten hat." Ob er sie zu vertreten hat, steht in anderen Vorschriften *[Kap. 11.1.1, S. 179]*.

(2) Konkretheit von Rechtsvorschriften

Viele Vorschriften haben einen großen bis sehr großen Anwendungsbereich (= regeln viele bis sehr viele Sachverhalte). Beispielsweise gilt das Kaufrecht für PKWs ebenso wie für Bleistifte. Damit die Vorschriften einen großen Anwendungsbereich haben, müssen sie entsprechend abstrakt und generell und damit vage formuliert werden. Das führt zu einem entsprechend großen Interpretationsspielraum bei der Anwendung solcher Vorschriften.

Nach der Konkretheit oder Vagheit und damit nach dem Spielraum für die Interpretation lassen sich vier Stufen von Vorschriften kennzeichnen, wobei es letztlich um ein Kontinuum mit Häufungen geht:

- Wenige Rechtsvorschriften sind sehr präzis.
- Viele Vorschriften regeln bestimmte Sachverhalte einigermaßen konkret. Sie enthalten unscharfe Begriffe zu Tatsachen (z.B. „ergonomisch").
- Viele Vorschriften verwenden unbestimmte Rechtsbegriffe, wie z.B. „angemessen" oder „(un-)zumutbar". Diese Vorschriften sind ziemlich vage.
- Einige Vorschriften sind insgesamt vage; diese sogenannten Generalklauseln stellen nahezu Rechtsgrundsätze dar und haben damit einen enormen Anwendungsbereich *[siehe (3)]*.

Von Stufe zu Stufe können sich die Vertragspartner mehr darüber streiten, welche Antwort (= Rechtsfolge) das Vertragsrecht gibt. Es kommt immer mehr auf die Umstände des Einzelfalls an. – Diese können typisch sein; dann kann es zu einer ständigen Rechtsprechung des BGH kommen *[siehe Kap. 3.1 (1), S. 17]*.

Der Graubereich: Da es praktisch immer einen Interpretationsspielraum gibt, gibt es auch immer einen Bereich, in dem selbst Juristen kaum vorhersagen können, welcher Vertragspartner Recht hat. Ich nenne diesen den „Graubereich". Für Sie heißt das: Handeln Sie, insbesondere formulieren Sie möglichst in dem Bereich, der für Ihre Seite vom Graubereich möglichst entfernt und damit hinsichtlich seines Inhalts (= Rechtsfolge) möglichst sicher ist.

Wenn eine bisher nicht behandelte Konstellation in der Praxis auftaucht, entsteht erst einmal ein erheblicher Graubereich. Das heißt, dass für einen erheblichen Teil der Einzelfälle, die unter diese Konstellation fallen, nicht überzeugend gesagt werden kann, welcher Vertragspartner Recht hat. Wenn der Gesetzgeber eine neue Vorschrift einführt, kann der Graubereich erst einmal noch größer sein. Im Laufe der Zeit wird die Rechtslage von der Rechtsprechung aber konkretisiert, und der Graubereich wird in beiden Konstellationen kleiner.

> **Beispiele**
>
> (1) Es gibt klare Aussagen der Rechtsprechung dazu, was beim Verkauf eines Standardprogramms an Benutzerdokumentation geschuldet wird *[siehe das Beispiel zur Benutzerdokumentation in Kap. 3.1 (1) unter „Verkehrssitten", S. 18]*. Für die Erstellung eines Individualprogramms ist hingegen noch nicht geklärt, was an systemtechnischer Dokumentation geschuldet wird.
>
> (2) Nach Inkrafttreten der Datenschutzgrundverordnung gab es ein riesiges Geschrei, welche Pflichten sie bringen würde.

Sehr präzise Vorschriften: Selbst Definitionen können einen Interpretationsspielraum haben.

> **Beispiel**
>
> Ein Arbeitnehmer ist ein Verbraucher im Sinne von § 13 BGB; denn gemäß dieser Vorschrift ist jeder, der nicht Unternehmer ist, ein Verbraucher. Bei Verträgen, die der Arbeitnehmer am Arbeitsplatz schließt, würde ihm als Verbraucher ein Widerrufsrecht zustehen (§ 312 BGB). Soll das auch für einen Vertrag über die Aufhebung seines Arbeitsverhältnisses gelten, den der Arbeitnehmer auf dem Firmengelände schließt? Die Rechtsprechung hat das abgelehnt und das Widerrufsrecht für diese Konstellation ausgeschlossen.
>
> Auch wer privat etwas verkauft, wird entgegen dem Wortlaut von § 13 BGB nicht als Unternehmer, sondern als Verbraucher eingestuft.

Einigermaßen konkrete Vorschriften: Vorschriften können mit Hilfe von verschiedenen Begriffen ausdrücken, welche Schwere eine Anspruchsvoraussetzung verlangt, damit sie erfüllt ist. Solche Differenzierungen sind nichts spezifisch Juristisches. Beispielsweise definieren IT-Fachleute Mängelklassen, die ebenso abgestuft sind.

Ich führe zwei Mengen von Begriffen an, um Ihnen zu zeigen, wie viele Ausdrucksmöglichkeiten es gibt und wie wichtig es damit es, sich präzis auszudrücken. Lassen Sie sich beeindrucken und lesen dann den normalen Text weiter.

> **Beispiele**
>
> Es gibt mindestens folgende Stufen der Erheblichkeit von Störungen:

unerheblich:	§ 323 Abs. 5, § 536 Abs. 1 Satz 3 BGB
normal/erheblich:	§ 251 Abs. 2, § 323 Abs. 1, § 536 Abs. 1 Satz 1 BGB (im Umkehrschluss zu „unerheblich")
wesentlich:	§ 313 Abs. 2 BGB
spürbar	darf eine Beeinträchtigung nicht sein (§ 3 Gesetz gegen den unlauteren Wettbewerb)
triftiger Grund:	Formulierung in Verträgen (nachhaltige Störung), ähnlich „begründeter Anlass für eine Kündigung" gemäß § 89b Abs. 3 Nr. 1 HGB
weit überwiegend:	§ 325 Abs. 6 BGB
besondere Umstände:	§ 323 Abs. 2 Nr. 3 BGB (Nachfristsetzung nicht nötig), § 369 BGB (wo ist die Leistung zu erbringen?), § 440 BGB (Fehlschlagen der Mängelbeseitigung)
schwerwiegend:	§ 313 Abs. 1, § 1600d Abs. 2 BGB
wichtiger Grund:	§ 314, § 626, § 648a BGB, § 89b Abs. 3 Nr. 2 HGB (endgültige Zerstörung des Vertrauensverhältnisses)

Ähnlich gibt es Abstufungen hinsichtlich der Geschwindigkeit für eine Handlung:

sofort	§ 271 BGB
unverzüglich	§ 121 BGB: ohne schuldhaftes Zögern
alsbald	sind Einladungen gemäß § 124a AktienG bekannt zu machen.
rechtzeitig	sind Erklärungen gemäß § 312e Abs. 1 Nr. 2 BGB abzugeben.
zügig	wiederholt in der Verdingungsordnung für Bauleistungen / Teil A
in angemessener Frist	§ 321 Abs. 1 BGB.
demnächst	sein Geschäft aufgeben (Anhang Nr. 15 zu § 3 Gesetz gegen den unlauteren Wettbewerb)

In Verträgen bin ich auf diese Formulierungen gestoßen: „Zeitnah", „kurzfristig", „in Kürze", „in kürzerer Frist" (als?), „schnellstmöglich", „umgehend", „möglichst bald", „so schnell wie möglich", "in einem überschaubaren Zeitraum", "umgehend", „schleunig(st)".

Ziemlich vage Vorschriften: Solche enthalten unbestimmte Rechtsbegriffe, die dazu dienen, die Umstände des Einzelfalles gebührend zu berücksichtigen. Das heißt, dass bei der Ermittlung der Rechtslage alle Umstände des Einzelfalls zu ermitteln und alle relevanten zu bewerten sind. – „Gebührend" ist ein solcher unbestimmter Rechtsbegriff.

Beispiele

(1) Gemäß § 313 Abs. 1 BGB ist die Frage, ob die Geschäftsgrundlage eines Vertrags gestört ist, „unter Berücksichtigung aller Umstände des Einzelfalls" zu entscheiden *[Kap. 5.6, S. 93]*.

(2) Siehe § 311 Abs. 2 BGB betreffend vorvertragliche Pflichten *[Kap. 4.5 am Anfang, S. 85]*.

(3) Siehe das „Beispiel zum Rangschema" *[Kap. 3.3 (2) unter „Zweiter Rang", S. 52]*.

Wie wichtig sind im BGB die „Umstände"?
In etwa jedem dreizehnten Paragraphen kommt das Wort vor.
Insgesamt über 180 Mal

Das verlangt Umsicht und Neutralität. Wenn Sie diese anwenden, können Sie alltägliche Rechtsfragen meist selbst beantworten. Wenn eine Rechtsfrage auftaucht, die im Vertrag (und auch im Vertragsrecht) nicht konkret geregelt ist, müssen Sie also alle Umstände Ihres Falls ermitteln und bewerten. Beim Ermitteln dieser Umstände sind die Praktiker den Juristen sogar überlegen.

Jedes Fachgebiet hat ebenso seine unbestimmten Begriffe. Die „Benutzerfreundlichkeit" ist ein Fachbegriff, dem sogar eine DIN-Norm gewidmet ist *[Kap. 7.2.1 (3) unter „Gewöhnliche benutzerbezogene Qualität/Ergonomie", S. 124]*.

Und die Regel, über die die Deutschen am meisten streiten, auf hat der Deutsche Fußballbund geschaffen:

11. Regel: Abseits

„Bestraft wird die Abseitsstellung, wenn der Spieler aktiv am Spiel teilnimmt und ...
Aktive Teilnahme bedeutet, dass er ins Spiel eingreift, den Gegner beeinflusst oder aus seiner Position einen Vorteil zieht."

(3) Generalklauseln und die Vollständigkeit des Vertragsrechts

Generalklauseln sind Rechtsvorschriften, die insgesamt vage gehalten sind. Sie enthalten Anhäufungen von unbestimmten Rechtsbegriffen. Sie sollen ermöglichen, Antworten auf Sachverhalte zu geben, für die der Gesetzgeber nicht einmal eine ziemlich vage Vorschrift geschaffen hat. Es kommt dann ganz besonders auf die Umstände des Einzelfalls an. Die wichtigste Generalklausel ist der Grundsatz von Treu und Glauben *[siehe (4)]*.

Beispiele für Generalklauseln

§ 157 BGB: Auslegung von Verträgen
Verträge sind so auszulegen, wie Treu und Glauben mit Rücksicht auf die Verkehrssitte es erfordern.

§ 242 BGB: Leistung nach Treu und Glauben
Der Schuldner ist verpflichtet, die Leistung so zu bewirken, wie Treu und Glauben mit Rücksicht auf die Verkehrssitte es erfordern.

§ 307 Abs. 1 BGB: Treu und Glauben als Maßstab für AGB
Bestimmungen in Allgemeinen Geschäftsbedingungen sind unwirksam, wenn sie den Vertragspartner des Verwenders entgegen den Geboten von Treu und Glauben unangemessen benachteiligen.

§ 346 HGB: Handelsbräuche

Unter Kaufleuten ist in Ansehung der Bedeutung und Wirkung von Handlungen und Unterlassungen auf die im Handelsverkehr geltenden Gewohnheiten und Gebräuche Rücksicht zu nehmen.

Manche Rechtsvorschriften erfassen von ihrem Wortlaut her auch solche Fälle, für die sie, wenn besondere Umstände vorliegen, nicht oder nur eingeschränkt gedacht sind. Die Generalklauseln ermöglichen, solche Umstände zu berücksichtigen und die einschlägige Rechtsvorschrift zu korrigieren, sie nämlich nicht oder nur eingeschränkt auf diese Fälle anzuwenden.

Beispiele
(1) § 266 BGB verbietet Teilleistungen. Die Rechtsprechung lässt sie aber insoweit zu, wie Treu und Glauben das gebieten. Das liegt nahe, wenn der Kunde einen Teil seiner Geldschuld bezahlt.

(2) Darlehensverträge mit wucherischen Zinsen sind nichtig. Trotzdem muss der Darlehensnehmer das Geld nicht sofort zurückzahlen (das er so dringend benötigt hat, dass er einen solchen Zinssatz akzeptiert hat).

Der Gesetzgeber stützt sich zunehmend auf Generalklauseln, insbesondere auf Treu und Glauben, weil er die Menge der Fallgestaltungen und Lösungen im Einzelnen kaum voraussehen kann und/oder nicht will. Er verwendet Treu und Glauben immer stärker als eine allgemein geltende Vorschrift. Dann schreibt er in der Begründung zu Gesetzen, dass er diesen oder jenen Fall nicht regele, sondern es der Rechtsprechung überlasse, diesen auf der Grundlage von Treu und Glauben zu entscheiden. So entsteht zunehmend Richterrecht. Treu und Glauben wird damit als Rechtsgrundsatz zum elementaren Bestandteil des Vertragsrechts *[siehe (4)]*.

Vollständigkeit des Vertragsrechts: Generalklauseln ermöglichen und gebieten es, für jeden Fall eine Lösung zu finden. Dementsprechend ist das Vertragsrecht vollständig: Der Richter muss auf jede Rechtsfrage eine Antwort geben. Denn für jede Frage existiert eine Antwort.[7] Es gibt also innerhalb des Rechts (= innerhalb der Fragestellung, was rechtens ist) keinen rechtsfreien Raum. Wenn ein Jurist von rechtsfreiem Raum spricht, meint er, dass man einen Fall nur nach Maßstäben bewerten kann, die außerhalb des Rechts liegen, also vor allem nach moralischen.

Die Auffassung ist also falsch, dass Punkte, zu denen die Vertragspartner nichts vereinbart haben und die auch nicht ausdrücklich in einer Rechtsvorschrift geregelt sind, nicht geregelt seien und dass zu diesen dementsprechend nichts geschuldet werden würde.

---

7   Die Rechtsprechung, insbesondere der Bundesgerichtshof, bildet das Vertragsrecht auch fort. Das ändert aber nichts an dem Grundsatz, dass das Vertragsrecht vollständig ist. Sie konkretisiert oder modifiziert es nur laufend.

(4) Treu und Glauben im Einzelnen

„Treu und Glauben" kann in etwa mit „Fairness" gleichgesetzt werden. Ursprünglich beinhaltete Treu und Glauben, dass eine Entscheidung getroffen werden sollte, die am Einzelfall und damit an den speziellen Interessen der Vertragspartner orientiert sein sollte. Es ging also um Einzelfallgerechtigkeit. Durch die starke Anwendung von Treu und Glauben in der Rechtsprechung und durch die zunehmende Bezugnahme des Gesetzgebers auf „die Gebote von Treu und Glauben" ist der Inhalt heute wesentlich weiter gefasst: Es geht auch um den Vertrauensschutz und die Rücksichtnahme auf die schutzwürdigen Interessen des jeweils anderen Vertragspartners. Zum Vertrauensschutz gehört auch die Rechtssicherheit für den anderen Vertragspartner.[8] Im Grunde packt die Rechtsprechung die drei Prinzipien des Vertragsrechts – konzeptwidrig – in Treu und Glauben hinein *[Kap. 3.1 (4), S. 19]*.

Treu und Glauben kann sich zu Verkehrssitten verdichten *[Kap. 3.1 (1), S. 17]*.

Jede *Vereinbarung*, die eine Leistung zum Gegenstand hat, ist gemäß § 157 BGB nach Treu und Glauben, also fair, auszulegen und gemäß § 242 BGB entsprechend durchzuführen . Die Auslegung kann ergeben, dass die Vereinbarung zu ergänzen oder auch einzuschränken ist.

Ebenso kann sich bei der Anwendung von *Vorschriften* ergeben, dass eine Lücke besteht, die nach den Geboten von Treu und Glauben gefüllt werden muss *[zum Text siehe (3) unter „Beispiele für Generalklauseln"]*.

Beispiele
(1) Das unternehmerische (kaufmännische) Bestätigungsschreiben *[Kap. 4.2 (1), S. 74]*.

(2) Verwirkung: Ein Vertragspartner kann einen Anspruch noch vor Ablauf der gesetzlichen Verjährungsfrist verlieren, wenn er den starken Eindruck erweckt, dass er den Anspruch nicht mehr geltend machen will *[Kap. 11.8 (4), S. 196]*.

Dieses Gewicht von Treu und Glauben ist nicht von den Juristen als Existenzsicherung ihres Berufsstandes erfunden worden, sondern ist ein Entgegenkommen an den Willen der Rechtsgenossen. Die Juristen haben typischerweise strenges Recht vorgezogen; die Rechtsgenossen haben dessen Aufweichung verlangt. Bei strengem Recht hätte der Rechtsberater auch in schwierigen Fällen eine gute Chance, auf der Grundlage des ihm mitgeteilten Sachverhalts richtig vorherzusagen, wie ein Gericht einen Rechtsstreit entscheiden dürfte. Dabei müsste der Rechtsberater trotzdem nicht befürchten, dass der Mandant die Lösung selbst suchen und als Kunde wegbleiben würde; denn die Rechtsordnung wäre für den Laien immer noch zu kompliziert. Der einzelne Rechtsberater könnte auch in weiteren Bereichen sachgerecht tätig werden, als es ihm heute möglich ist.

---

[8] Das österreichische Vertragsrecht stellt mehr auf Rechtssicherheit ab: Man müsse „worttreu" sein: "Was da steht, ist Sache."

3.1.4 Allgemeine Geschäftsbedingungen und ihre Grenzen

Der Zweite Abschnitt des Schuldrechts enthält das Recht der Allgemeinen Geschäftsbedingungen. Einige (zwingende) Vorschriften sollen eine gewisse Ordnung schaffen, damit standardmäßige Vertragsbedingungen wirklich legen die Vertragsverhandlungen vereinfachen und Klarheit schaffen. Am wichtigsten ist die inhaltliche Einschränkung der Vertragsfreiheit: Wer standardmäßige Vertragsbedingungen erstellt („Verwender"), kann in diesen den anderen Vertragspartner nur leicht unfair benachteiligen, nicht aber grob unfair.

(1) Der Begriff der Allgemeinen Geschäftsbedingungen

Wesentliches Merkmal für AGB ist, dass der Verwender einseitig vorformulierte Bedingungen zum Vertragsbestandteil machen will.[9] Auf Kürze oder Länge, auf Schriftart und Form dieser Bedingungen kommt es nicht an, ebenso wenig auf deren Bezeichnung. Maßgeblich ist allein, dass sie für die mehrfache Verwendung vorformuliert sind. Also unterliegen auch Formulierungen dem AGB-Recht, die ein Kunde oder ein Auftragnehmer standardmäßig verwendet, beispielsweise in einer Auftrags- oder Angebotsvorlage. Auch wenn Variable in die Formulierungen eingefügt werden, bleiben die vorformulierten Teile AGB.

Es kommt im Hinblick auf die Ordnungsfunktion auch nicht auf den Inhalt an. Auch Preislisten oder Produktbeschreibungen sind vorformuliert und damit AGB. Dieser weite Begriff dient dazu, möglichst viele Standarddokumente der Kontrolle zu unterwerfen, ob sie ordentlich abgefasst sind.

Aushandeln *: Den Gegensatz zu AGB bilden „Individualabreden": Diese sind zwischen den Vertragspartnern "im Einzelnen ausgehandelt worden". Der Verwender von AGB kann sich also darauf berufen, dass eine ursprünglich als AGB gestellte Klausel im Rahmen der Vertragsverhandlungen ausgehandelt worden sei und also nicht mehr dem AGB-Recht unterliege. Der Verwender muss aber ernsthaft zu Änderungen der Klausel bereit gewesen seien. Die Rechtsprechung erwartet sogar, dass es dann "in aller Regel" auch zu Änderungen kommt. Ist das nicht der Fall, trägt der Verwender die Beweislast dafür, dass der andere Vertragspartner die Klausel in den Verhandlungen letztlich akzeptiert hat.

(2) Einbeziehung von AGB in den Vertrag, insbesondere die Kollision von AGB beider Vertragspartner

Sollen AGB eines Vertragspartners Vertragsbestandteil werden, muss ihre Geltung im Vertrag vereinbart werden.

---

9   Das BGB spricht abwechselnd von „Bedingungen", „Bestimmungen" und „Klauseln".

> **Beispiel**
>
> Ein Hinweis erst auf einer Rechnung, dass die AGB des Auftragnehmers gelten, ändert nichts daran, dass der Vertrag bereits ohne Einbeziehung der AGB geschlossen worden ist.

Der Verwender braucht seine vereinbarten AGB einem Unternehmer nicht mitzuteilen; dieser muss nur die Möglichkeit haben, von den AGB einfach Kenntnis zu nehmen.[10] – Ob der andere Vertragspartner die AGB liest, ist seine Sache und ist für deren Einbeziehung unerheblich.

Verweist jeder der beiden Vertragspartner in seiner Erklärung auf seine AGB, kommt der Vertrag gemäß § 154 BGB im Zweifel erst einmal nicht zustande; denn die Partner sind sich noch nicht in allen Punkten einig *[Kap. 4.1.1 unter „Verträge mit offenen Punkten", S. 58]*. Der Zweifel ist aber beseitigt und der Vertrag damit geschlossen, sobald jeder der beiden Vertragspartner den Vertrag definitiv will und das auch dem anderen zeigt. Das kann er insbesondere dadurch tun, dass er den Vertrag durchführt.

Dann entfallen diejenigen Bedingungen, in denen sich die beiden AGB der Sache nach widersprechen. An deren Stelle tritt das Vertragsrecht *[siehe (5), S. 41]*.

> **Beispiel**
>
> Der Kunde schreibt in seinen Einkaufs-AGB: „Die Haftung des Auftragnehmers richtet sich nach den allgemeinen Rechtsvorschriften." Damit entfällt alles in den AGB des Auftragnehmers, was dessen Haftung einschränken soll. Auch die Klausel des Kunden entfällt. Dann gelten – jetzt im Wege der Ersetzung – die allgemeinen Rechtsvorschriften. Der Kunde hat sein Ziel erreicht.

Es kann die Durchführung des Vertrags stören, wenn unklar ist, welche Bedingungen noch gelten.

Weitere Schreiben des einen oder des anderen Vertragspartners, dass seine AGB gelten würden, sind normalerweise unbeachtlich.

(3) Vorschriften mit Ordnungsfunktion

Überraschende Bedingungen: Objektiv überraschende Bedingungen werden nicht Vertragsbestandteil. Das gilt auch, wenn der andere Vertragspartner die AGB gelesen hat (allerdings darf er bei den Verhandlungen nicht auf diese Bedingungen eingegangen sein).

---

10 Einem Verbraucher muss der Verwender seine AGB so mitteilen, dass jener diese einfach zur Kenntnis nehmen kann, muss diese also im Normalfall zusenden.

> **Beispiel**
> Koppelungsgeschäfte beim Kauf von Druckern dahingehend, dass der Käufer verpflichtet wird, künftig Verbrauchsmaterial, dass er sich auch anderweitig beschaffen könnte, beim Verkäufer zu beschaffen.

Mehrdeutige Bedingungen: AGB sind an ein Publikum gerichtet und deswegen so auszulegen, wie ein durchschnittlich verständiger Empfänger sie verstehen darf. Kann eine AGB-Klausel verschieden ausgelegt werden, kann zwar meist die vom Verwender gewollte Auslegung ermittelt werden, nämlich die für diesen günstigste. Das ist aber nicht die Auslegung, die gemäß den Auslegungsregeln des Vertragsrechts von *beiden* Vertragspartnern gewollt ist *[Kap. 3.3 (1), S. 49]*. Diese Mehrdeutigkeit geht zu Lasten des Verwenders: Der andere Vertragspartner kann sich eine plausible Auslegung aussuchen. Diese ist maßgeblich.

> **Beispiel**
> Bei der Klausel „Ändern sich die Listenpreise, kann der Auftragnehmer die Preise entsprechend ändern" kann der Kunde verlangen, dass der Auftragnehmer auch eine Preissenkung weitergibt.

Vorrang von Individualabreden: Die Vertragspartner können ohne Weiteres im Vertrag Vereinbarungen treffen, die von den AGB abweichen.

Die Vorstellung, dass AGB zwingender Natur seien, ist falsch. Sie wird teilweise dadurch genährt, dass AGB manchmal den Eindruck erwecken, als ob sie zwingend seien. So heißt es beispielsweise in den Einkaufsbedingungen der öffentlichen Hand für IT-Leistungen: „Davon abweichend können die Parteien gesonderte Vereinbarungen treffen." Es bedarf keiner solcher Erlaubnis!

Abweichungen sollten im individuellen Teil des Vertrags eindeutig formuliert werden.

> **Beispiele**
> Laut AGB des Verwenders seien Liefertermine unverbindlich; also sollte der Kunde ausdrücklich einen „festen Liefertermin" verlangen *[zur Formulierung siehe Geschäftstexte Kap. 5.5 (a)]*.
> Laut AGB des Auftragnehmers sollen AGB des Kunden nicht Vertragsbestandteil werden. Das werden sie aber, wenn der Kunde im Vertrag auf seine eigenen verweist.

(4) Die Inhaltskontrolle von AGB durch das AGB-Recht

Materielle Inhaltskontrolle: Die Grenze der Vertragsfreiheit wird *in individuellen Verträgen* im Hinblick auf Fairness dadurch bestimmt, dass Verträge nicht sittenwidrig sein dürfen *[Kap. 3.1.2 (2), S. 26]*. Wenn jemand aber die Vertragsfreiheit nutzt, um AGB vorab zu formulieren, wird die Grenze enger gezogen. Klauseln mit *recht-*

lichem Inhalt in AGB dürfen zwar *etwas* von den gesetzlichen Vorschriften abweichen (würden Abweichungen überhaupt nicht zugelassen werden, wäre von der Vertragsfreiheit nichts mehr übrig). Sie dürfen aber nicht *grob* abweichen, d.h. den anderen Vertragspartner nicht „entgegen den Geboten von Treu und Glauben unangemessen benachteiligen". Tun sie das, sind sie unwirksam.

Beispiele
Zu kurze Verjährungsfrist *[siehe (5), S. 41]*
Zu lange Zahlungsfrist *[Kap. 5.3 unter „Zahlungsfristen", S. 90]*

Das ist – im Wesentlichen – die sogenannte Inhaltskontrolle von AGB. Das AGB-Recht regelt also nicht, was der Inhalt von AGB-Klauseln sein soll, sondern erklärt, was nicht Inhalt sein darf.[11] Die Tendenz der Rechtsprechung geht dahin, die Vertragsfreiheit immer weiter einzuschränken, und zwar auch im unternehmerischen Geschäftsverkehr.

Die allgemeine Inhaltskontrolle bezieht sich nicht auf Bedingungen, die die Leistungen beschreiben. Was zu den Leistungen gehört, ist schwer abzugrenzen.

In Betracht kommt, dass nur ein Teil einer Klausel grob gegen Treu und Glauben verstößt. Nur dieser Teil ist unwirksam; der Rest bleibt wirksam, wenn nach Streichung des unwirksamen Teils die verbleibende Klausel verständlich bleibt und eine eigenständige Regelung enthält.

Die Inhaltskontrolle greift auch dann korrigierend ein, wenn sich der andere Vertragspartner mit der Geltung der AGB des Verwenders einverstanden erklärt hat, beispielsweise gesondert unterzeichnet hat. Sie greift nicht ein, wenn die Vertragspartner über die AGB so viel verhandelt haben, dass diese insgesamt als Individualabreden anzusehen sind *[siehe (3), S. 39]*.

Transparenzgebot: Dieses bezieht sich auf alle vorformulierten Texte, also auch auf Vereinbarungen zu den Leistungen. Die unangemessene Benachteiligung, die zur Unwirksamkeit führt, „kann sich daraus ergeben", dass eine Klausel nicht „klar und verständlich" formuliert ist (§ 307 Abs. 1 Satz 2 BGB). Die Klausel braucht also inhaltlich nicht grob unangemessen zu sein. Sie muss aber den anderen Vertragspartner spürbar benachteiligen und ihr Wortlaut muss das verschleiern.[12]

---

11 §§ 308 und 309 BGB enthalten zwei umfangreiche Kataloge von Klauseln. Diese sagen nicht, was wirksam ist, sondern was bestimmt oder ziemlich wahrscheinlich unwirksam ist.

12 Ein kompliziertes Thema kann eine komplizierte Regelung erfordern. Das allein macht eine Regelung noch nicht intransparent. Sie wird es erst, wenn der Verwender sich nicht bemüht hat, sie eindeutig und verständlich zu formulieren.

Beispiel für mangelnde Transparenz

Die "bequeme" Klausel in den AGB von Auftragnehmern, dass für die Mängelhaftung und/oder für das Nutzungsrecht an der Standardsoftware die Bedingungen der jeweiligen Hersteller gelten würden.

(5) Rechtsfolgen bei Nichteinbeziehung und Unwirksamkeit

Ist eine Klausel nicht Vertragsbestandteil geworden oder ist sie unwirksam, bleibt der Vertrag grundsätzlich dennoch wirksam. Das braucht der Verwender also nicht mehr in seinen AGB zu regeln. Die unwirksame Klausel wird durch das Vertragsrecht ersetzt.

Beispiel Verjährungsfrist

Eine Klausel zu einem Kaufvertrag lautet: „Die Verjährungsfrist für Mängel in der Hardware beträgt 12 Monate, gerechnet ab Lieferung, für Software 3 Monate."

Die Einschränkung der gesetzlichen Verjährungsfrist von 24 Monaten gemäß § 438 BGB auf zwölf Monate ist gerade noch zulässig (§ 309 Nr. 8 BGB). Die Begrenzung für die Software ist unwirksam. Dementsprechend beträgt die Verjährungsfrist für Mängel in der Software 24 Monate.

Wenn viele Verwender in ihren AGB dennoch regeln, dass der Vertrag im Übrigen wirksam bleibe, erfolgt das entweder aus Tradition oder dient der Vorbereitung der sog. salvatorischen Klausel: „Die Vertragspartner verpflichten sich, die unwirksamen Klauseln durch wirksame, die wirtschaftlich so weit wie zulässig gleichwertig sind, zu ersetzen." Meist ist unklar/intransparent, was ersatzweise gelten soll. Die Klausel verstößt deswegen gegen das Transparenzgebot und ist also unwirksam.

Allerdings ist zu berücksichtigen, dass auch die ergänzende Vertragsauslegung zum ersatzweise geltenden Vertragsrecht gehört *[Kap. 3.3 (2) unter „Vierter Rang - ...", S. 51]*. Sie hat normalerweise Vorrang vor den Vorschriften des BGB. Sie kann dazu führen, dass die unwirksame Klausel in der Weise zu ersetzen ist, wie diese für den anderen Vertragspartner noch angemessen ist. Sie bleibt somit im Ergebnis eingeschränkt wirksam.

(6) Beweislast

Wenn sich der andere Vertragspartner auf den Schutz des AGB-Rechts beruft, trägt er die Beweislast dafür, dass es sich bei der von ihm angegriffenen Vereinbarung um eine AGB-Klausel handelt. Der Beweis kann schwer zu führen sein, wenn Standardformulierungen in einem individuellen Vertragstext eingebettet sind.

3.2 Ansprüche stellen (oder abwehren) und die Voraussetzungen beweisen

Wer etwas von einem anderen haben will (= wer Gläubiger ist), bekommt es vor Gericht, wenn er

- eine Anspruchsgrundlage *dafür* hat *[siehe (1)]* und
- darlegen kann, dass deren Anspruchsvoraussetzungen nach den von ihm behaupteten Tatsachen erfüllt sind *[siehe (2)]* und
- die Tatsachen beweisen kann, die der andere Vertragspartner zulässigerweise bestreitet *[siehe (3)]*.

Das ist die zentrale Denkfigur des Vertragsrechts. Es ist also verständlich, dass die Juristen zentral in Anspruchsgrundlagen denken. Praktiker tun das auch, wie ihre Fragen zeigen, ohne dass sie sich dessen recht bewusst sind.

(1) Anspruchsgrundlagen

Die erste Frage lautet, ob für das, was ein Vertragspartner verlangt, überhaupt eine Anspruchsgrundlage besteht. Diese kann sich aus den Vereinbarungen oder aus dem Vertragsrecht ergeben *[Kap. 11.1, S. 176]*.

Die Abbildung "Ansprüche verlangen eine Anspruchsgrundlage" gibt einen Überblick über mögliche Anspruchsgrundlagen. Sie wird erläutert hinsichtlich:
- Leistung und Rücksichtnahme in Kapitel 5.1 *[S. 89]*
- Pflichtverletzung/Vertragsverletzung in Kapitel 11.1 *[S. 176]*
- außervertraglichem Schuldverhältnis in Kapitel 12.2 *[S. 200]*

> **Beispiele dafür, dass das Vertragsrecht keinen Anspruch vorsieht**
> (1) Der Auftragnehmer sieht das Projekt scheitern, weil der Projektleiter des Kunden unfähig ist (was er nachweisen kann). Er verlangt dessen Austausch. Dafür gibt es (wohl) keine Anspruchsgrundlage. Er hat nur die Anspruchsgrundlage, wenn der Kunde nicht ordnungsgemäß mitwirkt, Nachfrist mit der Androhung der Kündigung zu setzen und in dem Fall, dass der Kunde immer noch nicht ordnungsgemäß mitwirkt, den Vertrag zu kündigen; er behält seinen Vergütungsanspruch weitgehend. – Manch kluger Kunde formuliert in seinem Vertragsentwurf einen solchen Anspruch gegen den Auftragnehmer.
>
> (2) Ein neuer Mitarbeiter des Kunden kommt mit den Standardprogrammen nicht zurecht und wendet sich ständig an die Hotline des Auftragnehmers. Der will das nicht hinnehmen und drängt den Kunden dazu, dass dieser den Mitarbeiter nachschulen lässt. Das kann er aber nicht verlangen. Er kann nur bei trivialen Fragen an die Hotline eine Antwort verweigern.

Jede Anspruchsgrundlage besteht aus einer Menge von Anspruchsvoraussetzungen für eine Rechtsfolge (= einen Anspruch).

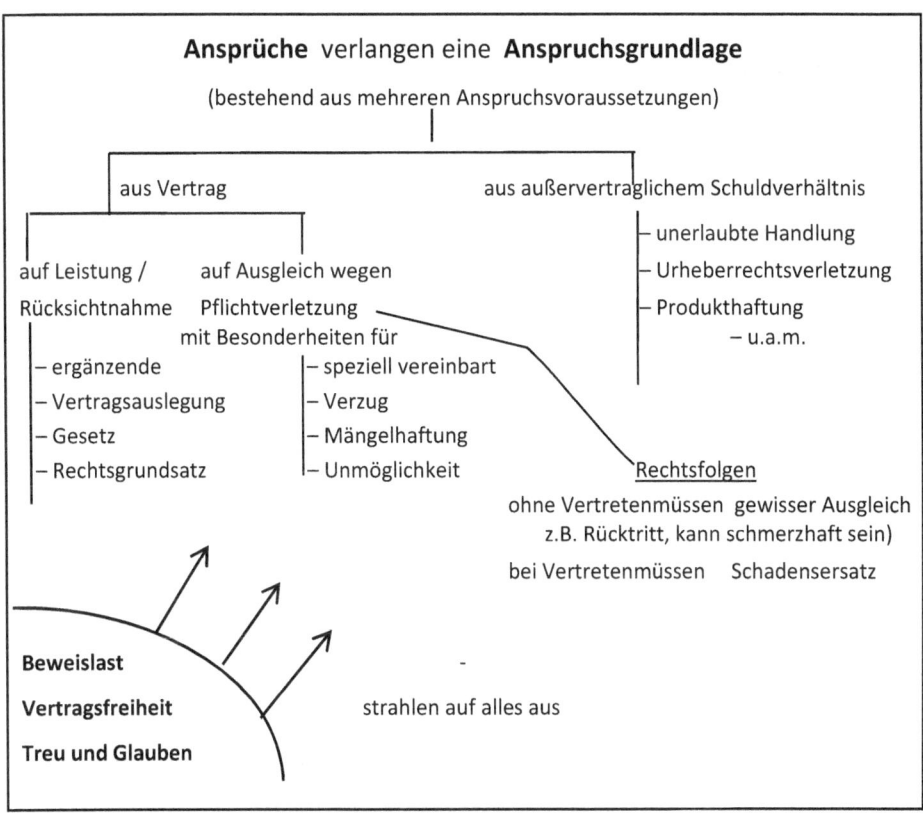

Beispiel

Das Recht des Kunden zum Rücktritt wegen Verzugs des Auftragnehmers hat folgende Anspruchsvoraussetzungen (Ai):

A1 = Vertrag geschlossen

A2 = Liefertermin vereinbart

A3 = Liefertermin nicht eingehalten

A4 = Leistung ist nachholbar (anderenfalls würde es um Unmöglichkeit gehen)

A4 = Angemessene Nachfrist gesetzt

A5 = Nachfrist nutzlos abgelaufen

Wenn eine Anspruchsgrundlage für die gewünschte Rechtsfolge nicht besteht (oder ihre Voraussetzungen nicht bewiesen werden können), heißt das nicht automatisch, dass man nichts bekommt. Es kann auch eine andere Anspruchsgrundlage mit einem weniger weitreichenden Anspruch bestehen.

> **Beispiel**
>
> Überzieht der Auftragnehmer einen Kostenanschlag weit, kann der Kunde sich zwar (meist) nicht darauf berufen, dass eine Obergrenze, nämlich ein Kostenanschlag + X %, vereinbart worden sei. Er kann allerdings einen Anspruch auf Schadensersatz wegen fehlerhafter vorvertraglicher Beratung haben *[Kap. 4.5, S. 85]*.

Jede Anspruchsgrundlage besteht aus einer Menge von Anspruchsvoraussetzungen für eine Rechtsfolge (= einen Anspruch).

> **Beispiel**
>
> Das Recht des Kunden zum Rücktritt wegen Verzugs des Auftragnehmers hat folgende Anspruchsvoraussetzungen (Ai):
>
> A1 = Vertrag geschlossen
>
> A2 = Liefertermin vereinbart
>
> A3 = Liefertermin nicht eingehalten
>
> A4 = Leistung ist nachholbar (anderenfalls würde es um Unmöglichkeit gehen)
>
> A4 = Angemessene Nachfrist gesetzt
>
> A5 = Nachfrist nutzlos abgelaufen

(2) Beweisen I –Darlegungslast/Schlüssigkeitsprüfung *

Der Anspruchsteller muss darlegen, dass die einzelnen Anspruchsvoraussetzungen nach seinen Behauptungen erfüllt sind. Im Prozess besteht diese Aufgabe auch gegenüber dem Gericht: Auflistungen von Mängeln müssen in einer für das Gericht verständlichen Weise abgefasst sein. Denn sonst kann das Gericht nicht die richtige Beweiserhebung anordnen und ordnet folglich nichts an.

> **Beispiel**
>
> Bei einem Mangel hat der Kunde ein Fehlerbild (ein Symptom) vorzutragen. Trifft ihn die Beweislast, muss er auch behaupten, dass die Ursache dafür im Bereich der Leistungen des Auftragnehmers liege. Er braucht aber nicht die Ursache der Funktionsuntüchtigkeit darzulegen.
>
> (Der BGH spricht im Urteil VII ZR 125/06 vom 6.12.2007 von Mangelerscheinung und im Urteil vom 23.01.2008 von „Symptom". Das ist besser als das „Fehlerbild", weil es offener lässt, ob wirklich ein Mangel vorliegt.)

Darauf, ob die behaupteten Tatsachen wahr sind, kommt es bei diesem Schritt noch nicht an. In der Praxis würde der Anspruchsteller gefragt werden, ob er eine überzeugende Begründung/nachvollziehbare Argumentation für seinen Anspruch habe. In juristischer Ausdrucksweise: Der Anspruchsteller muss den Anspruch „substantiieren"; er hat die „Darlegungslast" für die Erfüllung der Anspruchsvoraussetzungen. Ob die Darlegung ausreicht, wird in der „Schlüssigkeitsprüfung" überprüft. Die Juristen nennen diesen Vorgang auch „Subsumtion" .

Beispiel

Ein Mitarbeiter des Auftragnehmers hat versehentlich Daten eines anderen Kunden bei einem neuen Kunden auf dessen IT-Anlage überspielt. Der Neukunde kündigt den Vertrag außerordentlich wegen Zerrüttung des Vertrauensverhältnisses und verlangt die Rückzahlung sämtlicher Zahlungen. Berechtigt? Der Neukunde muss darlegen, dass das Vertrauensverhältnis zerrüttet ist, und zwar so endgültig, dass er dem Auftragnehmer nicht einmal eine Frist für die Wiedergutmachung (eine letzte Chance) einzuräumen braucht. Darüber kann man verschiedener Auffassung sein.

Diese Darlegung ist die eigentliche juristische Arbeit. Häufig müssen bei einer Rechtsvorschrift erst einmal die Anspruchsvoraussetzungen im Hinblick auf den Sachverhalt konkretisiert werden. Denken Sie an die außerordentliche Kündigung aus wichtigem Grund im letzten Beispiel. Der Grund kann in ganz verschiedenen Bereichen liegen: Bei welchen Konstellationen ist es für den verletzten Vertragspartner unzumutbar, die Zusammenarbeit fortzusetzen?

(3) Beweisen II – Die Beweislast im engeren Sinne

Wenn der Anspruchsteller schlüssig dargelegt hat, dass die behaupteten Tatsachen die Anspruchsvoraussetzungen erfüllen, kommt es darauf an, ob die behaupteten Tatsachen wahr sind. Das ist die Beweislast im engeren Sinne. Werden die Tatsachen vom Gegner bestritten, muss der Anspruchsteller sie beweisen. Bei Gericht kommt es dabei darauf an, ob sie vom Gegner zulässigerweise bestritten werden: Der Gegner kann nicht einfach Tatsachen bestreiten, die in seinem Bereich gelegen sind oder noch liegen.

Maßgeblich ist der Zustand zum Zeitpunkt der Leistungserbringung, auch wenn dieser nicht mehr rekonstruiert werden kann. Der Beweisbelastete kann also leicht in Beweisnot kommen *[zur Pflicht der anderen Seite, bei ihr vorhandenes Material zur Verfügung zu stellen, siehe Kap. 6.4.1 unter „Bereitstellen von Beweismitteln", S. 103]*. Behauptet der Auftragnehmer, dass der Kunde den Zustand verschlechtert habe, muss er das beweisen.

Für den Beweis reicht vor Gericht ein „so hoher Grad an Wahrscheinlichkeit, dass ein vernünftiger, die Lebensverhältnisse klar überschauender Mensch nicht mehr an der Wahrheit zweifelt." Es kommt demnach darauf an, dass das Gericht "zu einem für das praktische Leben brauchbaren Grad von Gewissheit gelangt, der dem Zweifel Schweigen gebietet, ohne ihn völlig auszuschließen."[13]

Recht haben + beweisen können
= Recht bekommen

Das gilt auch für den König Kunde.

---

13 BGH vom 18.4.1977, Versicherungsrecht 77, 721 unter Verweis auf das Urteil vom 21.12.1960 (Neue Juristische Wochenschrift 1961, 779).

Die Beweislast ist noch gewichtiger, wenn ein Streit ohne Hilfe eines Gerichts beigelegt werden soll: Man muss dann nicht nur einen neutralen Richter (und einen Sachverständigen) überzeugen, sondern auch den (früheren Partner und derzeitigen) Gegner.

(4) Verteilung der Beweislast *

Wer die Beweislast trägt, ergibt sich im Normalfall aus dem Wortlaut der Vereinbarung bzw. der Rechtsvorschrift: Der Anspruchsteller muss die Voraussetzungen der Anspruchsgrundlage beweisen.

Wer einen Vertrag erstellt, sollte also stets bedenken, dass er die Beweislast durch seine Formulierungen mit verteilt *[siehe auch Geschäftstexte, Kap. 5.4 unter „Die Beweislage absichern"]*.

Beispiel zu einer individuellen Formulierung
Ein Lieferant schließt mit einem Kunden einen Rahmenvertrag über die Lieferung von 10 Geräten. Darin haben die Vertragspartner u.a. formuliert: „Der Kunde erhält je Gerät 15 % Rabatt. Sollte der Vertrag aus Gründen nicht erfüllt werden, die der Lieferant nicht zu vertreten hat, so kann der Lieferant den gewährten Nachlass zurückfordern." Die Vertragspartner beendeten die Zusammenarbeit nach der Lieferung von zwei Geräten wegen Schwierigkeiten, die der Lieferant im Intelligenzgrad des Kunden und der Kunde in der Leistungsfähigkeit des Auftragnehmers sah. Der Lieferant klagte auf Zahlung des als Rabatt abgezogenen Betrags. Wer trägt die Beweislast? Dem Wortlaut nach der Lieferant.

Das Vertragsrecht verteilt die Beweislast so, dass es einigermaßen wahrscheinlich ist, dass der Anspruchsteller in der Lage ist, die Anspruchsvoraussetzungen zu beweisen. Im Einzelfall kann es zu dem – bedauerlichen – Ergebnis kommen, dass der Anspruchsteller zwar Recht hat, aber mangels Beweismitteln nicht Recht bekommt. Daran ist für den konkreten Fall nichts mehr zu machen. Das kann nur zu dem Vorsatz führen, beim nächsten Mal vorsichtiger zu sein und Beweismittel zu schaffen.

Wenn es unwahrscheinlich ist, dass der Anspruchsteller die Voraussetzungen beweisen kann, insbesondere weil es um Umstände im Bereich des Schuldners geht, kann das Vertragsrecht dem Anspruchsteller auf verschiedenen Weisen helfen.

Umkehr der Beweislast: Das Gesetz legt dem Schuldner die Beweislast auf, d. h. es „vermutet", dass die kritische Anspruchsvoraussetzung erfüllt ist. Also muss der Schuldner sich entlasten, d.h. beweisen, dass die Anspruchsvoraussetzung doch nicht erfüllt ist.

Beispiele
Kap. 4.1.2 (3) unter „Vergütung für die Erstellung von Angeboten/Vertragsanträgen" *[S. 60]*: „ist im Zweifel nicht ..."

Kap. 7.1 unter „Hauptpflicht des Kunden" zur Vergütungspflicht bei Werkverträgen *[S. 117]*: „gilt als vereinbart".

Kap. 11.1.1 zu Ansprüchen auf Schadensersatz nach § 280 BGB: „... kann verlangen. Dies gilt nicht, wenn ..." *[S. 179]*.

Beweis des ersten Anscheins: Dieser kann den Beweispflichtigen in der Beweisführung entlasten: Wenn es nach der Lebenserfahrung einen typischen Geschehensablauf gibt, der zu dem zu beweisenden Ergebnis führt, braucht der Beweispflichtige nur den typischen Geschehensablauf zu beweisen, nicht aber das Ergebnis. Beweist der andere aber, dass auch ein anderes Ergebnis wegen besonderer Umstände ernsthaft in Betracht gezogen werden kann, ist der Beweis des ersten Anscheins entkräftet. Dann muss der Beweispflichtige dem Beweis normal führen („Vollbeweis"). – Entsprechendes gilt andersherum: Wenn ein Geschehensablauf bewiesen werden muss, kann aus dem typischen Ergebnis auf einen Geschehensablauf geschlossen werden.

> **Beispiel**
>
> Macht der Kunde Ansprüche wegen eines Mangels gelten, muss er beweisen, dass die Ursache dafür zum Zeitpunkt des Gefahrübergangs bereits gesetzt war. Bei Ausfällen von Hardware in der ersten Zeit nach der Installation (Geschehensablauf) ist typischerweise davon auszugehen, dass die Ursache bereits gesetzt war.
>
> Tritt hingegen eine Störung in einem Anwendungsprogramm auf, kann nicht von einem typischen Geschehensablauf gesprochen werden; häufig ist sie durch den Kunden verursacht worden, insbesondere durch Bedienungsfehler.

Erklärungslast: Das Vertragsrecht verteilt die Beweislast – wie vorstehend dargelegt – oft so, dass derjenige etwas beweisen muss, in dessen Herrschafts- oder Einflussbereich etwas geschehen ist, der also „näher am Beweis" ist. Die Rechtsprechung wendet diesen Gedanken ansatzweise auch in anderen Zusammenhängen an. Sie verlangt manchmal von diesem, dass er das mitteilt, was in seinem Wahrnehmungsbereich geschehen ist, und zwar desto ausführlicher/weitergehend, je weniger der Beweispflichtige das wissen kann.

> **Beispiel**
>
> Siehe Kap. 7.4 (3) *[S. 148]* zu Vergütung nach Aufwand.

(5) Abwehrgrundlagen

Wenn der Schuldner den geltend gemachten Anspruch nicht erfüllen will, wird er ihn bestreiten. Wenn das nicht gelingt, der Anspruch also definitiv besteht, kann der Schuldner dem möglicherweise noch eine Abwehrgrundlage entgegenhalten.[14]

---

[14] Die Juristen unterscheiden zwischen Einwendungen und Einreden. Das bezieht sich nur auf Prozesse: Einwendungen hat das Gericht von Amts wegen zu beachten, einreden nur, wenn sich eine Partei darauf beruft, beispielsweise auf Verjährung *[Kap. 11.8 (1), S. 184]*.

Die Juristen unterscheiden zwischen Einwendungen und Einreden. Das bezieht sich nur auf Prozesse: Einwendungen hat das Gericht von Amts wegen zu beachten, einreden nur, wenn sich eine Partei darauf beruft, beispielsweise auf Verjährung *[Kap. 11.8 (1), S. 194]*.

Aus einer Vereinbarung oder aus einer Rechtsvorschrift kann sich ergeben, dass der Schuldner den bestehenden Anspruch

- derzeit nicht erfüllen muss oder

  Beispiel

  Der Kunde kann geltend machen, dass der Auftragnehmer seinen Zahlungsanspruch gestundet hat.

  Der Auftragnehmer hat das Recht, die Beseitigung von Mängeln zu verweigern, wenn der Kunde in Zahlungsverzug ist.

- nicht mehr erfüllen muss,

  Beispiel

  Der Schuldner kann entgegenhalten, dass der Anspruch erfüllt oder verjährt ist *[siehe zur Verjährung Kap. 11.8 (1), S. 194]*.

- nicht in dieser Höhe erfüllen muss,

  Beispiel

  Bei Schadensersatzansprüchen kann der Schuldner Mitverschulden des Geschädigten einwenden *[Kap. 11.1.3, S. 181]*.

- überhaupt nicht oder so nicht erfüllen muss.

  Beispiele

  Der Schuldner beruft sich darauf, dass der Vertrag wegen Sittenwidrigkeit nichtig sei oder dass er vom Vertrag wirksam zurückgetreten sei.

  Bei einem Kaufvertrag kann der Verkäufer dem Anspruch auf Ersatzlieferung wegen eines Mangels entgegenhalten, dass diese für ihn unzumutbar sei, weil die Mängelbeseitigung wesentlich kostengünstiger sei.

Für die Abwehrgrundlage gelten dieselben drei Schritte wie bei der Anspruchsgrundlage. Der Schuldner muss

- sich auf eine passende Abwehrgrundlage berufen,
- darlegen, dass deren einzelnen Voraussetzungen auf Grund der von ihm behaupteten Tatsachen erfüllt sind, und
- die Tatsachen beweisen, die der Gläubiger berechtigterweise bestreitet.

3.3 Die Ermittlung des Inhalts von Verträgen

Verträge können mündlich oder schriftlich geschlossen werden.

Zur Frage bei mehreren Dokumenten, was und in welcher Rangfolge zum Vertragsbestandteil wird, siehe Kapitel 4.4 *[S. 83]*. Zu mündlichen Nebenabreden siehe Kapitel 4.1.5 (3) *[S. 66]*.

Bei mündlichen Verträgen kann kaum festgestellt werden, welchen Wortlaut die Vertragspartner vereinbart haben, gibt es also kaum etwas, was ausgelegt werden könnte. Die Umstände, unter denen etwas geäußert worden ist, können eine Rolle spielen.

(1) Auslegung von Vereinbarungen

Bei der Auslegung von Vereinbarungen soll der gemeinsame Wille der Vertragspartner ermittelt werden: Was wollten die Vertragspartner mit bestimmten Formulierungen oder Begriffen ausdrücken? Haben sie wirklich das Gewollte ausgedrückt? Es geht um die eine richtige Auslegung.[15]

> **Beispiel**
>
> In einem Pflegevertrag über Standardsoftware heißt es, dass er mit Unterzeichnung in Kraft tritt und damit die Mindestlaufzeit beginnt. Wenn der Pflegevertrag zugleich mit dem Überlassungsvertrag geschlossen wird, liegt es entgegen dem Wortlaut sehr nahe, dass die Mindestlaufzeit erst später beginnen soll, nämlich zu dem Zeitpunkt, von dem an der Auftragnehmer Pflegeleistungen erbringen soll.
>
> Es kann auch vereinbart werden, dass der Kunde die Pflege noch nicht von demjenigen Zeitpunkt an zu bezahlen braucht, von dem an der Auftragnehmer diese erbringt. Dann ist es schwierig zu ermitteln, wann die Mindestlaufzeit nach dem gemeinsamen Willen der Vertragspartner beginnen soll.

Auch hier sind alle relevanten Umstände zu berücksichtigen. Das sind nicht nur die, die dem Empfänger (= dem Auslegenden) bekannt sind, sondern auch die, die ein verständiger Empfänger kennt oder mit denen er rechnen muss.

Bei der Auslegung sind die Erklärungen der Vertragspartner vor deren Hintergrund zu sehen. Das gilt auch für das „Ja" von demjenigen, der einen Vertragsantrag annimmt.

> **Beispiel**
>
> Wenn ein IT-Laie sagt, dass die Dateien auf dem PC gelöscht sind, meint er, dass sie wirklich weg sind. Für den Fachmann bedeutet das (meist), dass sie erst einmal nur im Dateiverzeichnis gelöscht sind und im Übrigen erst im Laufe der Zeit überschrieben werden.

---

15 Das ist anders als bei der Mehrdeutigkeit von AGB, weil der andere Vertragspartner an deren Formulierung nicht beteiligt war *[Kap. 3.1.4 (3) unter „Mehrdeutige Bedingungen", S. 37]*.

Es kommt auf die Umstände bei Abschluss des Vertrags an. Dazu gehören auch solche künftigen Umstände, von denen die Vertragspartner bei deren normaler Entwicklung ausgegangen sind.

Wenn ein spezifischer Wille der Vertragspartner nicht ermittelt werden kann, sind die Vereinbarungen gemäß Treu und Glauben unter Berücksichtigung der Verkehrssitten auszulegen *[Kap. 3.1.3 (4), S. 36]*.

> **Beispiel für die Konkretisierung**
> Eine kurze Formulierung lautet: „Der Auftragnehmer ist zur Geheimhaltung vertraulicher Informationen verpflichtet." Das ist auf der Grundlage von Treu und Glauben auszulegen und hat dann denselben Inhalt wie die verbreitete Formulierung: „Der Auftragnehmer ist – auch nach Beendigung des Vertrags – zur Geheimhaltung vertraulicher Informationen verpflichtet. Dies gilt nicht für Informationen, die dem Auftragnehmer bereits bekannt waren oder die ihm außerhalb des Vertrags auf rechtmäßige Weise bekannt wurden oder die Allgemeingut werden."

Vollständigkeit der Vereinbarung: Sodann fragt sich, ob das Dokument alle Vereinbarungen enthalten soll, dass also kein Vertragspartner berechtigt sein soll, sich auf ergänzende mündliche Vereinbarungen zu berufen. Wenn die Vertragspartner ihre Verhandlungen im Vertragsdokument zusammengefasst haben, kann und muss man davon ausgehen, dass sie genau diese Zusammenfassung als verbindlich gewollt haben. Deswegen vermutet die Rechtsprechung bei Dokumenten („Urkunden"), dass diese die Vereinbarungen vollständig und richtig wiedergeben.

Weiterhin kann und muss man davon ausgehen, dass die Vertragspartner den verwendeten Begriffen die Bedeutung beigemessen haben, die sie nach der Verkehrsauffassung (Verkehrssitte) gewöhnlich haben.

Wer sich also darauf beruft, dass die Vertragspartner
- einen bestimmten Begriff gemeinsam abweichend von dessen üblichem Inhalt verstanden hätten,
- weitere Vereinbarungen als die niedergelegten getroffen hätten oder
- tatsächlich gemeinsam etwas Anderes gewollt hätten,

trägt die Beweislast dafür, dass das entgegen der Verkörperung im Dokument gewollt war. [16]

„*Widersprüche*": Wenn Vereinbarungen in einem Vertragsdokument nicht recht zusammenpassen, vermeiden Juristen möglichst, das als widersprüchlich zu bezeichnen. Sie versuchen, die Vereinbarungen in ein solches Rangverhältnis zu brin-

---

[16] Bei einer nur mündlichen Vereinbarung: nachweisbar so wie behauptet formuliert worden ist.

gen, dass diese sich nicht mehr widersprechen. Beispielsweise kann die eine Formulierung den Regelfall ausdrücken und die andere einen Sonderfall. Oder die Juristen interpretieren eine der Vereinbarungen oder beide eingeschränkt.

Beispiel
Siehe Kapitel 7.3.2 (4.2) *[S. 135]* unter „Die Aufgabenstellung im Vertrag soll maßgeblich bleiben" zum Verhältnis von Aufgabenstellung und Spezifikation.

Manchmal funktioniert diese Methode nicht, weil Formulierungen sich wirklich widersprechen, beispielsweise wenn die Überschrift zu einem Vertrag nicht zu seinem Inhalt passt. Dann wird der wirkliche Wille der Vertragspartner aus der Gesamtheit der Vereinbarungen ermittelt.

Beispiele
Ein Vertrag wird als „Werkvertrag" bezeichnet; die Leistung besteht darin, dass „der Auftragnehmer den Kunden bei ... unterstützen soll." Die Vertragspartner wollen Unterstützung vereinbaren, also einen Dienstvertrag.

Über einem Brief steht "Letter of Intent". In ihm wird der Auftragnehmer aufgefordert, schon mit der Durchführung des Vertrags zu beginnen. Der Brief enthält also bereits den Vertragsantrag zu einem vorläufigen Auftrag *[Kap. 4.1.6 (1), S. 68]*.

(2) Rangschema zum Feststellen des Vertragsinhalts

Der Inhalt von Verträgen wird bei Auseinandersetzungen wegen der Bedeutung von Dokumenten (als Zusammenfassungen des Vereinbarten) *und* wegen der Beweislast in folgender Rangfolge ermittelt:

1. normale Auslegung der Vereinbarungen, insbesondere von Dokumenten
   a) gemäß Verkehrssitten/Handelsbräuchen
   b) gemäß den Umständen des Einzelfalls
2. es sei denn, dass sich etwas Anderes als das gemeinsam Gewollte feststellen lässt
   (einschließlich des unausgesprochen gemeinsam Gewollten)
3. Ergänzung durch das Vertragsrecht
   a) gemäß Verkehrssitten/Handelsbräuchen
   b) gemäß den Umständen des Einzelfalls typisiert
4. es sei denn, dass die ergänzende Vertragsauslegung * eingreift, nämlich dass sich aufgrund der Umstände des Einzelfalls ein anderes Ergebnis aufdrängt, insbesondere aufgrund anderer getroffener Vereinbarungen.

Bei mündlichen Vereinbarungen ist es nicht anders, wenn die Vertragspartner sich auf einen bestimmten Wortlaut einigen. Anderenfalls streiten sie sich erst einmal über den Wortlaut. Dann verschmelzen die ersten beiden Stufen.

Erster Rang: Auslegung des Dokuments als Zusammenfassung der Vereinbarungen *[siehe (1)]*. Vom Grundsatz der Vertragsfreiheit her würde die Feststellung dessen, was die Vertragspartner tatsächlich gewollt haben (zweiter *Rang*), Vorrang haben. Wegen der Beweislast kann sich der Anspruchsteller aber erst einmal auf den Wortlaut stützen.

Zweiter Rang: Feststellen, ob die Vertragspartner tatsächlich etwas gewollt haben, was vom Vertragstext abweicht. In einem Rechtsstreit würde das Gericht beispielsweise Zeugen zu den Vertragsverhandlungen vernehmen. Das Gericht könnte zu dem Ergebnis kommen, dass die Vertragspartner eine mündliche Nebenabrede getroffen haben, auf die der Kläger seinen Anspruch stützt. Die Vermutung der Vollständigkeit und Richtigkeit des Dokuments kann, wie in (1) dargelegt, widerlegt werden. Daran sind aber hohe Anforderungen zu stellen. Diese können durch die Vereinbarung der Schriftform noch weiter erhöht werden *[Kap. 4.1.5 (3), S. 66]*.

Vierter Rang - Ergänzende Vertragsauslegung *: Wenn die Vertragspartner keine Vereinbarung getroffen haben, muss der Vertrag ergänzt werden. Es wird gefragt: Was hätten die Vertragspartner vereinbart, wenn sie an diesen Punkt gedacht und ihn für regelungsbedürftig gehalten hätten? Dabei liegt auf Grund von Treu und Glauben nahe, dass die Vertragspartner das vereinbart hätten, was sich aus dem fair abgefassten Vertragsrecht (dritter *Rang*) ergibt. Ergänzende Vertragsauslegung und Anwendung des Gesetzes decken sich also überwiegend.

> **Beispiel zum Rangschema**
>
> Die Installation eines Standardprogramms und die Einweisung in dieses sind ausdrücklich vereinbart worden; die Vergütung ist nur für das Standardprogramm angesprochen worden, also nicht für diese Dienstleistungen. Der Auftragnehmer mag sich vorstellen, dass er dafür eine zusätzliche Vergütung verlangen könnte (würden diese Leistungen isoliert erbracht werden, wäre das der Fall). Sowohl nach der ergänzenden Vertragsauslegung als auch gemäß Treu und Glauben liegt es näher, dass der Auftragnehmer eine sachgerechte Leistung erbringen wollte, die durch die Vergütung für das Standardprogramm abgedeckt sein sollte. Je höher allerdings der Wert (Preis) für diese Dienstleistungen im Verhältnis zu dem Preis für das Standardprogramm ist, desto schwächer wird dieses Argument. – Es kommt eben auf die Umstände an.

Dritter Rang - Ergänzung durch das Vertragsrecht: Für den Fall, dass der dritte Rang und der vierte zu unterschiedlichen Ergebnissen führen, entscheidet wiederum die Beweislast über die Rangfolge: Im Zweifel haben die Vertragspartner die gesetzliche Regelung gewollt.

Es kann sich aus dem Geflecht der Vereinbarungen und den Umständen ergeben, dass die Vertragspartner den Vertrag in eine bestimmte Richtung abweichend von den spezifischen Rechtsvorschriften ergänzt hätten. Dann soll diese spezielle Ergänzung Vorrang haben. Wer sich darauf beruft, trägt die Beweislast dafür.

Beispiele

(1) Eine AGB-Klausel des Auftragnehmers über den Umfang des Benutzungsrechts des Kunden an einem Standardprogramm möge auf Grund der Formulierung unwirksam sein. Der Kunde erhält dann kein unbeschränktes Benutzungsrecht gemäß dem Gesetz (§ 69d UrhG), sondern ein begrenztes, dessen Umfang im Wege der ergänzenden Vertragsauslegung zu ermitteln ist.

(2) Siehe Kap. 6.4.8 zur Vergütung für die Beseitigung von Störungen beim Kunden *[S. 114]*.

(3) Wer schuldet, wer erbringt die Leistung?

Häufig sind Dritte an die Durchführung beteiligt. Dann ist auseinanderzuhalten, wer etwas schuldet und wer etwas ausführt.

Am einfachsten können Sie sich den Unterschied klarmachen, wenn Sie sich vorstellen, dass der Kunde wegen einer Vertragsverletzung Schadensersatzansprüche stellt: Wer soll zahlen? Sie können sich auch die Frage stellen: An wen soll der Kunde die Vergütung für diese Leistung zahlen? *[Zu Formulierungsproblemen siehe Geschäftstexte, Kap. 5.5 (b) Erfüllung oder Verstärkung von Pflichten durch Dritte].*

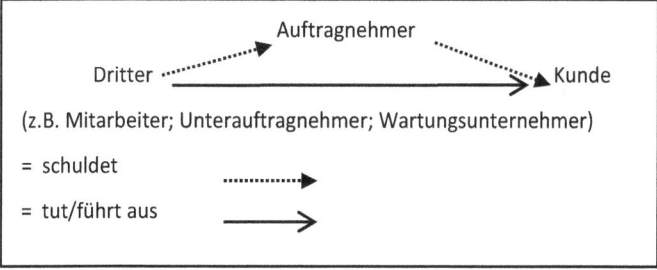

Beispiele

(1) Kaufvertrag mit einem Kunden über Geräte:

"Position X GEGENSTAND"

„Unser Lieferant ist Ihnen gegenüber für die Instandsetzung zuständig."

Im Störungsfall soll wahrscheinlich der Lieferant die Instandsetzung im Verhältnis zum Kunden nur durchführen; der Auftragnehmer tritt dem Kunden nicht seine Ansprüche gegen den Lieferanten aus seinem Kaufvertrag mit diesem ab, ermächtigt den Kunden auch nicht, seine Ansprüche in seinem Namen gegen den Lieferanten geltend zu machen.

(2) In einem Vertrag heißt es: „Der Unterauftragnehmer kann seine Leistungen dem Kunden direkt in Rechnung stellen." Der Generalunternehmer schuldet in diesem Fall die Leistung und haftet bei Pflichtverletzungen seines Unterauftragnehmers. Hinsichtlich der Zahlung liegt ein echter Vertrag zugunsten eines Dritten vor, nämlich des Unterauftragnehmers. Im konkreten Fall kann der Unterauftragnehmer also den Vergütungsanspruch des Generalunternehmers im eigenen Namen geltend machen.

3.4 Europäisches Recht, UN-Recht und US-Recht

(1) EU-Recht

Es gibt nur wenig EU-Recht, das für die Bürger und die juristischen Personen der Mitgliedsstaaten direkt gilt. Dazu gehören beispielsweise das Kartellrecht, das in einigen Grundsätzen im EU-Vertrag geregelt ist, und die Datenschutzgrundverordnung.

Der Schwerpunkt auf der EU-Ebene liegt darin, Richtlinien zu erlassen, die die Mitgliedsstaaten in ihren jeweiligen Rechtsordnungen umzusetzen haben. Der einheitliche Wirtschaftsraum wird also im Wesentlichen durch die Harmonisierung des Rechts der Mitgliedsstaaten erreicht (neben den verbindlichen Richtlinien gibt es auch bloße Empfehlungen für die Gestaltung des nationalen Rechts).

> **Beispiele**
> (1) Richtlinie zur Bekämpfung des Zahlungsverzugs im Geschäftsverkehr[17] *[Kap. 11.3 (3), S. 188, zu Verzugszinsen und Kap. 5.3 unter „Zahlungsfrist", S. 90].*
>
> (2) Bezüglich Marken (Warenzeichen) gibt es beides: die Gemeinschaftsmarke nach EU-Recht und die EU-Richtlinie zur Gestaltung des nationalen Markenrechts.

(2) UN-Recht

Für Kaufverträge zwischen Vertragspartnern, die von verschiedenen Staaten aus tätig werden, hat die UN ein einheitliches Kaufrecht geschaffen, die „Convention on Contracts for the International Sale of Goods" (CISG) vom 11.04.1980, auch „UN-Kaufrecht" genannt. Diese ist durch das Ratifizierungsgesetz vom 05.07.1989 auch zu einem deutschen Gesetz geworden.

„Sale of Goods" umfasst nicht nur das Kaufrecht im Sinne des BGB, sondern auch das Werkvertragsrecht, soweit es um die Erstellung von Produkten geht *[weniger kompliziert als in Deutschland, siehe Kap. 2.2, S. 11].*

Jeder Staat kann diesem Abkommen beitreten, also Mitglied des Abkommens werden. Dessen Bedeutung liegt darin, dass sowohl die USA und Japan als auch die wesentlichen EU-Staaten beigetreten sind. Wenn die Vertragspartner von zwei Mitgliedsstaaten aus einen Vertrag schließen, unterliegt dieser automatisch dem UN-Kaufrecht. Denn jeder der zwei Staaten hat es zum Teil seines Vertragsrechts gemacht: Es ist also als identisches nationales Recht eines jeden Vertragspartners anzuwenden.

---

[17] 2011/7/EU vom 16.02.2011, umgesetzt im Gesetz zur Bekämpfung von Zahlungsverzug im Geschäftsverkehr mit Wirkung vom 28. 07.2014 (BGBl Seite 1218).

Das UN-Kaufrecht erfreut sich bei deutschen Unternehmern bisher wenig Beliebtheit. In AGB deutscher Lieferanten wird dessen Geltung bisher meist ausgeschlossen – zulässigerweise, weil es nachgiebiges Recht ist.

(3) US-Recht

Das US-Vertragsrecht hat sich aus dem englischen Common Law entwickelt. Damit ist es ein Fallrecht (Case Law). Das bedeutet, dass es kaum umfangreiche Gesetze zum Vertragsrecht gibt, sondern dass sich das Vertragsrecht aus den Entscheidungen der Gerichte zu den einzelnen Fällen gebildet hat und sich in dieser Weise weiterentwickelt. Diese Entscheidungen gewinnen dadurch an Gewicht, dass ein Gericht bei derselben Sachlage nicht von einer eigenen Entscheidung abweichen darf, auch nicht von einer Entscheidung eines höheren Gerichts. Das Vertragsrecht wird dadurch zu einem Mosaik aus den Einzelentscheidungen, erhält also kaum eine Systematik und kaum eine verlässliche Begrifflichkeit. Es ist aber konkret-praktisch.

Jeder US-Bundesstaat sowie der Gesamtstaat haben ein eigenes Vertragsrecht.

In den letzten Jahrzehnten wurden verstärkt Gesetze erlassen, die das Vertragsrecht zwischen Unternehmern betreffen.[18] Auch diese Gesetze streben normalerweise keine konsistente vollständige Regelung des betroffenen Rechtsgebiets an, sondern sind mehr als Lösung von Einzelproblemen konzipiert. Sie sollen das Case Law ergänzen oder korrigieren. Sie stehen also in der Tradition des fallorientierten Denkens des Case Law.

Wer einen Vertrag aus den USA liest, wundert sich über dessen Umfang. Das hat im Wesentlichen fünf Ursachen:

Es gibt nicht mit derselben Klarheit wie in Kontinentaleuropa eine Vertragsrechtsordnung, die bei Bedarf ergänzend eingreift und einigermaßen leicht zugänglich ist.

Die Auslegung von Verträgen hält sich enger am Wortlaut, Nebenpflichten werden zurückhaltender konstruiert (es gibt keine Generalklauseln auf der Grundlage von Treu und Glauben). Deswegen müssen Rechte und Pflichten umfangreicher und genauer festgelegt werden.

Das Vertragsrecht der einzelnen Staaten unterscheidet sich, sodass grenzüberschreitende Vertragsbeziehungen für einen Vertragspartner Unklarheit schaffen, wenn er das Recht des Bundesstaats des anderen Vertragspartners akzeptiert.

Der amerikanische Zivilprozess ist umständlicher, meist langwieriger und teurer als der in Deutschland. Deswegen ist es gut, möglichst alles Wichtige eindeutig zu vereinbaren, um Prozesse zu vermeiden.

Da man sich auf allgemeine Grundsätze des Vertragsrechts wenig verlassen kann, hat sich die Einstellung entwickelt, lieber viele Punkte detailliert zu vereinbaren.

---

18 Das gilt beispielsweise für das Kaufrecht. Die National Conference of Commissioners on Uniform State Laws und das American Law Institute haben den Uniform Commercial Code als Empfehlung erarbeitet, der von fast allen Staaten als Gesetz übernommen worden ist, mehr oder weniger umfangreich oder abgeändert.

4. Der Vertragsabschluss in der Praxis

Dieses Kapitel soll Ihnen vermitteln, welche wesentliche Schritte Sie auf dem Boden des Vertragsrechts machen können:

- wie Sie Verträge abschließen können,
- wie Sie mit besonderen Situationen umgehen können, z.B. bei Schweigen des anderen Vertragspartners,
- was ein unternehmerisches (kaufmännisches) Bestätigungsschreiben ist,
- was Vollmacht bedeutet und
- wie Sie feststellen können, was Vertragsbestandteil geworden ist, z.B. wenn Vertragsentwürfe abgeändert und/oder mündliche Erklärungen abgegeben worden sind oder wenn mehrere Teildokumente vorliegen.

Das Folgende gilt auch für Vereinbarungen (rechtstechnisch: Verträge), die während der Projektdurchführung geschlossen werden, seien es Änderungen des bisherigen Vertrags oder Zusätze.

4.1 Vertragsvorbereitung und -abschluss

4.1.1 Antrag und Annahme ergeben einen Vertrag

Ein Vertrag kommt durch Erklärungen der Vertragspartner zustande. Diese müssen verbindlich sein (im rechtlichen Sprachgebrauch: Willenserklärungen sein) und in der Regel inhaltlich vollständig übereinstimmen.

Der Vertrag ist ein zweiseitiges Rechtsgeschäft (oder ein mehrseitiges, z.B. die Gründung einer Gesellschaft durch mehrere Gesellschafter). Es gibt auch einseitige Rechtsgeschäfte, z.B. die Kündigung oder den Rücktritt vom Vertrag.

Wenn Erklärungen nicht gleichzeitig, sondern nacheinander abgegeben werden, kommt es darauf an, wann sie sich decken und damit den Vertrag zustande bringen. Danach richtet sich dessen Inhalt. Es kann schwirig sein, das eindeutig festzustellen [siehe auch Kap. 4.4, S. 83].

Der Gesetzgeber spricht von „Antrag" und „Annahme". Der Begriff „Angebot" ist ein kaufmännischer bzw. operativer Begriff: Er wird in der Praxis meist für die (verbindliche oder unverbindliche) Erklärung des Auftragnehmers verwendet, dass dieser etwas leisten und das bezahlt haben will. Umgangssprachlich bezeichnen allerdings auch Juristen manchmal einen Antrag als „Angebot" (bei Vergleichsgesprächen: „Ist das Ihr Angebot?").

Erklärungen können durch Worte (schriftlich oder mündlich) abgegeben werden. Sie können auch durch eine schlüssige Handlung („konkludent") erfolgen. Das ist eine Handlung, die die Erklärung und den Bindungswillen ausdrückt [zur Erklärung durch Schweigen siehe Kap. 4.1.4, S. 63].[19]

Beispiel für schlüssiges Handeln
Als der Stammgast sich an die Theke setzt und freundlich nickt (Antrag), stellt der Wirt ihm ein Glas Bier hin (Annahme).

Schlüssiges Handeln eines Mitarbeiters wird dessen Arbeitgeber zugerechnet: Das Erscheinungsbild für den anderen Vertragspartner ist, dass der Mitarbeiter nicht im eigenen Interesse, sondern für seinen Arbeitgeber tätig werden will.

Zeitpunkt des Zugangs: Wenn es auf diesen ankommt, reicht es nicht aus, dass die Willenserklärung in den Machbereich des Empfängers gelangt ist. Die Erklärung gilt in zeitlicher Hinsicht erst als in dem Zeitpunkt zugegangen, in dem der Empfänger sie den Umständen nach normalerweise zur Kenntnis nimmt.

Beispiele
Ein Brief gilt nicht bereits als zugegangen, wenn er in den Briefkasten des Empfängers geworfen wird, sondern erst zu dem Zeitpunkt, zu dem der Empfänger seinen Briefkasten normalerweise leert.

Eine E-Mail, die beim Empfänger nach dessen Geschäftsschluss eingeht, gilt erst am nächsten Tag als zugegangen.

---

19 Solche Handlungen können so typisiert sein, dass sie wie Worte behandelt werden, z.B. das Heben der Hand bei einer Versteigerung. § 863 österreichisches ABGB spricht von „allgemein angenommenen Zeichen". Das gilt auch für Deutschland.

Die Erklärung gilt allerdings schon früher als zugegangen, wenn der Empfänger sie schon vor diesem Zeitpunkt tatsächlich zur Kenntnis nimmt – wofür der Erklärende die Beweislast trägt.

Verträge mit offenen Punkten: Zu der Situation, dass sich die Vertragspartner über bestimmte Punkte noch nicht geeinigt haben, enthält § 154 BGB eine Auslegungsregel: Der Vertrag ist im Zweifel noch nicht geschlossen. Dieser Zweifel wird aber ausgeräumt, sobald die Umstände eindeutig ergeben, dass beide Seiten sich bereits binden wollen. Das kann sich insbesondere daraus ergeben, dass beide mit der Durchführung des Vertrags beginnen (schlüssiges Handeln)). Für die offenen Punkte gilt das Vertragsrecht unter Berücksichtigung dessen, dass die ergänzende Vertragsauslegung Vorrang hat *[Kap. 3.3 (2), S. 37]*.

> **Beispiele**
>
> (1) Die Vertragspartner lassen offen, wessen AGB (inwieweit) gelten sollen. Das AGB-Recht entscheidet, inwieweit welche AGB gelten *[Kap. 3.1.4 (2), S. 37]*.
>
> (2) Bei einem Werkvertrag liege die Aufgabenstellung nur im Groben fest und der Auftragnehmer solle sie noch präzisieren. Die endgültige Spezifikation solle noch Vertragsbestandteil werden. Wenn die Vertragspartner sich über diese nicht einigen, liegt es auf der Grundlage der ergänzenden Vertragsauslegung nahe, dass jede Seite die Beendigung des Vertrags erklären kann *[Kap. 7.3.2 (1), S. 129]*.

Vorverträge sind Verträge, in denen sich die Vertragspartner verpflichten (ausnahmsweise nur einer), einen Hauptvertrag abzuschließen, der im Detail erst noch endgültig fixiert werden soll. Es handelt sich um normale Verträge. Die Vertragspartner müssen sich also wie auch sonst über alle wesentlichen Punkte geeinigt haben. Der Unterschied zum endgültigen Vertrag ist also gering.

> **Beispiel**
>
> Im Rahmen einer Ausschreibung eines Kunden schließt ein Generalunternehmer mit einem Vertragspartner als einem Unterauftragnehmer einen Vertrag, in dem dieser sich verpflichtet, bestimmte Leistungen zu bestimmten Bedingungen für den Fall zu erbringen, dass der Generalunternehmer den Zuschlag bekommt. Einzelheiten sollen daran angepasst werden, zu welchen Bedingungen der Vertrag mit dem Kunden geschlossen worden sein wird.

4.1.2 Der Vertragsantrag

(1) Anforderungen an den Vertragsantrag

Ein Vertragsantrag liegt vor, wenn die Erklärung erkennen lässt, dass der Antragsteller sich binden will, und sie inhaltlich so vollständig und bestimmt ist, dass ein Vertrag durch eine einfache Zustimmungserklärung („Einverstanden") zustande kommen kann. Die Erklärung muss also alle für diesen Vertrag wesentlichen Punkte enthalten. Da das umfangreiche Vertragsrecht ergänzend eingreift, braucht oft nur wenig erklärt zu werden.

Beispiel

Schließen die Vertragspartner einen Kaufvertrag über eine handelsübliche Sache, kann als Preis der beim Verkäufer übliche gewollt sein. Für den Liefertermin gilt in diesem Fall, dass „der Gläubiger die Leistung sofort verlangen" kann und „der Schuldner sie sofort bewirken" muss (§ 271 BGB). Also brauchen die Vertragspartner nur die Kaufsache zu bezeichnen.

Der Auftragnehmer kann in seinem Angebot, das er als bloße Aufforderung zu Verhandlungen ansieht, die Leistungen schon so genau beschreiben, dass der Kunde es als fertigen Vertragsentwurf mit objektiv ausgedrücktem Bindungswillen verstehen darf, also als einen Vertragsantrag. Das Dokument unterscheidet sich in diesem Fall von einem Antrag nur dadurch, dass der Aufragnehmer sich noch nicht binden will. Diese Einschränkung muss erkennbar sein, um den im fertigen Vertragsentwurf objektiv ausgedrückten Bindungswillen zu beseitigen.

Beispiel für Unverbindlichkeit

Ein Auftragnehmer legt dem Kunden einen ausgehandelten Systemvertrag mit zwei Feldern für die Unterschriften vor, leistet aber noch keine Unterschrift. Weil zwei Feldern vorhanden sind, also zwei Unterschriften erwartet werden, liegt noch kein (verbindlicher) Vertragsantrag vor.

Die Einschränkung ist deutlicher, wenn ein Angebot als „Informationsangebot", als „Entwurf" oder als „freibleibend" bezeichnet wird.

Enthält ein Angebot Alternativen, beispielsweise alternative Kaufsachen, von denen jede die Zwecke des Empfängers erfüllt, kann das ein Bündel von Vertragsanträgen sein, von denen der Empfänger einen annehmen kann. Ein solches Angebot kann aber auch so offen sein, dass es nur als ein Vorschlag für Verhandlungen anzusehen ist.

Noch weniger als ein Vorschlag ist die Aufforderung des Kunden an den Auftragnehmer, dass dieser einen Antrag abgeben soll: „Ich brauche ..." *[zum Letter of Intent siehe Kap. 4.1.6 (1), S. 68].*

(2) Zeitliche Wirksamkeit des Vertragsantrags

Ein Antrag wird mit seinem Zugang beim Antragsempfänger wirksam und bleibt eine Zeit lang verbindlich *[zu diesem Zeitpunkt siehe Kap. 4.1.1 unter „Zeitpunkt des Zugangs", S. 57]*; danach erlischt er. Ein Widerruf ist also nicht nötig. – Der ist nur möglich, wenn der Antragsteller sich diesen vorbehalten hat, was er dank der Vertragsfreiheit tun kann.

Die Dauer der Wirksamkeit eines Antrags und damit dessen Verbindlichkeit (= dessen Geltungsdauer) bestimmt sich nach dem Zeitbedarf für dessen Annahme: Ein unter Anwesenden abgegebener Antrag kann nur sofort angenommen werden, ebenso ein Antrag per Telefon. Unter Abwesenden kann ein (schriftlicher) Antrag bis zu demjenigen Zeitpunkt angenommen werden, bis zu dem der Antragsteller den Eingang einer zügig gegebenen Antwort erwarten durfte. „Zügig" hängt von der normalen Transportzeit des Antrags bis zum Empfänger und der normalen Rücklaufzeit der Annahmeerklärung ab, vor allem aber von der erforderlichen Überlegungsfrist für den Empfänger: Dieser soll zügig entscheiden. Das hängt von allen Umständen ab, insbesondere davon, wie weit der Vertragsentwurf schon ausgehandelt worden ist, des Weiteren von der Praxis der jeweiligen Branche und von dem Inhalt des Geschäfts.

Der Antragsteller kann angeben, wie lange sein Antrag verbindlich sein soll (§ 148 BGB). In der Praxis geht es meist darum, dass der Anbieter die Frist verlängert, die für den Kunden nach dem Gesetz relativ kurz ist. Ein Anbieter kann auch die Dauer teilweise einschränken, beispielsweise für die Preise von Produkten, die er von Vorlieferanten bezieht.

Ein Antrag erlischt weiterhin, sobald der Empfänger ihn abgelehnt hat. Dieser kann es sich also nicht mehr anders überlegen *[zu Ausnahmen siehe Kap. 4.1.3 (1) Fn 20, S. 61]*. Er kann nur seinerseits einen Antrag abgeben oder um einen erneuten Antrag bitten.

(3) Vergütung für die Erstellung von Angeboten/Vertragsanträgen

Für Vorarbeiten, die im Rahmen einer Aufforderung zur Abgabe eines Angebots anfallen, kann der Anbieter keine Vergütung verlangen. Das gilt auch, wenn diese Arbeiten viel Aufwand verursachen. Ist etwas anderes gewollt, bedarf es einer ausdrücklichen Vereinbarung *[Kap. 4.1.6 (2), S. 69]*. § 632 Abs. 3 BGB regelt (für den Werkvertrag, aber zumindest analog/entsprechend auch auf andere Verträge anzuwenden), dass ein Kostenanschlag im Zweifel nicht zu vergüten ist.

4.1.3 Annahme und „Auftragsbestätigung"

(1) Annahme

Ein Vertrag kommt durch die rechtzeitige und normalerweise uneingeschränkte Annahme des Antrags zustande.

Nimmt der Empfänger einen Antrag verspätet an, kann er den Vertrag nicht mehr zustande bringen, weil der Antrag bereits erloschen und deshalb nicht mehr annahmefähig ist.

Der Empfänger will allerdings etwas verbindlich erklären. Deswegen gilt seine Annahmeerklärung als ein neuer Antrag. Der ursprüngliche Antragsteller, nunmehr der Antragsempfänger, kann den Antrag ausdrücklich oder auch durch konkludentes Handeln annehmen, indem er mit der Vertragsdurchführung beginnt. Er *kann* den Vertrag auch durch Schweigen zustande bringen *[Kap. 4.1.4, S. 63]*.

Ein Vertrag kommt in der Regel nicht zustande, wenn der Antrag unter einem Vorbehalt „angenommen" wird, d.h. mit einer Einschränkung, Erweiterung oder einer sonstigen Abänderung.

Beispiel für eine Ausnahme

Selbst wenn der Empfänger sich mit dem Antrag grundsätzlich einverstanden erklärt und nur eine kleinere Änderung wünscht, gilt das als Ablehnung (und als neuer Antrag). Schweigt der ursprüngliche Antragsteller auf einen solchermaßen neuen Antrag, liegt allerdings nahe, dass das als Zustimmung zu verstehen ist *[Kap. 4.1.4, S. 63]*. – Lehnt der andere die kleine Änderung (und damit den neuen Antrag) ab, kann der Empfänger ausnahmsweise aufgrund von Treu und Glauben *[Kap. 3.1.3 (4), S. 36]* berechtigt sein, seine Änderung zurückzunehmen. Ist das der Fall, bringt er den Vertrag gemäß dem ursprünglichen Antrag des anderen zustande.[20]

Auch diese „Annahme" gilt als ein neuer Antrag.

Beispiel

Auftragnehmer: „Ich biete das Standardprogramm einschließlich Installation zu 5.000 Euro an." Kunde: „Ich bestelle zu 5.000 Euro einschließlich einem Tag Schulung." – Das ist eine wesentliche Änderung, also ein neuer Antrag.

Auftragnehmer nach wenigen Tagen: „Wann soll ich zum Installieren kommen?" – Das ist als Annahmeerklärung zum Antrag des Kunden zu verstehen. Also kommt der Vertrag einschließlich einem Tag Schulung zustande. Wenn der Auftragnehmer nicht anruft, sondern gleich zum Installieren kommt, erklärt er die Annahme mit demselben Inhalt durch schlüssiges Handeln.

Der Empfänger lehnt einen Antrag, in den der Antragsteller seine AGB einbezogen hat, auch dann – erst einmal – ab, wenn er die Annahme erklärt, dabei aber die Einbeziehung der AGB ablehnt, möglicherweise dabei auf seine eigenen AGB verweist *[siehe Kap. 3.1.4 (2), S. 37, dazu, dass die Vertragspartner die vorgesehenen Leistungen dennoch erbringen].*

Zugangsbedürftigkeit der Annahmeerklärung: Normalerweise muss diese dem Antragsteller zugehen, um wirksam zu werden. Dieser kann aber in seinem Antrag darauf verzichten. Der Vertrag kommt dann nicht durch Schweigen zustande, sondern durch bloße *interne Willensbetätigung* des Antragsempfängers (§ 151 BGB). – Das kann zu Beweisschwierigkeiten für den führen, der sich auf die Willensbetätigung beruft.

Beispiel für interne Willensbetätigung

---

20 Aus didaktischen Gründen ein Hinweis: Auch hier ganz wieder um die Umstände gehen: Ein kalendermäßig bestimmt der Liefertermin muss verschoben werden, wobei der Auftragnehmer ein Bestimmungsrecht hat. Es kann aber auch so sein, dass die Verschiebung für den Auftragnehmer nicht zumutbar ist. Dann kann der Kunde den Vertrag nicht mehr durch den Verzicht auf die Änderung zustande bringen.

Der Auftragnehmer schickt eine Auftragsbestätigung, in der er seine Preise herabsetzt. Er erwartet keine Antwort. Wenn man das nicht annehmen will, kommt der Vertrag etwas später durch Schweigen des (dadurch erfreuten) Kunden zu Stande *[siehe Kap. 4.1.4, S. 63]*.

(2) Auftragsbestätigung

„Auftragsbestätigung" ist ein Wort, das im Geschäftsleben in verschiedener Weise verwendet wird. Es handelt sich nicht um einen rechtlichen Begriff.

Häufig wird in der Praxis die schriftliche Annahme eines Antrags als Auftragsbestätigung bezeichnet, unabhängig davon, wer sie erklärt. Falls der Annehmende dabei den Vertragsantrag abändert, macht er rechtlich gesehen einen neuen Vertragsantrag, gibt also keine Bestätigung ab, auch wenn er das beabsichtigen mag.

„Auftragsbestätigung" wird unter anderem auch verwendet für:

- einen Vertrags*antrag* des Kunden (so in der Großindustrie teilweise gebräuchlich), den typischerweise der Auftragnehmer gegenzeichnen soll,
- ein Dokument, das der Kunde oder der Auftragnehmer nach einem schriftlichen Vertragsabschluss erstellt, sei es als
   - Wiederholung schriftlicher Vereinbarungen: Das dient dem Schreibenden nur zur Abwicklung (hat also nur eine interne Bedeutung), oder als
   - Bestätigungs- und Dankschreiben, also für das Zustandekommen des Vertrags ebenso ohne rechtliche Bedeutung,

    Geschäftliche Bedeutung
    Beide Varianten könne dazu führen, dass der Kunde das Dokument liest und Meinungsverschiedenheiten bzw. Irrtümer früh anspricht.

- Wiederholung bereits mündlich getroffener Vereinbarungen zwecks Dokumentation und damit als unternehmerisches (kaufmännisches) Bestätigungsschreiben von erheblicher Bedeutung [Kap. 4.2, S. 73] oder
- bei einer Bestellung im Internet die Ankündigung (!) des Verkäufers, diese anzunehmen.

Im rechtlichen Zusammenhang geht es um zwei Fragen:

- Wann und dementsprechend mit welchem Inhalt ist ein Vertrag zustande gekommen, indem zwei sich inhaltlich deckende Willenserklärungen (zeitgerecht) abgegeben worden sind?
- Liegt ein unternehmerisches (kaufmännisches) Bestätigungsschreiben vor, das bereits *mündlich getroffene* Vereinbarungen bestätigen soll?

Damit Sie Ihre Analyse nicht durch Ihre Vorstellung über den „Begriff" Auftragsbestätigung belasten, sollten Sie das Wort gedanklich durch „Willenserklärung (?)" ersetzen.

4.1.4 Schweigen, insbesondere das des Antragsempfängers

Schweigen beinhaltet im rechtsgeschäftlichen Verkehr nur selten Zustimmung, beispielsweise nur selten die Annahme eines Antrags.

Die gegenteilige Vorstellung ist falsch; sie dürfte im Wesentlichen auf zwei Ursachen zurückzuführen sein:

- Viele Verträge kommen nach Auffassung der Vertragspartner „stillschweigend" zustande. Sie verwechseln Letzteres mit Schweigen. [21] Dieses Wortungetüm legt nahe, dass die Vertragspartner sich nicht auf Schweigen beziehen, sondern auf schlüssiges Handeln nach Schweigen *[siehe Kap. 4.1.1 unter „Beispiel für schlüssiges Handeln", S. 52].* – Das schlüssige Handeln nach einer Situation des Schweigens ist auf jeden Fall als Zustimmung zu bewerten. Der Vertrag kann schon durch das Schweigen zu Stande gekommen sein. im Normalfall ist der Zeitpunkt, in dem der Vertrag zustande kommt, unerheblich.

- Es gibt im Geschäftsleben einige Ausnahmefälle, in denen Schweigen Zustimmung bedeutet *[siehe im Folgenden].*

Außerdem wird häufig, wenn es um den *Inhalt* von Verträgen geht, fälschlich davon gesprochen, dass Pflichten schweigend übernommen worden seien. Sie werden vielmehr unausgesprochen („implizit") übernommen, weil sie zu den ausdrücklich vereinbarten Leistungen dazugehören. „Schweigend" wird also mit „unausgesprochen"/„implizit"/"automatisch" verwechselt.[22]

Schweigen gilt als Zustimmung, beispielsweise als Annahmeerklärung, wenn es im geschäftlichen Verkehr so verstanden werden *muss:* Wenn der Antragsteller nach der Lebenserfahrung in der gegebenen Situation davon ausgehen darf, dass der Antragsempfänger mit dem Antrag hoch wahrscheinlich einverstanden ist und also ausdrücklich widersprechen würde, wenn das ausnahmsweise nicht der Fall sein sollte. Das kann anhand des traditionellen Falls verdeutlicht werden, dass der andere eine Antwort per Brief schicken müsste, die nur ein „Ja" enthalten würde: Wenn der Antragsteller davon ausgehen darf, dass der andere sich diesen Aufwand als überflüssig ersparen will, darf er dessen Schweigen als Zustimmung/Annahme verstehen *[vergleiche das mit dem Verzicht auf die Annahmeerklärung in Kap. 4.1.3 unter*

---

21 § 863 Abs. 1 österreichisches ABGB bestätigt das: „Man kann seinen Willen nicht nur ausdrücklich durch Worte und allgemein angenommene Zeichen; sondern auch *stillschweigend* durch solche Handlungen erklären, welche mit Überlegung aller Umstände keinen vernünftigen Grund, daran zu zweifeln, übrig lassen." § 864 ABGB bezieht sich auf wirkliches Schweigen; das wird „stille Annahme" genannt.

22 §§ 611 und 632 BGB gehen – sprachlich missglückt – davon aus, dass eine Vergütung „stillschweigend" vereinbart werden kann. Besser würde es „unausgesprochen" lauten.

„Zugangsbedürftigkeit von Erklärungen", S. 61]. – Das dürfte heute bei einem Vertragsantrag per E-Mail nicht mehr gelten.

Beispiele für Schweigen als Zustimmung

(1) Der Kunde hat ein Angebot ganz kurz nach Ablauf von dessen Bindefrist angenommen. – In diesem Fall ist Schweigen typischerweise als Zustimmung einzuordnen, weil anzunehmen ist, dass der Auftragnehmer das Geschäft noch tätigen will. Wenn der Auftragnehmer ausnahmsweise das Produkt nicht mehr liefern könnte oder wenn er plötzlich keine freie Mitarbeiterkapazität mehr haben sollte, kann er widersprechen und soll das tun.

Ähnlich ist der Fall, dass der Kunde auf ein unverbindliches Angebot hin eine Bestellung abgibt, wenn dieses in der Sache alles Erforderliche regelt und damit eigentlich annahmefähig ist *[Kap. 4.1.2 (1), S. 58]*.

(2) Siehe Kapitel 6 am Anfang unter „Kauf auf Probe" *[S. 97]* und Kap. 9.1 (2) zur Weiterarbeit nach Vertragsbeendigung *[S. 167]*.

Auch eine einseitige Erklärung wie eine Zustimmung oder bei einem Werkvertrag die Abnahmeerklärung können durch Schweigen abgegeben werden.

Beispiel für Schweigen als Zustimmung für andere Willenserklärungen

Der Mitarbeiter des Auftragnehmers hat nach einer Besprechung der Anforderungen des Kunden zu einem bestimmten Bereich die Details systematisch dargestellt und seinem Gesprächspartner mit dem folgenden Anschreiben – mit Kopie an dessen Projektleiter – geschickt: „.... Ich gehe davon aus, dass ich die genannten Anforderungen richtig spezifiziert habe und Sie der Spezifikation zustimmen, wenn Sie nicht bis zum _____ widersprechen."

Hier ist Schweigen Zustimmung, da der Auftragnehmer davon ausgehen darf, dass seine Spezifikation korrekt ist und Zeitdruck besteht. – Ob das Vorgehen des Mitarbeiters, auf eine ausdrückliche Erklärung zu verzichten, geschäftlich klug ist, ist eine andere Sache.

Schweigen eines Kaufmanns: § 362 HGB sieht eine Sonderregelung für einen Kaufmann vor, dessen *Gewerbebetrieb die Besorgung von Geschäften für andere* mit sich bringt. Schweigt er zu einem Vertragsantrag eines Kunden innerhalb dieses Geschäftsgebiets, gilt das als Annahme, wenn er mit dem Kunden tatsächlich in Geschäftsbeziehungen steht oder wenn er sich gegenüber dem anderen zur Besorgung solcher Geschäfte erboten hat.

Beispiel für die Besorgung fremder Geschäfte

Spedition, Lagerhaltung, also nicht Verträge über Lieferungen.

Es liegt nahe, § 362 HGB auch auf Vertragsanträge in anderen Geschäftsgebieten anzuwenden, beispielsweise für die Lieferung von Produkten, wenn die Beteiligten in einer Geschäftsbeziehung stehen.

Beispiel

Der Kunde sendet dem Auftragnehmer den x-ten Ergänzungswunsch zu einer Systemerstellung, den dieser gegen Vergütung nach Aufwand realisieren soll. Dass Schweigen hier als Zustimmung anzusehen ist, liegt besonders nahe, wenn die Vertragspartner den Ergänzungswunsch vorher besprochen haben. – § 362 HGB greift nicht analog/entsprechend ein, wenn die Vertragspartner in ihren Vertrag eine ausdrückliche Vereinbarung zur Erteilung von Nachträgen/zu Change Requests getroffen haben (die nicht auf Schweigen eingehen).

4.1.5 Schriftform

(1) Grundsatz

Das Vertragsrecht sieht im Geschäftsverkehr grundsätzlich keine Schriftform vor (Grundstücksgeschäfte gehören nicht dazu). Sie wird allerdings häufig vereinbart, insbesondere um die Beweislage zu verbessern, aber auch im Interesse des Projektmanagements.

Die gesetzliche Schriftform kann auch anderen Zwecken dienen, etwa dazu, jemanden vor übereilten Handlungen zu schützen *[zur Bürgschaft siehe Kap. 12.1, S. 199]*. In solchen Fällen kann kein Vertragspartner auf die Schriftform verzichten.

Jeder, der Vertragsverhandlungen beginnt, kann die Schriftform zur Voraussetzung dafür machen, dass Erklärungen verbindlich sind.

Wenn die Vertragspartner Schriftform vereinbaren, fragt sich, ob diese nur für Verträge oder auch für ihre sonstigen Rechtsgeschäfte gelten soll, beispielsweise für eine Kündigung oder für einen Rücktritt. Für letztere gilt die Schriftform nicht bereits deswegen, weil sie für Verträge vereinbart worden ist.

> **Beispiel für die Formulierung einer Schriftformklausel**
> „Der Vertrag und seine Änderungen bedürfen der Schriftform. Das gilt auch für einseitige Erklärungen."

Verträge: § 127 BGB geht davon aus, dass die Vertragspartner die Anforderungen an die Schriftform selbst vereinbaren. Wenn diese Anforderungen unklar formuliert sind, sollen im Zweifel dieselben Anforderungen wie für die gesetzliche Schriftform gemäß § 126 BGB bzw. für die qualifizierte elektronische Signatur gemäß § 126a BGB gelten.

> **Gesetzliche Schriftform**
> § 126 BGB: Die Vertragsurkunde muss von beiden Vertragspartnern unterzeichnet werden (bei mehreren Exemplaren genügt es, wenn jeder das für den anderen Vertragspartner bestimmte Exemplar unterzeichnet).
>
> § 126a BGB: Es bedarf der Namensangabe und der qualifizierten elektronischen Signatur.

Die weiteren Absätze von § 127 BGB enthalten Sonderregelungen, die sich insbesondere auf Zweifelsfälle beziehen. Bei Verträgen genügt im Zweifel ein Briefwechsel zur Wahrung der Form gemäß § 127 BGB.

Die meisten Vertragspartner arbeiten mit telekommunikativen Erklärungen per Fax oder E-Mail, allerdings bei E-Mails meist ohne die qualifizierte elektronische Signatur. Weil diese einfache Vorgehensweise so weit verbreitet ist, ist anzunehmen, dass sie ausreicht, wenn die Vertragspartner pauschal „Schriftform" vereinbaren. – Die Vertragspartner können das durch die wiederholte Verwendung von nicht signierten E-Mails zu einer Parteisitte machen *[Kap. 4.1.9 (3), S. 73]*.

Andere rechtsgeschäftliche Erklärungen: Haben die Vertragspartner die Schriftform auch dafür vereinbart, so reicht gemäß § 127 Abs. 2 BGB die einfache telekommunikative Form aus, soweit nicht ein anderer Wille anzunehmen ist.

(2) Textform *

Diese Art der Schriftform gemäß § 126b BGB ist für Erklärungen eingeführt worden, die aus Gründen der Praktikabilität nicht unterschrieben werden sollen, weil sie Massenerklärungen wie Garantieurkunden sind und/oder weil sie elektronisch übermittelt werden. Der Text muss erkennbar abgeschlossen sein, beispielsweise durch die Nachbildung einer Unterschrift.

E-Mails erfüllen auch als Einzelerklärungen regelmäßig diese Anforderung. Wenn die Vertragspartner nichts zur Textform vereinbart haben, reicht eine E-Mail normalerweise aus *[siehe unter (1)]*. Haben die Vertragspartner die Textform vereinbart, tut eine E-Mail das bestimmt. Haben sie die Textform ausgeschlossen, reicht es immer noch aus, wenn das unterschriebene und eingescannte Dokument als Anhang zu einer E-Mail gesendet wird.

(3) Mündliche Nebenabreden

Wenn die Vertragspartner im Vertragsdokument Schriftform vorgesehen, aber trotzdem zum Zeitpunkt des Vertragsabschlusses mündliche Nebenabreden getroffen haben, wird es kompliziert: „Im Zweifel" sind die rechtsgeschäftlichen Erklärungen nichtig (= unwirksam) (§ 125 BGB). Sie sind es, wenn die Schriftform nicht nur Beweiszwecken, sondern auch anderen Zwecken dienen soll, etwa einen Vertragspartner zum Überlegen anhalten soll („konstitutive Schriftform"). Wenn die Schriftform aber nur zu Beweiszwecken dienen soll („deklaratorische Schriftform"), sind die Zweifel ausgeräumt: Die rechtsgeschäftlichen Erklärungen sind wirksam; jede Seite kann verlangen, dass die schriftliche Dokumentation nachgeholt wird.[23]

---

[23] Ist die Schriftformklausel nur in AGB enthalten, können die Vertragspartner den Vertrag trotzdem mündlich schließen. Wer sich darauf beruht, trägt dafür die Beweislast, dass eine vorrangige Individualabrede (nämlich der Verzicht auf die Schriftform) vorliegt.

Vorrangig stellt sich aber die Frage, ob die Vertragspartner überhaupt schon einen Vertrag abgeschlossen haben. Wenn die Vertragspartner Schriftform vorgesehen haben, gilt der Vertrag gemäß § 154 Abs. 2 BGB im Zweifel erst als abgeschlossen, wenn er entsprechend schriftlich abgefasst ist. Wenn die Vertragspartner den Vertrag nicht formgerecht abfassen, kommt es darauf an, ob sie den Vertrag trotzdem schließen wollen. Das zeigen sie deutlich, wenn sie ihn durchführen *[Kap. 4.1.1 unter „Verträge mit offenen Punkten", S. 58]*.[24]

> **Beispiel**
>
> Das Angebot des Auftragnehmers sieht Schriftform vor. Bei der Schlussverhandlung vereinbaren die Vertragspartner Änderungen des Angebots mündlich. Der Geschäftsführer des Kunden erklärt am Ende mit einem Händedruck auf gute Zusammenarbeit, dass er den Auftrag hiermit erteile (also mündlich). – Jetzt schon wirksam mit Änderungen!

(4) Spätere mündliche Vereinbarungen trotz vereinbarter Schriftform

Die Vertragspartner* können einen Vertrag später trotz vereinbarter Schriftform durch eine mündliche Vereinbarung ändern, insbesondere ergänzen, indem sie für diese auf die vereinbarte Schriftform verzichten (die jeweiligen Verhandlungspartner müssen bevollmächtigt sein).

Enthält die Vereinbarung der Schriftform einen zweiten Satz dahingehend, dass diese nur schriftlich aufgehoben werden kann, kommt es darauf an, ob die Vereinbarung in AGB steht oder individuell formuliert worden ist. Ein solcher Satz in AGB verhindert mündliche Vereinbarungen nicht (sie kann das schon wegen des Vorrangs von Individualabreden nicht bewirken).[25] Allerdings dürfte dieser zweite Satz in einem Individualvertrag wirksam sein, weil er den definitiven Willen der Vertragspartner ausdrückt. – Es hilft nur Disziplin oder der Verzicht, die Mitarbeiter zur Abgabe von rechtsgeschäftlichen Erklärungen zu bevollmächtigen!

Zu (3) und (4) Beweislast für mündliche Vereinbarungen

Wer sich auf eine mündliche Vereinbarung beruft, trägt allerdings die Beweislast dafür, dass sie getroffen worden ist und entgegen der vereinbarten Schriftform gelten soll.

Bei mündlichen Nebenabreden *im Zusammenhang mit dem Vertragsabschluss* stellt die Rechtsprechung hohe Anforderungen an die Beweiserbringung auf der Grundlage, dass die Vertragsurkunde die Vermutung der Vollständigkeit und Richtigkeit für sich hat *[Kap. 3.3 (1), S. 49]*.

---

24 Das gilt dann auch für die Zweifel nach § 125 Satz 2 BGB.
25 Also ist auch der Versuch in AGB sinnlos, noch einen dritten Satz anzuhängen, dass die Vertragspartner unwiderruflich darauf verzichten, den zweiten Satz mündlich aufzuheben.

Bei mündlichen Änderungen *während der Vertragsdurchführung* liegt es näher, dass die Vertragspartner – im Eifer des Gefechts – auf die Schriftform verzichten.

4.1.6 Letter of Intent und Verträge im Vorfeld

(1) Letter of Intent

Ein Letter of Intent enthält nur eine Absichtserklärung und also noch keinen Vertragsantrag. Der Empfänger soll auf eigenes Risiko hin etwas tun.

> **Beispiele**
>
> Der Kunde will bei einem Kaufvertrag erreichen, dass der Auftragnehmer ihm einen günstigen Rang bezüglich der Lieferfristen reserviert.
>
> Der Kunde will bei einem Werkvertrag erreichen, dass der Auftragnehmer schon den Auftrag einplant oder sogar auf eigenes Risiko hin bearbeitet.

Der Begriff wird in der Praxis auch verwendet, um Vereinbarungen zum weiteren Vorgehen bis zur Auftragserteilung zu treffen, etwa zur Geheimhaltung. Das Dokument wird dann von beiden Seiten unterschrieben *[siehe auch (4)]*.

Die Erklärung kann aber auch bereits einen Vertragsantrag enthalten. Maßgeblich ist nicht die Bezeichnung, sondern der erkennbare Wille des Erklärenden *[Kap. 3.3 (1), S. 49]*. Man denke an die Aufforderung des Kunden bei einem Werkvertrag, „dass der Auftragnehmer schon mal anfangen soll." Eine solche Erklärung kann zu einem Vorfeldvertrag führen *[siehe (2)]*.

Der Erklärende haftet nur beschränkt, wenn er den Vertragsabschluss scheitern lässt *[zur Anspruchsgrundlage siehe Kap. 4.5, S. 85]*. Die Erteilung eines Letter of Intent berechtigt den Auftragnehmer in der Regel zu einem gesteigerten Vertrauen, aufgrund dessen er es als sinnvoll ansehen darf, Aufwendungen zu erbringen. Der Kunde haftet auf Ersatz dieser „vergeblichen" Aufwendungen (vergeblich, weil sie nutzlos geworden sind), wenn

a) er das Vertrauen ohne sachliche Grundlage gesteigert hat, insbesondere in Wirklichkeit gar keinen Vertrag abschließen wollte, oder

> **Beispiel**
>
> Der Projektleiter des Kunden fordert einen Auftragnehmer zur Abgabe eines Angebots auf, weil sein Einkauf mindestens zwei Angebote verlangt. Dabei hat er bereits einem anderen Auftragnehmer den Auftrag zugesagt.

b) er nachträglich von dem geschaffenen Vertrauen ohne sachlichen Grund abrückt. Der Kunde ist zwar nicht zum Abschluss des Vertrags verpflichtet, aber er hat sich hinsichtlich seines Verhaltens selbst gebunden. Die entscheidende Frage ist dann, inwieweit er im Einzelfall Vertrauen geschaffen hat.

(2) Vorfeldverträge

Der Kunde kann den Auftragnehmer auffordern, schon etwas zu tun. Dabei kann er erklären, diese Leistungen in dem Fall zu vergüten, dass der Hauptvertrag nicht zu Stande kommt, und anderenfalls die gegenseitigen Rechte und Pflichten im Hauptvertrag aufgehen sollen. Man kann deswegen auch von "vorläufigen Verträgen" sprechen.

Gibt es keine solche ausdrückliche Erklärung, stellt sich die Frage, inwieweit die Aufforderung unausgesprochen die Bereitschaft zur Entschädigung für den Fall enthält, dass der Hauptvertrag nicht zu Stande kommt. Hier können drei Fälle unterschieden werden:

- Der Auftragnehmer trifft Vorbereitungsmaßnahmen für die spätere Leistungserbringung im eigenen Bereich (z.B. plant die Erstellung umfangreich ein): Hier ist eine Vergütung für die vorbereitenden Leistungen in der Regel nicht gewollt.[26]
- Der Auftragnehmer erbringt eine selbstständig verwertbare Leistung, insbesondere eine solche, die Entscheidungsgrundlage für den Abschluss des Hauptvertrags ist. Hier liegt es relativ nahe, dass die Vertragspartner unausgesprochen eine Vergütung vereinbaren.[27]
- Der Auftragnehmer arbeitet bereits an einem unselbstständigen Teil der Hauptleistung. Dann ist es unsicher, ob der Kunde sich unausgesprochen zur Vergütung verpflichten will.[28]

(3) Geheimhaltungsvereinbarungen

Geheimhaltungsvereinbarungen bei der Aufnahme einer Geschäftsbeziehung sind beliebt. Das kommt insbesondere daher, dass sie in den USA erforderlich sind und Firmen in Deutschland diese Praxis übernehmen.

Zu unterscheiden sind hinsichtlich des Geheimhaltungsbedürfnisses:

- Betriebs- und Geschäftsgeheimnisse, die aufgrund des Gesetzes gegen den unlauteren Wettbewerb sowieso durch Strafvorschriften geschützt sind;

---

26 Würde man von Geschäftsführung ohne Auftrag ausgehen, würde es sich in der Regel um ein eigenes Geschäft des Auftragnehmers handeln, sodass ein Anspruch auf Ersatz der Aufwendungen entfallen würde.

27 Hier liegt es auch hinsichtlich der Geschäftsführung ohne Auftrag nahe, dass der Auftragnehmer ein fremdes Geschäft führt, das der Kunde und nicht der Auftragnehmer als eigenes will.

28 Bzw. dass er hinsichtlich der Anspruchsgrundlage Geschäftsführung ohne Auftrag die Tätigkeit des Auftragnehmers als Geschäft für sich wünscht.

- sonstige geheimhaltungsbedürftige Informationen. Sie können aufgrund von Treu und Glauben der Geheimhaltung unterliegen. Das ist der Bereich, für den Geheimhaltung in einer Vereinbarung klargestellt werden sollte;
- nicht geheimhaltungsbedürftige Informationen. Sie werden in Geheimhaltungsvereinbarungen der Kundenseite oft pauschal der Geheimhaltungspflicht unterstellt.

Eine solche standardmäßige Geheimhaltungsvereinbarung (= AGB) hält der Inhaltskontrolle nach dem AGB-Recht nicht stand und ist deswegen unwirksam *[siehe Kap. 3.1.4 (4), S. 39]*. Dann bleibt es auf Grund der ergänzenden Vertragsauslegung dabei, dass nicht nur Betriebs- und Geschäftsgeheimnisse, sondern auch als vertraulich bezeichnete Informationen geheim zu halten sind (was bei der Auslegung gemäß § 157 BGB unklar wäre).

(4) Memorandum of Understanding (MoU)

Diese) Bezeichnung wird für unterschiedliche Dokumente verwendet, die die beiden Vertragspartner im Vorfeld unterzeichnen. Der Bezeichnung darf also kein bestimmter Inhalt zugeordnet werden.

In der Projektpraxis kann es im Verhältnis von Kunde zu Auftragnehmer um einen Letter of Intent gehen *[siehe (1)]*, um einen Vorvertrag *[siehe Kap. 4.1.1 unter „Vorvertrag", S. 58]*, manchmal auch um einen vorläufigen Vertrag *[siehe (2)]* oder um eine Geheimhaltungsvereinbarung *[siehe (3)]*.

Häufig wird ein MoU geschlossen, um die Zusammenarbeit von zwei oder mehreren Anbietern einzuleiten. Zum einen verwenden US-basierte Firmen gerne MoUs, um die Vertragspartner vor dem Austausch von geheimhaltungsbedürftigen Informationen zur Geheimhaltung zu verpflichten. Zum anderen vereinbaren die Beteiligten in einem MoU die Grundlage für ihre Zusammenarbeit, beispielsweise für die Abgabe eines Angebots bei einer Ausschreibung.

4.1.7 Bedingungen für die Geltung eines Vertrags

Verträge bestehen aus Bedingungen im Sinne von Vereinbarungen, beispielsweise enthalten sie Allgemeine Geschäftsbedingungen . Gemeint ist hier, dass die Vertragspartner Bedingungen dafür vereinbaren können, ob der Vertrag überhaupt schon oder noch wirksam ist.

Auch einzelne Vereinbarungen können unter Bedingungen gestellt werden. Die folgenden Erläuterungen gelten auch für sie. Eine solche Bedingung ist wiederum eine Vereinbarung. Es kommt nicht darauf an, ob die Vertragspartner etwas ausdrücklich unter einer Bedingung vereinbaren ("Vorausgesetzt dass ...") oder schlicht von Voraussetzungen abhängig machen („Wenn ...").

Verträge können normalerweise unter Bedingungen geschlossen werden.[29]

Bedingungen können ihrer Wirkung auf den Vertrag nach sein

- aufschiebend: Der Vertrag wird erst mit Eintritt der Bedingung wirksam.
  Beispiel
  Die Übereignung einer Sache wird unter Eigentumsvorbehalt erklärt: Das Eigentum geht erst mit Bezahlung des Kaufpreises über *[vgl. Kap. 6.1 unter „Eigentumsübertragung", S. 97]*.

- auflösend: Der Vertrag ist gleich wirksam, verliert aber bei Eintritt der Bedingung seine Wirksamkeit. Man kann das als eine automatische Kündigung verstehen.
  Beispiel, hier für ein einseitiges Rechtsgeschäft
  Bei einem Werkvertrag wird die Abnahme unter der Bedingung erteilt, dass die Mängel bis zu einem bestimmten Datum beseitigt werden *[vgl. Kap. 7.6 (3) unter „Abnahme unter ... einer Bedingung", S. 154]*.

Was jeweils vorliegt, ist manchmal schwer zu beurteilen, weil die Bedingung so definiert werden kann, dass etwas bis zu/an einem bestimmten Zeitpunkt *nicht* geschieht. Für Sie heißt das: Beschreiben Sie umgangssprachlich möglichst genau das, was Sie wollen.

Die Bedingung kann auch vom Willen eines Dritten, sogar vom Willen eines Vertragspartners, abhängig sein.

Beispiel
Kauf auf Probe *[vgl. Kap. 6.1.1 unter „Testinstallation und Ähnliches", S. 97]*.

Wird der Eintritt einer Bedingung wider Treu und Glauben verhindert, gilt die Bedingung als eingetreten (§ 162 BGB).

Beispiel
Ein Systemvertrag wird unter der Bedingung „Finanzierung durch Leasing" geschlossen. Der Kunde bemüht sich nicht, einen Leasingvertrag zu schließen, dabei ist er ausreichend kreditwürdig.

Option: Sie ist das Recht eines Vertragspartners, einen – bereits ausreichend definierten – Vertrag in Kraft zu setzen. Sie lässt sich als aufschiebende, vom Willen des Optionsberechtigten abhängige Bedingung erklären. Sie wird allerdings – einfacher – als ein Gestaltungsrecht behandelt.

---

29 Bei einseitigen Rechtsgeschäften geht das nur ausnahmsweise, weil die Erklärung Klarheit schaffen soll, also nicht bei einer Kündigung, wohl aber bei der Erklärung der Abnahme eines Werks.

4.1.8 Vertragsabschluss mit „Telekommunikationsmitteln" *

Bei Verträgen im elektronischen Geschäftsverkehr sind zwei Ebenen zu unterscheiden.

Auf der rechtstechnischen Ebene geht es um die Voraussetzungen dafür, dass wirksame Willenserklärungen vorliegen. Wenn die Vertragspartner nur gelegentlich Telekommunikationsmittel für den Abschluss von Verträgen nutzen, fällt das nicht unter das Thema *Tele*kommunikationsmittel, sondern unter das Thema Schriftform *[Kap. 4.1.5, S. 65]*: „Welche Formen sollen nach dem Willen der Vertragspartner für Antrag und Annahme ausreichen?" [30]

Auf der inhaltlichen Ebene schränkt das Vertragsrecht die Vertragsfreiheit des Anbieters ein, allerdings nur gegenüber Verbrauchern, insbesondere indem es ihnen Rechte zum Rücktritt vom Vertrag einräumt.

4.1.9 Noch einige Hinweise zu Verträgen

(1) Die Verbindlichkeit von Verträgen

Ist ein Vertrag abgeschlossen, gilt er und kann nur einverständlich geändert oder aufgehoben werden. Es gibt kein allgemeines Widerrufsrecht (nur ein beschränktes zugunsten von Verbrauchern).

In Betracht kommt, dass der eine Vertragspartner den Vertrag wegen einer Vertragsverletzung des anderen bei der Vertragsdurchführung einseitig aufheben kann *[zur Haftung siehe Kap. 11.1, S. 176]*.

Verträge sind auch grundsätzlich einzuhalten. Treu und Glauben kann einem Vertragspartner ausnahmsweise einen Anspruch darauf geben, dass der Vertrag interessenneutral abgeändert wird, etwa dem Kunden, weil er während der Durchführung eines Werkvertrags einen Lernprozess durchmacht, was er wirklich als Ergebnis braucht *[Kap. 7.3.3 (1), S. 140]*. Die Vertragspartner können ein Verfahren festlegen, wie Änderungen vereinbart werden sollen.

---

30 Insofern kommt es nicht darauf an, wie § 312b BGB *Fern*kommunikationsmittel definiert. Das tut es erst, wenn der Anbieter den Abschluss solcher Verträge (möglicherweise auch deren Durchführung) über Fernkommunikationsmittel *organisiert*. Dann legen die §§ 312a ff BGB dem Anbieter Pflichten zur Information und zur Abwicklung auf. Diese hat er auch gegenüber Unternehmern als Kunden; diese Vorschriften enthalten aber gegenüber Unternehmern nicht zwingendes Recht. Gegenüber Verbrauchern hat der Anbieter einige allgemeine Informationspflichten aufgrund des Telemediengesetzes.

Nur ausnahmsweise kann ein Vertragspartner verlangen, dass der Vertrag zu Lasten des anderen Vertragspartners abgeändert wird *[siehe zur Störung der Geschäftsgrundlage Kap. 5.6, S. 93]*. – Bei einem Werkvertrag hat der Kunde allerdings ein besonderes Kündigungsrecht *[Kap. 7.3.5, S. 145]*.

(2) Was ist ein Vertrag, was ist ein System?

Ein Vertrag im Rechtssinne ist jede Vereinbarung, die die Vertragspartner treffen. Sie mag umfangreich oder ganz eng sein. Es liegt genauso wie bei einem Programm. Dort hilft man sich manchmal mit Begriffen wie „Programmpaket" oder „Modul" oder „Routine", um den Umfang anzuzeigen.

Eine Vereinbarung, und damit ein Vertrag, liegt auch dann vor, wenn ein bestehender Vertrag geändert wird. Man spricht dann weiterhin von dem einen (abgeändert weiterhin bestehenden) Vertrag oder Vertragsverhältnis und ignoriert den Änderungsvertrag als formell weiteren Vertrag. Der zweite geht im ersten auf.

(3) Parteisitten

Wenn die Vertragspartner sich in einem Punkt wiederholt gleichförmig verhalten, entsteht leicht etwas, was als Gewohnheit *auf geschäftlicher Ebene* begriffen werden kann, etwa wenn der Auftragnehmer Forderungen des Kunden ständig nachgibt. Ein solches gleichförmiges Verhalten kann aber auch *auf der Ebene des Vertrags* zu einer Vereinbarung führen, die den bestehenden Vertrag ergänzt, konkretisiert oder abändert: Wenn die Vertragspartner etwas dreimal in gleicher Weise durchgeführt haben, liegt es nahe, dass das auch in Zukunft so durchgeführt werden soll. Sie schaffen dann so etwas wie eine Verkehrssitte im Kleinen: eine Parteisitte.

> **Beispiele**
>
> (1) Die Vertragspartner können dadurch, dass sie ständig Vereinbarungen mittels E-Mails treffen, für sich regeln, dass diese Kommunikationsform der vereinbarten Schriftform genügt. Das gilt dann sogar in dem Fall, dass sie im Vertrag ausdrücklich vereinbart haben, dass E-Mails für die Einhaltung der vereinbarten Schriftform nicht ausreichen *[Kap. 4.1.5 (1), S. 65]*.
>
> (2) Die Rechtsprechung hat aus dem Grundsatz der ständigen Übung die Duldungsvollmacht abgeleitet *[Kap. 4.3 (2), S. 79]*.

4.2 Unternehmerisches Bestätigungsschreiben und Protokolle

Die Vertragspartner haben eine mündliche Vereinbarung geschlossen, beispielsweise im Rahmen der Vertragsdurchführung. Einer hat das zur Klarstellung schriftlich bestätigt. Die Rechtsprechung hat solche Bestätigungen anfangs als zwischen Kaufleuten verbindlich anerkannt, und zwar auf der Grundlage von § 346 HGB, dass im Handelsverkehr auf die dort geltenden Gewohnheiten und Gebräuche Rücksicht zu nehmen ist *[§ 346 HGB ist in Kap. 3.1.3 (3) unter „Beispiele für Generalklauseln" zitiert, S. 34].*

Die Rechtsprechung hat dementsprechend von einem „kaufmännischen" Bestätigungsschreiben gesprochen Sie anerkennt die Verbindlichkeit jetzt für alle Bestätigungsschreiben, bei denen beide Vertragspartner geschäftsgewandt sind. Da das jetzige Schuldrecht den Begriff des Unternehmers verwendet *[Kap. 3.1.2 (2), S. 26]*, sollten diese jetzt zutreffend „unternehmerische Bestätigungsschreiben" heißen.

Der operative Begriff „Auftragsbestätigung" *[Kap. 4.1.3 (2), S. 62]* wird leicht mit dem Rechtsbegriff des unternehmerischen Bestätigungsschreibens verwechselt. Letzteres liegt nur dann vor, wenn bereits mündlich geschlossene Vereinbarungen bestätigt werden. Ein als „Auftragsbestätigung" bezeichnetes Schreiben *kann* das tun, also ein unternehmerisches Bestätigungsschreiben beinhalten.

Darauf, wie der Absender sein Schreiben bezeichnet, kommt es nicht an. Es empfiehlt sich dringend, deutlich zum Ausdruck zu bringen, dass etwas „bestätigt" wird, was bereits „vereinbart" und nicht nur „besprochen" worden ist. Denn wenn jemand bestätigt, dass etwas „besprochen" worden ist, kann er schwerlich später behaupten, dass das „vereinbart" worden sei.

Ausnahmsweise kommt es auch zur Klarstellung bei schriftlichen Vereinbarungen in Betracht, nämlich wenn die Vertragspartner sich bereits in allen Punkten geeinigt haben, das aber zu verschiedenen Zeitpunkten und in verschiedenen Dokumenten. Wenn dann ein Vertragspartner alles übersichtlich zusammengefasst und dem anderen als konsolidierten Text schickt, hat das dieselbe Wirkung wie ein unternehmerisches Bestätigungsschreiben zu mündlichen Vereinbarungen.

(1) Übliche Wirkung

Das unternehmerische Bestätigungsschreiben soll den mündlichen Abschluss der Vereinbarung und dessen Inhalt bestätigen und damit die Beweislage sichern. Wer ein solches Schreiben macht, beugt späteren Auseinandersetzungen vor. Deswegen wird er für diese Mühe „belohnt":

Wenn der Empfänger auf ein solches Bestätigungsschreiben hin schweigt oder diesem nicht unverzüglich widerspricht, gilt es normalerweise als korrekte Dokumentation der getroffenen Vereinbarungen. Das Ergebnis entspricht der Situation, dass beide Vertragspartner einen mündlich geschlossenen Vertrag nachträglich schriftlich abfassen.

Widerspricht der Empfänger, gilt nicht diese Dokumentation, sondern das, was vorher mündlich vereinbart worden ist. Wenn der Absender sich nun auf die mündliche Vereinbarung beruft, kann es für ihn schwierig sein, diese zu beweisen.

Der Empfänger kann seinen Widerspruch auch beschränken. Dann bleiben die übrigen Vereinbarungen wirksam, wenn sie von den bestrittenen unabhängig sind. Der Empfänger kann auch erwidern, dass die Vereinbarung anders als bestätigt getroffen worden sei und damit implizit widersprechen.

Das unternehmerische Bestätigungsschreiben „wahrt" die vereinbarte Schriftform (= hält sie ein).

Ein unternehmerisches Bestätigungsschreiben, dem der Empfänger nicht unverzüglich widerspricht, ist auch dann wirksam, wenn es von den tatsächlich getroffenen Vereinbarungen abweicht; es sei denn
- dass der Bestätigende arglistig abgewichen ist; das ist für den Empfänger oft nicht zu beweisen;
- dass die Abweichungen so groß sind, dass der Bestätigende vernünftigerweise mit der Billigung der anderen Seite nicht rechnen konnte; auch das kann der Empfänger unter Umständen nur schwer beweisen.

Das unternehmerische Bestätigungsschreiben wirkt auch, wenn ein Vertrag noch nicht einmal geschlossen worden ist, einer den Vertragsabschluss aber bestätigt. Hier bringt das Bestätigungsschreiben den Vertrag erst zustande. Das gilt allerdings dann nicht, wenn die Verhandelnden von einem Vertragsabschluss noch weit entfernt waren (diese Bewertung entspricht der im vorhergehenden Absatz).

Die Grundsätze zum unternehmerischen Bestätigungsschreiben gelten auch während der Vertragsdurchführung für die Bestätigung von Änderungen/Ergänzungen des Vertrags oder von Konkretisierungen während der Vertragsdurchführung von solchen der ursprünglichen Aufgabenstellung.

(2) Beweislast

Wer sich auf ein Bestätigungsschreiben beruft, trägt die Beweislast dafür, dass Verhandlungen stattgefunden haben (und – wie üblich – dass sein Schreiben der anderen Seite zugegangen ist).

Der Empfänger, der der Bindungswirkung des Bestätigungsschreibens entgehen will, trägt die Beweislast dafür, dass er unverzüglich widersprochen hat bzw. einer derjenigen Fälle vorliegt, bei denen ein Widerspruch nicht erforderlich ist.

Wenn der Empfänger erwidert, dass eine Vereinbarung getroffen worden sei, aber anders als bestätigt, trägt er die Beweislast für die von ihm behauptete mündliche Vereinbarung.

> **Beispiel**
> Bei einem Projekt über die Einführung von Standardsoftware waren die Vertragspartner verschiedener Meinung darüber, ob eine Anforderung geschuldet war, die nur durch Anpassungsprogrammierung erfüllt werden konnte. Der Kunde brauchte diese Funktion dringend.
>
> Bei einer Besprechung hat der Auftragnehmer ein Nachtragsangebot über € 8.000 vorgelegt. Die (bevollmächtigten) Mitarbeiter der Vertragspartner haben über den Preis verhandelt.
>
> Der Auftragnehmer bestätigte danach schriftlich die Beauftragung zu einer Vergütung von € 6.000. Der Kunde widersprach unverzüglich, dass er nur € 4.000 akzeptiert habe. Also kommt es darauf an, was die Vertragspartner vereinbart haben.
>
> Variante a): Der Auftragnehmer will die Anpassung nur erstellen, wenn der Kunde € 6.000 zu zahlen bereit ist. Er wird eine solche mündliche Vereinbarung kaum beweisen können.
>
> Variante b): Der Kunde verlangt die Erstellung der Anpassung, will aber nur € 4.000 bezahlen. Auch er wird diese Preisvereinbarung kaum beweisen können.
>
> Also müssen sich die Vertragspartner noch einmal zusammensetzen.

(3) Ergänzungen zu den getroffenen Vereinbarungen

Der Schreiber kann in einem unternehmerischen Bestätigungsschreiben die Vereinbarung in Nebenpunkten konkretisieren und/oder ergänzen. Erfolgt das im Rahmen des Üblichen, gilt der Verzicht des Empfängers auf unverzüglichen Widerspruch als Zustimmung; insofern stellt sein Schweigen eine rechtsgeschäftliche Erklärung dar.

> **Beispiel**
> Der Auftragnehmer bestätigt eine werkvertragliche Dienstleistung im Umfang von fünf Personentagen. Er ergänzt einen – plausiblen – Liefertermin von 14 Kalendertagen.

Das Schweigen gilt allerdings nicht als Zustimmung, wenn die Konkretisierungen und Ergänzungen von dem Üblichen so erheblich abweichen, dass der Bestätigende vernünftigerweise mit der Zustimmung des Empfängers nicht mehr rechnen durfte. Eine so erhebliche Abweichung kann der Empfänger nur schwer beweisen. – Wirksam ist die Ergänzung, dass die Leistungen zu den eigenen AGB erfolgen sollen, es sei denn dass die Vertragsverhandlungen das Gegenteil ergeben haben.

(4) Gegenbestätigung

In der Praxis wird manchmal um Gegenbestätigung gebeten: „Bitte bestätigen Sie mein Schreiben." Oder: „Bitte bestätigen Sie die getroffenen Vereinbarungen." Formal ist das so zu verstehen, dass der Empfänger bestätigen soll, dass der Absender richtig protokolliert hat. Der Absender bittet eher aus der Befürchtung heraus, dass sich der Empfänger eines Tages auf der geschäftlichen Ebene nicht an dem unternehmerischen Bestätigungsschreiben festhalten lassen wird.

Die Bitte klingt allerdings in die Richtung, als ob noch gar keine Vereinbarung getroffen worden wäre. Die Bitte ändert nichts am Charakter des unternehmerischen Bestätigungsschreibens, soweit es bereits getroffene Vereinbarungen dokumentiert. Es gilt also auch dann, wenn kein Widerspruch, aber auch keine Gegenbestätigung erfolgt. Es ist allerdings eine Frage der Klugheit, ob sich der Bestätigende mit dem Schweigen des Empfängers zufrieden gibt, wenn er erst einmal dessen Gegenbestätigung für erforderlich gehalten hat. Konsequenterweise sollte er den Empfänger nach den Gründen dafür fragen, warum dieser die Gegenbestätigung nicht abgibt.

Etwas Anderes ist die Bitte um *Zustimmung* *[siehe auch (3)]*. Wenn das Schreiben über die Bestätigung der getroffenen Vereinbarungen hinaus wesentliche Zusätze enthält, macht die Bitte insoweit Sinn. Dann empfiehlt es sich für den Bestätigenden, in seinem Bestätigungsschreiben auseinander zu halten, was bereits vereinbart worden ist und was Zusätze sind, und nur für die Zusätze um Zustimmung zu bitten (Änderungsvorschläge sind in diesem Sinne Zusätze). Anderenfalls liegt es nahe anzunehmen, dass für alles erst noch um Zustimmung gebeten wird (auch wenn am Anfang des Schreibens von „Bestätigung" die Rede ist). Denn die Formulierung dürfte ausdrücken, dass noch gar keine Vereinbarung getroffen worden sei.

Saubere Formulierung

Der Bestätigende kann höflich schreiben: „Bitte bestätigen Sie, dass ich die Vereinbarungen richtig wiedergegeben habe."

Gegebenenfalls: „Ich schlage folgende Ergänzung vor: ‚…' und bitte um Zustimmung."

(5) Protokolle

Die Vertragspartner können zur Protokollführung die normale Schriftform vereinbaren, dass also beide die Protokolle unterschreiben sollen, oder die besondere Schriftform, dass nur der Protokollierende das tun soll. Sie können ergänzend vereinbaren, ob Unterschriften überhaupt nötig sind oder ob die Textform (hier: E-Mail) ausreicht.

Einseitige Unterzeichnung vereinbart: Solche Protokolle sind unternehmerische Bestätigungsschreiben, allerdings von den Vertragspartnern sozusagen geadelt: Sie sind nicht nur eine einseitige nachträgliche Maßnahme zur Absicherung, sondern sie sind ausdrücklich so vorgesehen. Beide Vertragspartner sollen sie verabredungsgemäß ernst nehmen.

Die Vertragspartner können Regeln festlegen, z.B. dass der Empfänger innerhalb einer bestimmten Frist widersprechen muss.

Beiderseitige Unterzeichnung vereinbart: Es ist unklar, wann die im Protokoll festgehaltenen Vereinbarungen wirksam werden sollen: ab der zweiten Unterschrift oder rückwirkend ab der zweiten Unterschrift. Die Vertragspartner sollten das festlegen.

Inhalt: In Protokollen kann statt dem Wort „vereinbart" auch das Wort „beschlossen" verwendet werden. Der protokollierende Vertragspartner kann sich etwas stärker darauf verlassen, dass seine Protokollierung verbindlich ist. Insbesondere können auch Tatsachen protokolliert werden; der andere Vertragspartner kann dann deren Richtigkeit später kaum noch bestreiten *[zum Formulieren siehe Geschäftstexte, Kap. 3.6].*

4.3 Vertretungsbefugnis, insbesondere durch Bevollmächtigung

Es geht bei Verträgen darum, dass jemand berechtigt wird, rechtsgeschäftliche Erklärungen für einen anderen abzugeben, beispielsweise der Mitarbeiter für seinen Arbeitgeber. Ein Bote überbringt hingegen eine rechtsgeschäftliche Erklärung eines anderen (das kann er auch mündlich tun).

Diese Rechtsfigur ist schwierig: Zum einen ist sie von der Zuständigkeit für die Aufgaben abzugrenzen, die sich aus dem Vertragsverhältnis zwischen den beiden ergibt, beispielsweise aus dem Arbeitsvertrag eines Mitarbeiters *[siehe (1)]*. Zum anderen gibt es ein Spannungsverhältnis zwischen dem, was der Bevollmächtigte erklären *kann (wozu er die Macht hat),* und dem, inwieweit er seine Vollmacht ausüben *soll (an welche internen Vorgaben er sich halten soll) [siehe (4), S. 82].*

Oberbegriff ist die Vertretungsmacht. Neben der durch Rechtsgeschäft erteilten Vollmacht gibt es auch die gesetzliche Vertretungsmacht, beispielsweise die des Geschäftsführers bzw. des Vorstandsmitglieds einer Firma.

(1) Vollmacht contra Aufgabenzuständigkeit

Ausgangspunkt ist, dass der Geschäftsherr einem anderen Aufgaben überträgt, beispielsweise ein Geschäftsführer einem Mitarbeiter. Dessen Zuständigkeit für Aufgaben wird im Arbeitsvertrag umrissen (allgemein: Arbeitsplatzbeschreibung, bei Geschäftsführern oder Vorstandsmitgliedern „Geschäftsführungsbefugnis. Der Arbeitgeber kann die Aufgaben im Rahmen seines Direktionsrechts konkretisieren.

Die Aufgabenzuständigkeit

- braucht mit Vollmacht nicht zu tun zu haben, z.B. beim Programmieren, Sekretariatsarbeiten;
- kann es nahe legen, dass Vollmacht zur effektiven Erfüllung der Aufgaben erteilt wird.

> **Beispiel**
>
> Der Vertriebsbeauftragte hat die Aufgabe, Aufträge zu akquirieren. Man kann verschiedener Meinung darüber sein, ob er auch Vollmacht haben soll, Angebote verbindlich abzugeben und Aufträge gegenzuzeichnen.

Das Gesetz kann Vollmacht unwiderlegbar oder widerlegbar vermuten. Es tut das aber nur selten. Die Rechtsprechung hilft da etwas nach *[siehe (2)]*;

– kann Vollmacht erfordern, damit die Aufgaben überhaupt erfüllt werden können.

> **Beispiele für gesetzliche Vollmacht**
>
> Wer in einem Ladengeschäft als Verkäufer tätig ist, gilt gemäß § 56 HGB (unwiderlegbar) als bevollmächtigt für die „Verkäufe und Empfangnahmen, die in einem derartigen Laden gewöhnlich geschehen".
>
> Der Geschäftsführer einer BGB-Gesellschaft gilt gemäß § 714 BGB im Zweifel (also widerlegbar) auch als bevollmächtigt, soweit seine Zuständigkeit für Aufgaben reicht.

Damit der Geschäftsherr über die Erteilung einer Vollmacht entscheiden kann, trennt das Gesetz die Vollmacht von der Aufgabenzuständigkeit weitgehend ab. Die Vollmacht kann also von der Zuständigkeit für Aufgaben abweichend erteilt und/oder ausgestaltet werden.

Dementsprechend kann es Nicht-Juristen Schwierigkeiten machen, die Zuständigkeit für Aufgaben und die Vollmacht auseinanderzuhalten.

> **Beispiele für Vollmacht contra Aufgabenzuständigkeit**
>
> (1) Ein Abteilungsleiter X (mit Prokura) geht in Urlaub. Er teilt mit: „Hinsichtlich meiner Aufgaben werde ich durch meinen Stellvertreter, die Gruppenleiterin Y, vertreten. Für Unterschriften ist die Abteilungsleiterin Z zuständig." Mit „Unterschriften" meint er „rechtsgeschäftliche Erklärungen".
>
> (2) Ein Abteilungsleiter des Kunden mit Prokura sagt dem glücklichen Auftragnehmer: „Wir sind uns einig. Der Einkauf ist für den Vertrag zuständig." (= „Wir sind uns in der Sache einig. Ich nutze meine Vollmacht als Prokurist aber nicht, weil ich dafür nicht zuständig bin, Verträge zu schließen.")
>
> Er kann ergänzen: „Aber fangen Sie bitte sofort mit der Arbeit an." Das beinhaltet rechtlich: „Ich erteile einen vorläufigen Auftrag dank der mir zustehenden Vollmacht; möglicherweise soll ich das gemäß meiner Zuständigkeit für Aufgaben nicht tun; aber das ist nicht Ihr Problem, sondern meines." – Möglicherweise gehört die Erteilung von solchen vorläufigen Verträgen sogar zu seinen Aufgaben; das ist aber unerheblich für die vorläufige Beauftragung, weil er seine Vollmacht als Prokurist wirksam ausgeübt hat.

(2) Einräumung der Vollmacht

Die Vollmacht kann insbesondere erteilt werden:
– durch Erklärung an den Bevollmächtigten, z.B. durch die Aushändigung einer Urkunde;

– durch Erklärung an den Vertragspartner, demgegenüber der Bevollmächtigte handeln soll, z.B. in einem Werkvertrag, in dem ein Mitarbeiter als Projektleiter mit Vollmacht benannt wird.

Die gewichtige Form der Prokura (= fast uneingeschränkte Vollmacht) besteht ab ihrer Erteilung und soll zum Handelsregister angemeldet werden. Die Vertretungsmacht des Geschäftsführers einer GmbH braucht (und kann) nicht angemeldet zu werden; denn er erhält sie automatisch. Seine Bestellung zum Geschäftsführer ist aber anzumelden.

Die Erteilung einer Vollmacht baut zwar auf einem Vertragsverhältnis zwischen dem Vollmachtgeber und dem Bevollmächtigten auf; sie ist aber in gewissem Umfang von diesem Verhältnis unabhängig. So kann sie im Regelfall widerrufen werden, ohne dass das Vertragsverhältnis, z.B. der Arbeitsvertrag, deswegen geändert werden müsste; sie kann auch fortbestehen, wenn das Vertragsverhältnis endet.

Arten der Vollmacht			
Position	Umfang	Erteilung	Zeichnung
Geschäftsführer (= Gf.)	unbeschränkt nach außen (§ 37 Abs. 2 GmbHG: Vertretungsmacht)	Bestellung zum Gf.	wie im Gf.-Vertrag vorgesehen
Prokurist (Prokura)	für alles, was der Betrieb eines Handelsgewerbes mit sich bringt (§ 49 HGB), nicht einschränkbar	ausdrückliche Erklärung; soll beim Handelsregister angemeldet werden (§ 53 HGB)	mit einem die Prokura andeutenden Hinweis Praxis: ppa
Handlungsbevollmächtigter (Handlungsvollmacht §§ 54 ff. HGB)	hinsichtlich für alles, was gewöhnlich mit sich bringt *) – des Betriebs eines diese Art des Handelsgewerbes Betriebs – der Vornahme diese Art von einer bestimmten Geschäften Art von Geschäften – der Vornahme ei- dieses Geschäft nes einzelnen Ge- (z.B. Projektleitung) schäfts	gegenüber Handlungsbevollmächtigten (möglich auch gegenüber Dritten, z.B. an eigenen Projektleiter im Vertrag mit dem Kunden)	mit Zusatz, der auf Vollmachtsverhältnis hinweist (§ 57 HGB) Praxis: i.V.. (Die Bedeutung von „i.A." ist unklar)
*) Einschränkungen sind möglich und sind wirksam, wenn der Dritte sie kennt/kennen muss.			

Vollmacht kann auch durch eine schlüssige Handlung erteilt werden. Das liegt nahe, wenn jemandem eine Aufgabe übertragen wird, für deren Durchführung

Vollmacht zwar nicht zwingend ist, bei der aber die Vollmachtserteilung sich aufdrängt, weil die Aufgabe nur dann sinnvoll durchgeführt werden kann.

Beispiele

(1) Der Kunde darf den Montageleiter bei einem Bauvorhaben als bevollmächtigt ansehen. Die Bevollmächtigung wird hier durch den im Aufgabenbereich des Auftragnehmers entstandenen Rechtsschein der Vollmacht ersetzt (BGH).[31] Man kann das auf andere Projektleiter vor Ort beim Kunden übertragen.

(2) Der Einkauf schickt eine Bestellung.

Vollmacht kann sogar dadurch erteilt werden, dass ein Geschäftsführer duldet, dass ein Mitarbeiter wie ein Bevollmächtigter auftritt. Etwas überspitzt ausgedrückt: Die Rechtsprechung vermutet, dass jemand, der nach außen hin tätig werden soll und mehr als zweimal eine rechtsgeschäftliche Erklärung abgegeben hat, auch die dafür erforderliche Vollmacht bekommen hat. Es gibt dazu eine umfangreiche Rechtsprechung („Duldungs-/Anscheinsvollmacht").

In der Praxis spielt diese Rechtsprechung auf Auftragnehmerseite nur eine geringe Rolle, weil es für die Firma peinlich ist, sich auf mangelnde Vollmacht eines Mitarbeiters zu berufen. Weiterhin: Die Erklärung eines Mitarbeiters, der ohne Vollmacht handelt, gilt als von diesem im eigenen Namen abgegeben.[32] Er wird selbst zum Vertragspartner (seine Unterschrift gilt als in eigenem Namen abgegeben). Würde seine Firma sich auf die fehlende Vollmacht berufen, müsste er den Vertrag durchführen. Man lässt einen Mitarbeiter nicht gerne im Regen stehen. Also genehmigt die Firma die rechtsgeschäftliche Erklärung ihres Mitarbeiters meist intern und macht sich damit zum Auftragnehmer.

Zeichnung/Unterschrift des Bevollmächtigten: Der Bevollmächtigte soll bei schriftlichen Erklärungen durch einen Zusatz auf seine Bevollmächtigung hinweisen.

(3) Stärke der Vollmacht

Der Umfang kann unterschiedlich sein. Es gibt aber keine stärkeren oder schwächeren Vollmachten derart,

- dass ein Vertreter mit weniger umfangreicher Vollmacht eine Erklärung, die jemand mit einer Vollmacht mit einem größeren Umfang abgegeben hat, nicht abändern könnte, oder
- dass ein bevollmächtigter Mitarbeiter eine Erklärung seines Vorgesetzten nicht abändern könnte.

---

31 BGH vom 18.10.1951 (III ZR 138/50), NJW 52, 217.
32 Außer wenn der Erklärungsempfänger den Mangel an Vollmacht kannte oder kennen musste.

Zulässig ist, die Vollmacht dahingehend zu erteilen, dass mindestens zwei Bevollmächtigte die Erklärung abgeben müssen. Das schafft für den Vollmachtgeber Sicherheit.

(4) Weisungen zur Ausübung der Vollmacht

Die Vollmacht regelt, was der Bevollmächtigte gegenüber Dritten erklären *kann*. Der Vollmachtgeber kann intern Weisungen erteilen, ob der Bevollmächtigte seine – bestehende – Vollmacht nur eingeschränkt oder teilweise gar nicht *ausüben soll*.

„Jemand hat Vollmacht,
soll sie aber nur nach Rücksprache oder gar nicht nutzen."

§ 77 AktienG   Besteht der Vorstand aus mehreren Personen, so sind sämtliche Vorstandsmitglieder nur gemeinschaftlich zur Geschäftsführung befugt.

[Unbeschadet anderer Regelungen in der Satzung.]

§ 78 AktienG   Der Vorstand vertritt die Gesellschaft gerichtlich und außergerichtlich.

§ 82 AktienG   Die Vertretungsbefugnis des Vorstands kann nicht beschränkt werden. Im Verhältnis der Vorstandsmitglieder zur Gesellschaft sind diese verpflichtet, die Beschränkungen einzuhalten, die ... die Satzung ... und die Geschäftsordnung ... für die Geschäftsführungsbefugnis getroffen haben.

Beispiele für die Erteilung einer Vollmacht mit internen Vorgaben

(1) „Sehr geehrte/r ..., hiermit erteilt die ... GmbH Ihnen Handlungsvollmacht für alle Geschäfte im ...-Bereich. Sie sind berechtigt, Verträge mit Kunden bis zu einem Volumen von Euro 100.000 zu schließen. Sie haben schriftliche Erklärungen mit ,i.V.' und Ihrem Namen zu unterzeichnen. Intern sind Sie verpflichtet, vor folgenden rechtsgeschäftlichen Erklärungen die Zustimmung des Geschäftsführers einzuholen: ... (z.B. bei Abweichungen von den AGB der GmbH; bei Verträgen mit einem Volumen von über Euro 50.000)."

(2) Der Projektleiter (mit Vollmacht) kann die Vorgabe erhalten, Festpreise für Anpassungsprogrammierung durch die Abteilung für Programmierung ermitteln zu lassen (nur diese ist für diese Aufgabe zuständig) und Verträge nur mit den so ermittelten Preisen abzuschließen.

Soweit die erteilte Vollmacht reicht, wird sie also nicht wirklich beschränkt, auch wenn es in der Praxis oft so heißt.[33] Beachtet der Bevollmächtigte die internen Weisungen nicht, ist sein Handeln gegenüber Dritten dennoch wirksam (es sei

---

33 Sogar § 37 GmbHGesetz spricht in der Überschrift von „Beschränkungen der Vertretungsbefugnis":

„(1) Die Geschäftsführer sind der Gesellschaft gegenüber verpflichtet, die Beschränkungen einzuhalten, welche für den Umfang ihrer Befugnis, die Gesellschaft zu vertreten, ... festgesetzt sind."

denn, dass der Dritte die Verletzung der internen Bindungen ausnutzt). Der Bevollmächtigte verletzt allerdings seine Pflichten und kann sich damit schadensersatzpflichtig machen.

(5) Handlungsvollmacht

Die Handlungsvollmacht ist ganz allgemein die Bevollmächtigung eines Vertreters durch einen Kaufmann. Der Vollmachtgeber kann den Umfang der Vollmacht beliebig festlegen, z.B. für bestimmte Geschäfte und für diese wiederum beschränkt, beispielsweise auf eine bestimmte Obergrenze. § 54 HGB legt den Mindestumfang gegenüber gutgläubigen Dritten dahingehend fest, dass sich die Vollmacht auf alle Geschäfte erstreckt, die die Position, für die die Vollmacht erteilt worden ist, mit sich bringt. Es besteht also die Vermutung, dass die Vollmacht den Umfang hat, der sich aus der Aufgabe ergibt *[vgl. unter (1) „Beispiele für gesetzliche Vollmacht", S. 78]*.

§ 54 HGB schützt also gutgläubige Dritte vor untypischen Einschränkungen der Vollmacht (z.B. hinsichtlich solcher Obergrenzen): Sie gelten ihnen gegenüber nicht. Gutgläubig ist, wer Einschränkungen nicht kennt und auch nicht kennen muss.

Die Handlungsvollmacht braucht nicht schriftlich erteilt zu werden. Sie kann nicht ins Handelsregister eingetragen werden, (weil sie sich dafür mangels klarer Typenbildung nicht eignet).

4.4 Vertragsbestandteile und die Reihenfolge von deren Geltung

Vertragsbestandteile sind alle Vereinbarungen, gleich wo und wie sie getroffen worden sind. Die Unterzeichnung eines Dokuments führt allerdings zu einer starken Einschränkung *[siehe Kap. 3.3 (1) zur Vermutung der Vollständigkeit der Urkunde, S. 49]*; diese kann noch dadurch verstärkt werden, dass die Vertragspartner Schriftform vereinbaren *[Kap. 4.1.5 zu (3) und (4), S. 67]*.

Gibt es mehrere physische Vertragsbestandteile (Dokumente) aus der Zeit des Vertragsabschlusses, kann unklar sein, welche überhaupt Vertragsbestandteil sein sollen und welche im Falle von Widersprüchen Vorrang haben sollen. Es empfiehlt sich deswegen, die Vertragsbestandteile aufzuführen und ausdrücklich festzulegen, in welcher Reihenfolge sie gelten sollen.

> **Beispiel, bei dem die Reihenfolge nicht eindeutig bestimmt werden kann**
>
> „Software ist zu erstellen gemäß beiliegender Beschreibung vom 14.5.xx und Schreiben des Kunden vom 8.5.xx (im Zweifelsfall unsere Beschreibung). Unter Bezugnahme auf unsere Anfrage ... vom 10.4.xx., Ihr Angebot vom 24.4.xx, die am 30.4.xx zwischen Ihren sehr geehrten Herren ..., ... und unseren Herren ..., ... geführte Unterredung sowie die am 10.5.xx zwischen

Ihren Herren ..., ... und unseren Herren ..., ... erfolgte Schnittstellen-Abstimmung sowie beiliegende Vereinbarung."

Nicht aufgeführte Dokumente: Es gibt sowohl den Fall, dass solche Dokumente selbstverständlich Vertragsbestandteil sein sollen, wie auch den, dass das nicht gewollt ist. Wer sich auf die Einbeziehung beruft, muss diese im Normalfall beweisen.

Dokumente des Kunden: Aus dessen Sicht sollen sie eher noch gelten. In erster Linie geht es um seine Anforderungen. Für die Einbeziehung in den Vertrag spricht es, wenn die Vertragspartner über diese verhandelt haben. Je mehr sie aber – auf Grund der Verhandlungen – Teile von diesen in anderen Dokumenten berücksichtigt haben, desto näher liegt es, dass nur das maßgeblich sein soll, was in den anderen Dokumenten aufgenommen worden ist. Das Dokument kann noch für die Interpretation dieser Teile dienen. Möglicherweise wird es sogar insgesamt Vertragsbestandteil. Der Kunde dürfte die Beweislast für die Einbeziehung tragen.

> **Beispiele**
> (1) Eher Vertragsbestandteil: Der Auftragnehmer hat zu einem Dokument des Kunden Stellung genommen, insbesondere in dem Dokument selbst. Die Vertragspartner haben im Vertrag Leistungen als Positionen aufgeführt, die im Dokument beschrieben sind.
>
> (2) Wohl nicht Vertragsbestandteil: Der Kunde hat das Dokument lange Zeit vor Vertragsabschluss vorgelegt, und die Vertragspartner haben danach ohne Bezugnahme auf das Dokument lange die Anforderungen des Kunden besprochen, ob diese erfüllt werden sollen oder nicht oder inwieweit.

Dokumente des Auftragnehmers: Der Auftragnehmer kann erst einmal ein ausführliches Angebot erstellen, später aber ein kurzes Vertragsdokument vorlegen, das auf das Angebot nicht Bezug nimmt. Es liegt nahe, dass das Angebot ergänzend gelten soll, soweit das kurze Vertragsdokument diesem nicht ausdrücklich widerspricht. Das liegt noch näher, wenn das Angebot bis dahin als Dokument fortgeschrieben worden ist. – Was vom früheren Angebot des Auftragnehmers noch gelten soll, wenn es nicht formal fortgeschrieben worden sind, ist unklar. Tendenziell würde ein Gericht die Situation zu Lasten des Auftragnehmers auslegen, weil dieser die Unklarheit verursacht hat.

Reihenfolge: Ergibt sich diese für die einbezogenen Dokumente nicht ausdrücklich aus dem Vertrag, sind Fallgruppen zu unterscheiden. Dabei kann das Argument, dass die Dokumente in einer zeitlichen Abfolge entstanden seien und das jeweils spätere maßgeblich sein sollte, nur eingeschränkt helfen. Denn mit dem Vertragsabschluss ist zeitlicher Gleichrang geschaffen. Man kann nur begrenzt damit argumentieren, dass das jeweils vor Vertragsabschluss später geschaffene Dokument das jeweils erreichte Einverständnis ausdrücken soll.

Bei Werkverträgen sind folgende Situationen zu unterscheiden:

- Der Kunde hat seine Aufgabenstellung nur umrissen; ein ausführliches Angebot des Auftragnehmers war also erforderlich. Letzteres ist dann maßgeblich. Die Aufgabenstellung des Kunden dient nur der Interpretation, ist aber von größerem Gewicht, als wenn sie gar nicht zum Vertragsbestandteil gemacht worden wäre. Es wäre in solchen Fällen widersinnig anzunehmen, dass die Aufgabenstellung des Kunden Vorrang haben soll.
- Der Kunde hat eine ausführliche Vorgabe gemacht und bekommt ein ausführliches Angebot des Auftragnehmers. Wenn Widersprüche bestehen, sind sie nur schwer zu lösen. Weitgehend liegt die Lösung darin, dass Besprechungen Klarheit und Entscheidungen schaffen sollten. Nur lässt sich oft nicht beweisen, was das Ergebnis solcher Besprechungen war. Dasjenige Dokument, das im Rahmen oder auf Grund von Besprechungen geändert worden ist, soll wohl insgesamt Vorrang haben. Wenn der Auftragnehmer kleine Änderungen in seinem ausführlichen Angebot vorgenommen hat, liegt es nahe, dass der Kunde dem Auftragnehmer seine Anforderungen zu allen angesprochenen Widersprüchen erklärt hat und dieser sie im Umfang der Änderungen akzeptiert hat. Im Übrigen dürfte der Kunde auf seine Position verzichtet haben. Aber wie üblich kommt es auf alle Umstände an.
- Der Kunde hat eine umfassende Vorgabe gemacht, die der Auftragnehmer nur ergänzen sollte und ergänzt hat: Hier hat die Vorgabe des Kunden Vorrang. Es ist Aufgabe des Auftragnehmers
    - ausdrücklich auszugrenzen, was er nicht liefern will;
    - ausdrücklich das, was er liefern will, zu interpretieren, wenn er Ansatzpunkte für Meinungsverschiedenheiten sieht. Er kann dabei punktuell auf seine Produktbeschreibungen verweisen (was allerdings nur Sinn macht, wenn diese detailliert sind).

    Damit schafft der Auftragnehmer partiell Vorrang für sich.

4.5 Vorvertragliche Pflichten

Nach § 311 Abs. 2 BGB kann ein Schuldverhältnis schon vor Abschluss eines Vertrags entstehen, das jeden Beteiligten zur Rücksichtnahme auf die Rechtsgüter und Interessen des anderen Teils verpflichtet. Das erfolgt durch

„1. die Aufnahme von Vertragsverhandlungen,

2. die Anbahnung eines Vertrags, bei welchem der eine Teil im Hinblick auf eine etwaige rechtsgeschäftliche Beziehung dem anderen Teil die Möglichkeit zur Einwirkung auf seine Rechte, Rechtsgüter und Interessen gewährt oder ihm diese anvertraut, oder

3. ähnliche geschäftliche Kontakte."

Es geht im Wesentlichen um

- Aufklärungspflichten,
- Beratungspflichten
- Fürsorgepflichten,
- Verhandlungstreuepflichten.

> **Beispiel für Beratungspflicht**
> Der Auftragnehmer empfiehlt den Erwerb einer bestimmten IT-Anlage von einem bestimmten Hersteller als Basis für einen Vertrag über ein von ihm zu erstellendes Programm. Die Konfiguration ist nachlässig ausgewählt, sodass sie nachgerüstet werden muss und damit teurer wird als die nicht empfohlene Konfiguration eines anderen Herstellers.
>
> **Beispiel für Verhandlungstreuepflicht**
> *Siehe Kapitel 4.1.6 (1) zur Verletzung von Pflichten bei Vertragsverhandlungen [S. 68].*

Vorvertragliche Aufklärungspflichten bestehen stets, wenn der Kunde Gefahr läuft, sich selbst unverschuldet *erheblich* zu schaden. Sie bestehen kaum, wenn der Kunde sich bereits anderweitig hat beraten lassen oder wenn er mit festen Vorstellungen über das auftritt, was er beauftragen will. Normalerweise entstehen Beratungspflichten dadurch, dass der Auftragnehmer ein vorvertragliches Vertrauensverhältnis schafft.

Vorvertragliche Beratungspflichten * entstehen auf Grund eines Vertrauensverhältnisses. Ein wesentlicher Faktor für dessen Begründung ist der Abstand in der Fachkunde zwischen dem Auftragnehmer und dem Kunden. Es geht um alle Bereiche, in denen das System untauglich sein kann. Dabei dürften die Beratungspflichten desto stärker sein, je weniger das Problemfeld dem Kunden zugänglich ist. Es gibt allerdings keine vorgegebene fachliche überragende Kompetenz des Auftragnehmers für die Ermittlung der Anforderungen des Kunden.

Wenn der Auftragnehmer allerdings die Beratung über das bei einem Verkaufsgespräch Übliche hinaus übernommen hat, schafft er ein vorvertragliches Beratungsverhältnis.

> **Beispiel**
> Der Auftragnehmer veranstaltet einen unentgeltlichen Workshop mit Mitarbeitern des Kunden.

Die Abgrenzung ist schwierig. „Nennen Sie mir Ihre Anforderungen?" gehört zum Verkaufsgespräch. „Wozu brauchen Sie das?" liegt an der Grenze. „Lassen Sie uns Ihre Anforderungen besprechen!" schafft hochwahrscheinlich ein Beratungsverhältnis.

Dieses Verhältnis verpflichtet den Auftragnehmer, zusammen mit dem Kunden dessen spezifische Anforderungen zu ermitteln. Das Ergebnis soll in etwa wie bei einem entgeltlichen Beratungsvertrag aussehen (braucht aber nicht so detailliert zu sein).

Für den Kunden kommt es darauf an, dass der Auftragnehmer später im Vertrag erklären soll, dass dessen Leistungen diese Anforderungen abdecken. Dieser haftet auf deren Erfüllung. Der problematische Bereich liegt also darin,
- dass die Anforderungen nicht sachgemäß beschrieben sind oder
- dass wichtige Anforderungen nicht aufgenommen worden sind.

Der Auftragnehmer dürfte zu diesem Zeitpunkt nur beschränkt verpflichtet sein, die genannten Anforderungen dahingehend zu überprüfen, ob diese plausibel sind.

Pflicht des Auftragnehmers, eine schriftliche Aufgabenstellung des Kunden zu überprüfen: Der Auftragnehmer muss eine solche im eigenen Interesse insoweit durcharbeiten, dass er einen Festpreis oder einen Kostenanschlag anbieten kann. Insoweit darf der Kunde sich darauf verlassen, dass der Auftragnehmer das tut und ihn bei Bedenken informiert (Fürsorgepflicht).

Wenn bei Vertragsabschluss noch keine detaillierte Aufgabenstellung (noch keine Spezifikation) vorliegt, muss der Auftragnehmer die Aufgabenstellung zwangsläufig nach Abschluss des Vertrags konkretisieren und also überprüfen. Wegen des Umfangs der Überprüfung braucht er das erst dann zu tun (auch, wenn bereits eine detaillierte Spezifikation vorliegt). – Wenn die Vertragspartner allerdings einen Festpreis vereinbaren, gilt der vorhergehende Absatz.

Technische Vorgaben: Je stärker der Kunde technisch versiert ist, desto mehr darf sich der Auftragnehmer auf die Sachgerechtigkeit der Vorgaben verlassen.

Verletzung von vorvertraglichen Pflichten: Der Auftragnehmer macht sich nach der allgemeinen Haftungsvorschrift schadensersatzpflichtig *[Kap. 11.1.1, S. 179]*. Er hat den Kunden so zu stellen, wie dieser bei ordnungsgemäßer Aufklärung bzw. Beratung gestanden hätte *[Kap. 11.7 unter „Inhalt und Umfang", S. 193]*. Hätte dieser dann den Erwerb unterlassen, entfällt dessen Zahlungspflicht; der Auftragnehmer hat dessen nutzlose/vergebliche Aufwendungen zu ersetzen. Allerdings ist es ebenso möglich, dass der Kunde bei ordnungsgemäßer Beratung mehr an Leistung beauftragt und also mehr gezahlt und damit keinen Schaden erlitten hätte.

Der Kunde ist im eigenen Interesse gehalten, sachgerecht mitzuwirken.[34] Tut er das nicht, muss er sich das anrechnen lassen: Er muss einen seinem Eigenverschulden entsprechenden Anteil als Mitverschuldenam Schaden tragen *[vgl. Kap. 11.1.3, S. 181]*.

---

34 Es wird hier nicht von Mitwirkungspflichten des Kunden gesprochen, weil es weitgehend erst einmal der Auftragnehmer ist, der den Kunden bei dessen Aufgaben zu unterstützen hat, nämlich dessen Anforderungen zu ermitteln hat. Es geht um Pflichten des Kunden im eigenen Interesse *[Kap. 11.6, S. 179]*.

5. Allgemeines zu Leistungen

5.1 Art von Ansprüchen auf Leistung/Erfüllung

Der Vertrag schafft Ansprüche des Gläubigers und damit entsprechende Pflichten des Schuldners auf

- die Erbringung von Leistungen: von Hauptleistungen und von Neben*leistungen*.
  Letztere sind Leistungen, an denen der Leistungsempfänger kein eigenständiges Interesse hat. Sie sind im Vergleich zur Hauptleistung nebensächlich, hängen mit ihr eng zusammen und werden üblicherweise erbracht.
- die Beachtung von Neben*pflichten*. Dazu enthält § 241 Abs. 2 BGB eine Generalklausel: „Das Schuldverhältnis kann nach seinem Inhalt jeden Teil zu besonderer Rücksicht auf die Rechte, Rechtsgüter und Interessen des anderen Teils verpflichten."

Die einen Vertragstyp einleitenden Paragraphen sprechen abwechselnd von "vertragstypischen Pflichten" oder von "Hauptpflichten", um ihn zu typisieren. Die meisten Vertragstypen haben noch weitere Leistungspflichten.

Zu Ansprüchen aus Haftung siehe Kapitel 11 *[S. 176]*.

5.2 Vergütung

Soweit üblich ist alles zu vergüten; im Zweifel arbeitet niemand umsonst (Rechtsprechung zu § 612 Abs. 2 und § 632 Abs. 2 BGB).

Ein Festpreis dürfte alle Nebenleistungen abgelten, soweit nicht eine zusätzliche Vergütung ausdrücklich vorgesehen ist.

Die Erstellung von Angeboten ist normalerweise nicht zu vergüten *[Kap. 4.1.2 (3), S. 60]*.

Vergütung nach Aufwand *: Ein Arbeitstag versteht sich als 8 Arbeitsstunden. Es kann aber branchenüblich sein, nach der tatsächlich geleisteten Zahl der Stunden abzurechnen. Der Kunde darf davon ausgehen, dass die Mitarbeiter des Auftragnehmers die gesetzlichen Pausenregelungen einhalten. Das heißt bei einem normalen Arbeitstag, dass ein Mitarbeiter zusätzlich eine halbe Stunde für eine Pause verbringt.[35]

---

35 Der Kunde darf davon ausgehen, dass der Auftragnehmer die Pausenzeiten den Mitarbeitern nicht zu vergüten braucht, sodass auch er selbst das gegenüber dem Auftragnehmer nicht zu tun braucht.

Bei Vergütung nach Aufwand hat der Auftragnehmer Anspruch auf die Vergütung aller Arbeitszeit. Er muss aber wirtschaftlich vorgehen. Wenn der Kunde ihm Unwirtschaftlichkeit vorwirft, hat der Kunde Schwierigkeiten, das nachzuweisen. Deswegen ist der Auftragnehmer verpflichtet, „zu Art und Inhalt der ... Leistungen so viel vortragen, dass dem ... [Kunden] eine sachgerechte Rechtswahrung ermöglicht wird. Welchen Sachvortrag der [Auftragnehmer] ... zu führen hat, ... muss im Einzelfall unter Berücksichtigung des jeweiligen Vorbringens der Gegenseite beurteilt werden. Maßstab hierfür ist das Informations- und Kontrollbedürfnis des Kunden" [BGH, Urteil vom 17. 4. 2009 - VII ZR 164/07].

Bei Vergütung nach Aufwand richtet sich die Vergütung von Reisezeiten und Reisekosten nach der Branche. Für Reisezeiten werden meist reduzierte Vergütungssätze vereinbart.

5.3 Fälligkeit von Leistungen

Leistungen sind fällig, sobald der Gläubiger sie verlangen kann, also der Schuldner zu ihnen verpflichtet ist. § 271 BGB erwartet, dass der Termin im Vertrag vereinbart wird.

Vor dem Fälligkeitstermin ist die Leistung nicht fällig. Der Auftragnehmer darf gemäß § 271 BGB die Leistung allerdings „im Zweifel" vor diesem Termin erbringen.

> **Gegenbeispiel**
> Ein großes System soll installiert werden. Der Kunde muss den Aufstellungsraum für dieses erst noch fertig stellen.

„Ist eine Zeit für die Leistung weder bestimmt noch aus den Umständen zu entnehmen, so kann der Gläubiger die Leistung sofort verlangen" (§ 271 BGB). „Sofort" ist schneller als „unverzüglich" und bedeutet so schnell, wie der Schuldner den Umständen nach leisten kann *[siehe Kap. 7.5 zur Situation, dass die Leistung erst erstellt werden muss, S. 150]*. Standardprodukte sind also sofort zu liefern.

Leistung ist nicht nur die endgültige Leistung, sondern auch jede Zwischenform, die im Vertrag vorgesehen ist: Der Auftragnehmer kann auch bei Meilensteinterminen in Verzug kommen.

Zahlungsfristen: Die Vertragsfreiheit erlaubt den Vertragspartnern, Zahlungsfristen zu vereinbaren. Damit der Kunde die Vertragsfreiheit nicht übermäßig ausnutzt, sind Zahlungsfristen von mehr als 60 Tagen nur wirksam, wenn sie für den

Auftragnehmer nicht „grob unbillig" sind. Zusätzlich sieht das Vertragsrecht erhebliche Verzugszinsen vor *[Kap. 11.3 (3), S. 188]*.[36]

Das Werkvertragsrecht sieht auch Fälligkeitszinsen vor *[Kap. 7.4 (2), S. 147]*.

5.4 Leistungsort/Erfüllungsort

Begriff: Der Erfüllungsort ist der Ort, an dem der jeweilige Schuldner, gleich ob Auftragnehmer oder Kunde, zu *handeln* hat, um die Leistung zu erbringen. Nicht gemeint ist der Ort, an dem der Leistungs*erfolg* eintreten soll. Deswegen sprechen §§ 269, 270 BGB nicht vom „Erfüllungsort", sondern vom „Leistungsort" . In der Praxis hat sich der Ausdruck „Erfüllungsort" eingebürgert.

Das BGB unterscheidet:

- Holschulden: Leistungsort beim Schuldner. Der Schuldner hat die Leistung bereitzuhalten, der Gläubiger hat sie abzuholen.
- Schickschulden: Leistungsort beim Schuldner. Dieser hat die Leistung auch abzuschicken. Der Gläubiger trägt die Transportgefahr (speziell geregelt für den "Versendungskauf" in § 447 BGB) *[siehe Kap. 6.1.1 unter "Gefahrübergang", S. 98]*. – Geldschulden stellen einen Sonderfall dar: Der Schuldner trägt im Zweifel Kosten und Gefahr des Transports.
- Bringschulden: Leistungsort beim Gläubiger. Der Schuldner hat die Leistung dort zu erbringen.

Wird der Leistungsort nicht vereinbart, soll er sich gemäß § 269 BGB zunächst aus den Umständen bestimmen, und zwar insbesondere aus der Art des Schuldverhältnisses.

> **Beispiel für den Leistungsort eines Auftragnehmers**
> Kauf eines Systems, das der Kunde selbst installiert: Leistungsort beim Auftragnehmer.
> Kauf eines Systems, das der Auftragnehmer beim Kunden installiert: Leistungsort dort.

Der Leistungsort für Sachleistung und der für die Bezahlung sind jeweils gesondert zu bestimmen. Haben die Vertragspartner nichts vereinbart und ergibt sich ein Leistungsort auch nicht aus der Art des Schuldverhältnisses, ist Leistungsort der Ort der gewerblichen Niederlassung des Schuldners zum Zeitpunkt des Vertragsabschlusses. Warenlieferungen sind also nach Gesetz Holschulden.

Rechtliche Bedeutung des Leistungsorts: Dieser ist maßgeblich
- für die Rechtzeitigkeit der Leistung.

---

36 Für den öffentlichen Auftraggeber ist diese Grenze zwingend.

- für den Gefahrübergang bei Versendung der Ware (vgl. § 447 BGB): Wer trägt Schäden, die durch die Beförderung entstehen?
- für den Gerichtsstand: Gemäß § 29 Zivilprozessordnung kann auch am Leistungsort geklagt werden.
- für die Geltung von Verkehrssitten und Handelsbräuchen.

Zum Leistungsort für die Mängelbeseitigung siehe Kapitel 6.4.2 (2) *[S. 105]*.

Zum Leistungsort bei einem Rücktritt siehe Kapitel 11.1.4 *[unter "Rechtsfolgen", S. 184]*.

5.5 Leistung Zug um Zug, Zurückbehaltungsrecht, Aufrechnung

Leistungen Zug um Zug: Bei manchen Austauschverträgen sollen die Leistungen gemäß Vertragsrecht Zug um Zug erbracht werden. Jeder Vertragspartner kann die Erbringung seiner Leistung verweigern, wenn der andere dessen Leistung nicht gleichzeitig erbringt, so beim Kauf über den Ladentisch.

Beim Werkvertrag ist der Auftragnehmer vorleistungspflichtig; dabei hat er allerdings wahrscheinlich einen Anspruch auf Abschlagszahlungen *[Kap. 7.4 (2), S. 147]*. Beim Werklieferungsvertrag ist er nicht vorleistungspflichtig; dabei muss er allerdings bis zum Ende der Leistungserbringung auf seine Vergütung warten.

Leistungsverweigerungsrecht: Es hat verschiedene Ausprägungen.

Das allgemeine Zurückbehaltungsrecht ist das Recht eines Vertragspartners, seine Leistung zu verweigern, solange der andere Vertragspartner irgendeine fällige Leistung nicht erbracht hat (§ 273 BGB). Beide Leistungen müssen sich aus demselben rechtlichen Verhältnis ergeben; das ist z.B. bei einem Vertrag über die Lieferung eines Systems der Fall. Außerdem ist Treu und Glauben zu berücksichtigen.

Die Einrede des nicht erfüllten Vertrags ist das Recht, eine Leistung zu verweigern, weil die (direkte) Gegenleistung nicht ordnungsgemäß erbracht ist. Wegen dieser engen Verzahnung hat der Schuldner der Leistung eine etwas günstigere Position als beim allgemeinen Zurückbehaltungsrecht. Der Vorteil zeigt sich im Gerichtsprozess: Der Kläger kann seine Forderung Zug um Zug gegen die Erbringung seiner eigenen Leistung durchsetzen.

Das kaufmännische Zurückbehaltungsrecht gemäß § 369 HGB besteht zusätzlich; es ist etwas weiter gefasst: Irgendeine fällige Leistung aus irgendeinem Handelsgeschäft reicht aus. Das Zurückbehaltungsrecht bezieht sich nur auf bewegliche Sachen (und Wertpapiere). Der Gläubiger eines Zahlungsanspruchs schuldet selbst die Rückgabe einer Sache; er ist selbst Schuldner einer Geldforderung Der Vorteil liegt darin, dass er die Sache verwerten und den Erlös gegen seine Geldschuld aufrechnen darf.

Einzelheiten werden hier nicht dargestellt, weil es zu gefährlich ist, diese Instrumente ohne rechtliche Beratung anzuwenden. Denn wenn Ihre Seite sich irrt, verletzt sie den Vertrag und macht sich schadensersatzpflichtig.

Aufrechnung: Es kommt in Betracht, dass beide Vertragspartner gleichartige Leistungen schulden; im Wesentlichen geht es um Geldschulden. Zum Beispiel soll der Kunde die vereinbarte Vergütung zahlen, hat aber Schadensersatzansprüche. Er ist berechtigt, diese gegen seine Schulden aufzurechnen und letztere damit zu erfüllen.

Die Aufrechnung braucht nur der Vereinfachung zu dienen. Sie kann aber auch als Druckmittel eingesetzt werden: Die Höhe von Schadensersatzansprüchen kann zweifelhaft sein. Der Kunde erklärt erst einmal die Aufrechnung in Höhe der Vergütung. Der Auftragnehmer muss dann entweder den Gerichtsweg beschreiten oder einen Kompromiss aushandeln.

5.6 Störung der Geschäftsgrundlage *

§ 313 Abs. 1 BGB regelt die Störung der Geschäftsgrundlage unter dem Gliederungspunkt „Anpassung und Aufhebung von Verträgen". Pflichten werden abgeschwächt, wenn sich die Geschäftsgrundlage nachträglich „schwerwiegend" ändert. Es geht also um die Risikoverteilung.

Geschäftsgrundlage sind die für den Abschluss des Vertrags relevanten Umstände, von deren Vorhandensein oder künftigem Eintritt die Vertragspartner ausgegangen sind: Hätten sie „eine Veränderung vorausgesehen, hätten sie den Vertrag nicht oder mit einem anderen Inhalt geschlossen."

Das können objektive Umstände sein, von denen beide Vertragspartner ausgegangen sind, möglicherweise ohne darüber nachzudenken, weil sie deren Vorhandensein oder künftigen Eintritt einfach angenommen haben. Das können auch Umstände sein, die nur für den einen Vertragspartner wichtig waren, wenn sie für den anderen erkennbar geworden und von ihm nicht beanstandet worden sind. Die Umstände für eine Geschäftsgrundlage können im Vertrag *erwähnt* sein, müssen es aber nicht.

> **Beispiel**
>
> Als Plattenspeicher für PCs noch teuer war, erwarb ein Importeur ein Alleinvertriebsrecht für ein Komprimierungsprogramm in Deutschland; dafür musste er sich zu einer hohen Mindestabnahme verpflichten. Als die nächste Version von MS-DOS eine solche Routine standardmäßig enthielt, war das Programm praktisch unverkäuflich. Damit war die Geschäftsgrundlage gestört.

Die Geschäftsgrundlage ist zu unterscheiden von dem *Motiv*, das für eine oder für beide Vertragspartner dem Vertragsabschluss zugrunde lag. Das einseitige Motiv ist unerheblich. Die Abgrenzung kann schwierig sein.

> **Beispiel**
> Der Kunde beschafft ein System, um Personal einzusparen. Das gelingt ihm nicht. Wenn der Auftragnehmer in der Akquisitionsphase betont hat, dass der Kunde das mit dem System erreichen würde, liegt nahe, dass nicht nur ein Motiv vorliegt, sondern die Erwartung zur Geschäftsgrundlage geworden ist.

Was im Vertrag selbst *vereinbart* worden ist, zumindest im Wege der ergänzenden Vertragsauslegung aus ihm herauszulesen ist, ist nicht Geschäftsgrundlage im rechtlichen Sinne (sondern höchstens eine ergänzungsbedürftige Vereinbarung).

Der Geschäftsgrundlage ist der Fall gleichgestellt, dass wesentliche Umstände, die beide Vertragspartner zur Grundlage des Vertrags gemacht haben, sich als falsch herausstellen, mit anderen Worten: dass die Vertragspartner dieselbe falsche Vorstellung hatten, sich also irrten (§ 313 Abs. 1 BGB).

Für beide Fälle gilt: Ist die Geschäftsgrundlage gestört, kann der dadurch benachteiligte Vertragspartner *dann* verlangen, dass der Vertrag angepasst wird, wenn ihm „unter Berücksichtigung aller Umstände des Einzelfalls, insbesondere der vertraglichen oder gesetzlichen Risikoverteilung, das Festhalten am unveränderten Vertrag nicht zugemutet werden kann." Die Anpassung kann beispielsweise darin bestehen, dass dem Auftragnehmer ein Ausgleichsanspruch zugestanden oder seine Leistungspflicht herabgesetzt oder gestundet wird. In Ausnahmefällen kann jeder der beiden Vertragspartner verlangen, dass der Vertrag beendet wird.

> **Beispiel**
> Bei Werkverträgen haben die Vertragspartner die Vorstellung, dass die Leistung und die Gegenleistung ungefähr gleichwertig sind. Grundsätzlich übernimmt der Auftragnehmer beim Festpreis das Risiko, dass die Leistungserbringung einen höheren Aufwand erfordert als geplant und dem Vertrag zugrunde gelegt (Realisierungsrisiko). Wird die Erstellung des Systems aus widrigen Gründen allerdings massiv aufwendiger, kann der Auftragnehmer die Erhöhung eines Festpreises verlangen.

5.7 Pflichten im eigenen Interesse/Obliegenheiten:

Pflichten im eigenen Interesse können ausdrücklich geregelt sein.

> **Beispiel**
> Es ist Sache des Anwenders eines IT-Systems, Datensicherung zu betreiben, um sich gegen Datenverlust zu schützen. Wenn ein Auftragnehmer in das IT-System eingreift und dabei Daten vernichtet, trägt der Anwender den Schaden allein, der bei ordnungsgemäßer Datensicherung nicht angefallen wäre.

Meistens ergeben die Pflichten sich auch aus allgemeinen Erwägungen: Der Geschädigte soll von vornherein diejenige Sorgfalt einhalten, die ein verständiger Mensch anwendet, um sich möglichst vor Schaden zu bewahren Wer eine solche Pflicht im eigenen Interesse nicht einhält, wird dafür sanktioniert. Der andere Vertragspartner kann aber nicht deren Erfüllung verlangen.

Juristen sprechen in manchen Fällen von "Obliegenheiten".[37] Beispielsweise geht es bei der kaufmännischen Untersuchungs- und Rüge"pflicht" um eine Obliegenheit *[Kap. 6.4.5, S. 108]*.

Die Sanktion liegt meist im Verlust von Rechten, bei der kaufmännischen Untersuchungs- und Rügeobliegenheit im Verlust der Ansprüche wegen Mängeln. Sanktionen können auch zugunsten des anderen Vertragspartners greifen. So kann der Auftragnehmer beim Werkvertrag zwar nicht Mitwirkung des Kunden verlangen, hat aber bei unzulänglicher Mitwirkung Ansprüche praktisch so, wie wenn der Kunde mit einer Leistungspflicht in Verzug und damit schadensersatzpflichtig wäre *[Kap. 11.6, S. 191]*.

5.8 Konsortium

Ein Konsortium ist meist der Zusammenschluss mehrerer Anbieter, um einen Auftrag eines Kunden durchzuführen (entsprechend von Kunden). In der Baubranche spricht man oft von einer „Arge", d.h. einer „Arbeitsgemeinschaft". Rechtlich liegt eine BGB-Gesellschaft vor, d.h. eine Gesellschaft, wie das BGB sie als Grundfall regelt (auch „GbR" = „Gesellschaft bürgerlichen Rechts" genannt).

Bei einem Außenkonsortium sind alle Auftragnehmer Vertragspartner des Kunden und damit Gesamtschuldner für die Erfüllung aller vertraglichen Pflichten. Dementsprechend haften sie gesamtschuldnerisch. Das bedeutet, dass der Kunde jeden in vollem Umfang auf Erfüllung und/oder aus Haftung in Anspruch nehmen kann – selbstverständlich insgesamt nur einmal. Zur Vereinfachung der Abwicklung tritt ein Konsorte als Vertreter gegenüber dem Kunden auf und koordiniert die interne Abwicklung (der sog. Federführer).

Beim Innenkonsortium tritt nur ein „Konsorte" nach außen als Auftragnehmer auf. Er hat damit automatisch die Rolle des Federführers und ist aus der Sicht des Kunden ein Generalunternehmer. Die Konsorten vereinbaren, dass im Innenverhältnis ein Konsortium besteht: Die anderen sind nicht nur Unterauftragnehmer, sondern haben im Innenverhältnis mit zu entscheiden. Sie sind meist auch stärker am Risiko beteiligt, als es Unterauftragnehmer sind.

---

37 Achtung: Das BGB spricht vielfach von den jemandem „obliegenden Pflichten". Da geht es wirklich um Pflichten, die einer hat.

Die Haftung zwischen den Konsorten wird bei beiden Arten von Konsortien in der Praxis unterschiedlich vereinbart. Rechtlicher Ausgangspunkt ist, dass der "schuldige" Konsorte den gesamten Schaden tragen müsste. Die Vereinbarung kann in die Richtung gehen, dass die Konsorten die Nachteile einigermaßen gleichmäßig tragen sollen, beispielsweise nach dem „Anteilsprinzip", d.h. nach dem Anteil der einzelnen Konsorten am Gesamtauftragswert.

6. Kaufverträge

Testinstallation und Ähnliches kommen im Vorfeld in Betracht. Das Vertragsrecht kennt dafür neben der Leihe den Kauf auf Probe und das vertragliche Rücktrittsrecht, beide frei oder eingeschränkt formulierbar.

Kauf auf Probe: Die Wirksamkeit des Kaufvertrags hängt von der Billigung des Kaufgegenstandes durch den Kunden innerhalb der Probefrist ab; der Vertrag ist im Zweifel aufschiebend bedingt geschlossen *[zur Bedingung siehe Kap. 4.1.7, S. 70]*. Billigt der Kunde die Ware nicht, kommt der Kaufvertrag nicht zustande (§ 454 BGB). Die Billigung steht in seinem Belieben; er braucht die Ablehnung nicht zu begründen. Ist die Kaufsache wie bei einer Testinstallation bereits übergeben, gilt das Schweigen des Kunden als Billigung (§ 455 BGB).

Der Kunde braucht erbrachte Dienstleistungen nicht zu vergüten. Das reine Kaufrecht geht davon aus, dass höchstens die Montage anfällt; das gilt aber auch beim Werklieferungsvertrag mit mehr Dienstleistungen.

Die Vertragspartner können die Ablehnung von Voraussetzungen abhängig machen und/oder die Zahlungspflicht für Dienstleistungen vereinbaren.

Rücktrittsrecht des Kunden: Der Auftragnehmer soll erst einmal etwas schaffen. Das Rücktrittsrecht wird als Sicherheitsmaßnahme vereinbart. Wird dieses ins Belieben des Kunden gestellt, muss dieser erbrachte Dienstleistungen gemäß § 346 BGB vergüten. Die Vertragspartner können das Rücktrittsrecht und/oder die Zahlungspflicht einschränken oder ausschließen.

6.1 Grundzüge

6.1.1 Hauptpflichten des Verkäufers

Zu den Grundzügen siehe einleitend Kapitel 2.1 *[S. 9]*.

Eigentumsübertragung: Der Kaufvertrag begründet gegenseitige Ansprüche und Pflichten. Der Auftragnehmer ist zunächst nur *verpflichtet*, den Vertrag zu erfüllen, also das Herrschaftsrecht am Kaufgegenstand zu übertragen, typischerweise das Eigentum an der Kaufsache *[Kap. 3.1.1 (1) unter „Sachenrechtliche Verträge", S. 22]*.

Eigentum wird gemäß §§ 925 ff. BGB durch Einigung und Übergabe der Kaufsache verschafft. Übergabe ist die Verschaffung des (tatsächlichen) Besitzes. Die Einigung ist der sachenrechtliche (= herrschaftsrechtliche) Vertrag mit dem Inhalt, dass das Eigentum übergehen soll. Die Einigung wird meist nicht extra erklärt, sodass sie den Vertragspartnern selten bewusst wird. Bei einem Eigentumsvorbehalt, wird deutlich, dass neben dem schuldrechtlichen Kaufvertrag noch die sachenrechtliche Einigung über den Eigentumsübergang erforderlich ist.

Einfacher Eigentumsvorbehalt: Die Einigung kann unter der aufschiebenden Bedingung geschlossen werden, dass der Käufer den gesamten Kaufpreis bezahlt *[Kap. 4.1.7, S. 70]* : „Die von uns gelieferte Ware bleibt bis zur vollständigen Bezahlung unser Eigentum." Wird über das Vermögen des Vorbehaltskäufers ein Insolvenzverfahren eröffnet, ehe er den Kaufpreis bezahlt hat, kann der Verkäufer die noch in seinem Eigentum stehende Kaufsache aus der Insolvenzmasse aussondern, d.h. verlangen, dass der Insolvenzverwalter die Kaufsache herausgibt.

Dieser einfache Eigentumsvorbehalt bezieht sich nur auf die vertragsgegenständliche Sache selbst: „Die von uns gelieferte Ware bleibt bis zur vollständigen Bezahlung unser Eigentum." Zum weitergehenden *verlängerten Eigentumsvorbehalt* siehe Materialband Kapitel 6.1 unter "Verlängerter Eigentumsvorbehalt".

*Verlängerter Eigentumsvorbehalt * :* Siehe Materialband Kapitel 6.1.

Geistige Leistungen, insbesondere Software: Herrschaftsrechte an geistigen Leistungen sind entsprechend einzuräumen. Ein Eigentumsvorbehalt an Software ist nicht möglich, nur einer am Eigentum am Datenträger. Der Auftragnehmer kann dem Kunden aber ein nur vorläufiges Nutzungsrecht einräumen, das mit vollständiger Bezahlung zu einem dauerhaften Nutzungsrecht erstarkt.

Gefahrübergang: Wer trägt den Verlust, wenn die Kaufsache zwischen dem Abschluss der Erfüllungshandlung und dem Eintritt des Erfüllungserfolges (Besitzerlangung und Eigentumsübergang) sich zufällig verschlechtert oder untergeht, also ohne dass ein Vertragspartner das zu vertreten hätte *[Kap. 11.1.2, S. 179]*? Das kann z.B. beim Versendungskauf während des Transports geschehen (Leistungsort beim Verkäufer; Erfüllungshandlung: Übergabe an den Spediteur o.ä.) *[zum Leistungsort siehe Kap. 5.4, S. 91]*. Das Kaufrecht schiebt dieses Risiko dem Kunden wie folgt zu (§§ 446 f. BGB). Die Gefahr geht auf ihn über

- bei einer Schickschuld (Lieferung ohne Installation) mit Absendung der Kaufsache,
- bei einer Bringschuld (typischerweise bei einem Werkvertrag) mit Abschluss der Leistungshandlung beim Kunden. Der Auftragnehmer trägt dann das Risiko, wenn die Sache zwischen Anlieferung und Abnahmeerklärung des Kunden zufällig untergeht.

6.1.2 Hauptpflichten des Käufers

Fälligkeit der Vergütung: Der Kaufvertrag ist ein Zug-um-Zug-Geschäft. Die Vergütung ist gemäß § 271 BGB fällig, sobald der Verkäufer seine Leistungserbringung abgeschlossen hat, sofern nicht etwas anderes vereinbart worden ist oder sich aus den Umständen ergibt *[siehe Kap. 5.4 zur Erfüllungshandlung, S. 91]*.

Die Vertragspartner können Zahlungen vorab vereinbaren, seien es Anzahlungen oder an den Leistungsfortschritt geknüpfte Abschlagszahlungen.

Bei Teilleistungen wird die Vergütung für diese jeweils fällig, wenn diese erbracht worden sind. Teilleistungen liegen nicht schon vor, wenn Preise für die einzelnen Positionen vereinbart werden. Sie müssen als solche vereinbart werden, weil sie den Kunden rechtlich belasten.[38]

> **Beispiel für Teilleistungen**
> Es sind gesonderte Liefertermine mit jeweils einem Preis für die Lieferung vereinbart worden.

Teilleistungen sind von der Gesamtleistung in Stufen abzugrenzen. Die Stufen können ausdrücklich vereinbart sein oder sich aus der Vertragsdurchführung ergeben.

> **Beispiel für Leistung in Stufen**
> Es werden mehrere dezentrale Endgeräte bestellt, die an verschiedenen Orten aufgestellt werden sollen.

Leistungsverweigerung wegen Mängeln: Liefert der Verkäufer eine mangelhafte Kaufsache, kann es sein, dass der Kunde den Mangel bereits kennt oder bei der Anlieferung oder bei einer sofortigen Untersuchung erkennt. Er kann die Kaufsache zurückweisen; dem steht gleich, wenn er sie unter Missbilligung bei sich belässt. Das Recht besteht selbst bei unwesentlichen Mängeln.[39] Der Kaufpreis wird dann noch nicht fällig.

Tritt ein Mangel nach Entgegennahme auf, bevor der Kunde bezahlt hat, ist die Rechtslage sehr kompliziert. Wahrscheinlich hat er kein Leistungsverweigerungsrecht, wenn er Ersatzlieferung verlangt, wahrscheinlich eines, wenn er Nacherfüllung verlangt *[Kap. 6.4.2 am Anfang, S. 104]*.

---

[38] Die Verjährungsfrist für die Haftung wegen Mängeln beginnt; die Voraussetzungen für den Rücktritt vom Vertrag insgesamt werden verschärft.

[39] Selbstverständlich berücksichtigt die Rechtsprechung Treu und Glauben: Das Recht darf nicht ausgeübt werden, wenn das wegen besonderer Umstände gegen Treu und Glauben verstoßen würde.

6.2 Geschuldete Leistungen: Umfang und Eigenschaften

Bei einem Werklieferungsvertrag kann der Leistungsumfang wie bei einem Werkvertrag strittig sein *[Kap. 7.2, S. 118]*.

§ 434 BGB umreißt die Sollbeschaffenheit, also welche Eigenschaften der Auftragnehmer schuldet, um dann auf die Rechtsfolgen für den Fall einzugehen, dass diese Eigenschaften nicht erfüllt sind, also Mängel vorliegen. Als Eigenschaften kommen nicht nur physische Eigenschaften in Betracht, sondern auch tatsächliche, wirtschaftliche und rechtliche Beziehungen des Systems zur Umwelt.[40]

§ 434 BGB unterscheidet drei Bereiche der Sollbeschaffenheit nach deren Konkretheit:

Im ersten Bereich sind die Eigenschaften der Sache (= die „Beschaffenheit") geschuldet, die die Vertragspartner konkret vereinbart haben (ausdrückliche Beschaffenheitsvereinbarung).

Im zweiten Bereich muss die Sache sich „für die nach dem Vertrag vorausgesetzte Verwendbarkeit eignen". Auch hier liegt eine Vereinbarung vor. Diese ist allerdings erst aus dem Vertrag zu ermitteln, insbesondere aus der Zielsetzung des Kunden, die vereinbart worden ist (implizite Beschaffenheitsvereinbarung).

Dann schieben sich solche Produktbeschreibungen zwischen den zweiten und dritten Bereich, die die Vertragspartner zum Vertragsbestandteil gemacht haben – einerseits erst jetzt, weil sie AGB im Rechtssinne enthalten und gegenüber Individualabreden Nachrang haben *[Kap. 3.1.4 (3) unter „Vorrang von Individualabreden", S. 39]*, andererseits schon jetzt vor dem dritten Bereich, der sich auch auf nicht vereinbarte Produktbeschreibungen bezieht.

Im dritten Bereich schuldet der Auftragnehmer automatisch, dass die Sache „sich für die gewöhnliche Verwendung eignet und eine Beschaffenheit aufweist, die bei Sachen der gleichen Art üblich ist und die der [Kunde] nach der Art der Sache/des Werkes erwarten kann." Diese mittlere Art und Güte gilt auch für den Grad, in dem die Funktionen ausgeprägt sein müssen, also für die Anwendungsbreite.

Zum dritten Bereich gehören auch die Eigenschaften, die der Kunde auf Grund der öffentlichen Äußerungen des Auftragnehmers oder des Herstellers (!) erwarten

---

[40] Eine Anforderung ist gemäß IEE Standard 610.12-1990 entweder „eine Eigenschaft oder Bedingung, die von einer Person zur Lösung eines Problems oder zur Erreichung eines Ziels benötigt wird" oder „eine Bedingung oder Fähigkeit, die eine Leistung erfüllen muss, um einen Vertrag, eine Spezifikation oder ein anderes bestimmtes Dokument zu erfüllen." – DIN ISO EN 9000 spricht von „Merkmalen des Objekts", die die Anforderungen erfüllen sollen.

darf. Die Äußerungen können in der Werbung oder durch die Nennung von Eigenschaften der Sache erfolgen, beispielsweise in Produktbeschreibungen (die die Vertragspartner nicht ausdrücklich als Maßstab für die Beschaffenheit vereinbart haben). Der Hersteller kann also die Beschaffenheit, die der Kunde erwarten darf, unter bestimmten Randbedingungen beeinflussen.[41]

Zu Beispielen für die gewöhnliche Beschaffenheit siehe Kapitel 7.2.1 (3) zum Werkvertrag *[S. 123]*.

6.3 Vertragsdurchführung

Bei reinen Kaufverträgen kann nur die Montage als Dienstleistung anfallen. Bei Werklieferungsverträgen kann es Dienstleistungen wie bei Werkverträgen geben.

6.4 Haftung wegen Mängeln, unberechtigte Mängelmeldungen

Der Begriff Gewährleistung wird im Vertragsrecht nicht verwendet; es heißt „Haftung für Mängel". [42]

Der Anspruch auf die Beseitigung von Mängeln besteht von vornherein als Erfüllungsanspruch *[Kap. 6.1.2 unter „Leistungsverweigerung wegen Mängeln", S. 99]*. Nach der Entgegennahme der Kaufsache kann der Kunde gemäß § 437 BGB:

"1. ... Nacherfüllung verlangen,

2. ... von dem Vertrag zurücktreten oder ... den Kaufpreis mindern und

3. ... Schadensersatz oder ... Ersatz vergeblicher Aufwendungen verlangen."

6.4.1 Beweislast bei Mängeln

Geschuldete Eigenschaften der Auftragnehmer können teilweise oder ganz fehlen (Mängel in der Sollbeschaffenheit) oder zwar vorhanden sein, aber wegen Fehler in der Realisierung teilweise oder ganz nicht nutzbar sein (Mangel in der Istbeschaffenheit). Es hilft für Ihr Verständnis, wenn Sie zwischen Mängeln in der und solchen in der Istbeschaffenheit unterscheiden.

Bei Mängeln in der Sollbeschaffenheit geht es um die Frage, ob das, was das System tatsächlich leistet, die Vereinbarungen über dessen Beschaffenheit erfüllt. Der Kunde kann sagen: „Die Ergebnisse mögen an und für sich richtig sein; die

---

41 Der Hersteller haftet nur dann auch selbst gegenüber dem Kunden für diese Beschaffenheit, wenn er diese garantiert hat *[Kap. 6.4.7 (1), S. 105]*.

42 Der Begriff Gewährleistung wird in der Praxis in verschiedenem Zusammenhang meist positiv verwendet: „Der Auftragnehmer gewährleistet, dass folgende Eigenschaften vorhanden sind: ... " Oder: „Der Auftragnehmer gewährleistet die Wartung für fünf Jahre".

Funktionalität ist aber nicht die, auf die ich Anspruch habe." Solche Mängel schaffen aus rechtlicher Sicht wenige Beweisprobleme. Hier ist der Kunde in der Lage, das ordentlich zu beschreiben, was er fordert. Er muss das dann auch tun.

Mängel in der Istbeschaffenheit liegen vor, wenn das gelieferte System nicht einmal die Eigenschaften aufweist, die es auch nach Auffassung des Auftragnehmers haben sollte. Solche Mängel schaffen erhebliche Beweisprobleme, weil die Vertragspartner über die Ursache für eine Störung streiten. Diese kann in der Leistung des Auftragnehmers liegen und ist dann ein Mangel; sie kann aber auch in den Risiko-/Verantwortungsbereich des Kunden fallen *[zur Beseitigung von solchen Störungen siehe Kap. 6.4.8, S. 114].*

Mängel in der	Sollbeschaffenheit	Istbeschaffenheit
Der Kunde hat	den Sollzustand gegenüber dem Istzustand zu beschreiben	das Fehlerbild/Symptom darzulegen
und zu behaupten:	„Ursache in der Leistung."	„Ist funktionsfähig vereinbart worden."
Zeuge wird befragt:	„Ist das vereinbart worden?"	„Ist das Fehlerbild/ Symptom aufgetreten?"
Sachverständiger	„Ist nach Vertrag geschuldet: ja / nein!"	„Mangel liegt vor: ja / nein!" Wenn „ja": „Ursache ist gefunden." *Oder:* „Fehlerbild lässt zwingend auf Ursache in der Leistung schließen."

Beides kann zusammenkommen. Dann schreibt der Sachverständige in seinem Gutachten beispielsweise: „Das System brachte unbrauchbare Ergebnisse; es lag kein Bedienungsfehler vor. Aber selbst wenn es die vom Auftragnehmer beabsichtigten Ergebnisse erbracht hätte, hätte die Funktionalität den Vereinbarungen nicht entsprochen."

Bei Mängeln in der Istbeschaffenheit stellen sich vier Probleme:

- *Die operative Pflicht des Kunde zur Unterstützung, wenn er Mängelbeseitigung verlangt:* Angesichts der Schwierigkeit, Ursachen zu erkennen, ist der Kunde verpflichtet, den Auftragnehmer bei der Mängelsuche zu unterstützen *[Kap. 6.4.2 (1), S. 104].*[43]

- *Die ordnungsgemäße Mängelmeldung zur Wahrung von Ansprüchen wegen Mängeln:* Das Vertragsrecht enthält Anforderungen, die der Kunde bei der

---

43 Damit besteht eine deutlich über die prozessuale Substanziierungspflicht hinausgehende operative Beschreibungspflicht.

Mängelrüge zur Wahrung seiner Ansprüche einzuhalten hat, insbesondere die kaufmännische Untersuchungs- und Rüge"pflicht" (§ 377 HGB) *[Kap. 6.4.5, S. 108].* Die Mängelrüge muss so abgefasst sein, dass der Auftragnehmer ihr die Art und den Umfang der Mängel genau entnehmen kann. Das Vertragsrecht verlangt dies, um zu verhindern, dass der Kunde später nicht rechtzeitig gerügte Mängel „nachschiebt" (= sich auf sie stützt).

Beispiel für eine nicht ausreichende Mängelrüge
„Seit einer Woche können wir das System nicht nutzen."

- *Die Aufgabe, vor Gericht die Anspruchsvoraussetzungen vorzutragen/darzulegen* [siehe Kap. 3.2 (2), S. 177].
- *Der Nachweis bei Gericht:* Wie soll ein Anwender den Nachweis zu erbringen, wenn er die Konstruktionspläne für das System nicht hat? *[siehe Kap. 3.2 (3), S. 45]*

Beweislastverteilung: Die Beweislast für das Vorliegen von Mängeln liegt beim Kunden, wenn dieser die Kaufsache als Erfüllung entgegengenommen hat, gleich ob er auf Rückzahlung oder ob der Auftragnehmer auf Zahlung klagt (§ 363 BGB). Vorher trägt der Auftragnehmer die Beweislast für die Mängelfreiheit. Regelmäßig dürfte die Vollständigkeit der Leistung Voraussetzung für den Willen des Kunden sein, die Leistung als Erfüllung entgegenzunehmen *[Kap. 6.1.2 unter „Leistungsverweigerung wegen Mängeln", S. 99].*

Der Nachweis bei Gericht: Der Nachweis, dass der Mangel, wie von seinem Erscheinungsbild (seiner Oberfläche) her beschrieben, seine Ursache tatsächlich in der Leistung hat, wird vor Gericht im Wege des Sachverständigengutachtens geführt. Möglicherweise stellt der Sachverständige die konkrete Ursache nicht fest, sondern beschränkt sich auf die Aussage, dass der Mangel aufgrund des Fehlerbildes (des Symptoms) seine Ursache in der Leistung haben müsse und alle Ursachen aus dem Verantwortungsbereich des Kunden vernünftigerweise ausscheiden würden.

Wenn der historische Zustand nicht mehr zur Verfügung steht, müssen Zeugen in Gegenwart des Sachverständigen vernommen werden, der sich daraufhin sein Urteil bildet.

Bereitstellen von Beweismitteln durch den Gegner und Beweisvereitelung: Wer damit rechnen muss, dass ein System noch zu Beweiszwecken benötigt wird, und es dennoch nicht zugänglich hält, läuft erhebliche Gefahr, dass ihm das als Beweisvereitelung angelastet wird: Der Beweis durch die andere Seite gilt als erbracht, wenn dieser nicht geführt werden kann, weil das System grundlos nicht mehr zur Verfügung steht.

6.4.2 Der Anspruch auf Nacherfüllung

Der Kunde kann gemäß § 439 BGB ab Entgegennahme der Kaufsache nach seiner Wahl Nachbesserung oder die Lieferung/Erstellung einer mangelfreien Kaufsache verlangen.

Wenn der Kunde Ersatzlieferung wählt, kann der Auftragnehmer diese allerdings in dem Fall verweigern, dass diese mit unverhältnismäßig hohen Kosten verbunden ist (§ 439 Abs. 3 bzw. § 635 Abs. 3 BGB beim Werkvertrag). Dann kommt nur die Nachbesserung in Betracht. Wenn auch diese mit unverhältnismäßigen Kosten verbunden ist, entfällt der Anspruch auf Nacherfüllung insgesamt. Der Kunde ist in diesem Fall berechtigt, vom Vertrag ohne Fristsetzung zurückzutreten (§ 440 bzw. § 636 BGB beim Werkvertrag) und gemäß den üblichen Vorschriften Schadensersatz zu verlangen *[Kap. 11.1.1, S. 179]*. – Das Ganze gilt entsprechend, wenn der Kunde zuerst Nachbesserung verlangt.

Der Anspruch auf Nacherfüllung entfällt, wenn diese unmöglich ist *[Kap. 11.4, S. 189]*.

Anrechnung von Nutzungsvorteilen: Der Kunde, der eine Ersatzlieferung aufgrund von Nacherfüllung erhält, muss die Nutzungsvorteile, die er bis dahin erzielt hat, erstatten, d.h. dass er diese über den Kaufpreis hinaus vergüten muss (§ 439 Abs. 4 bzw. § 635 Abs. 4 BGB beim Werkvertrag).[44]

(1) Aufgaben des Kunden bei der Mängelbeseitigung

Genau genommen geht es nicht um Pflichten, sondern um Aufgaben: Der Kunde muss etwas tun, damit er seinen Anspruch durchsetzen kann *[zu Obliegenheiten siehe Kap. 5.7, S. 94]*. Im Ergebnis läuft es aber praktisch auf dasselbe hinaus.

Der Kunde muss das Fehlerbild (das Symptom) bei dessen Meldung zumindest so genau beschreiben, wie er das vor Gericht zu tun hat. Zur Mängelmeldung gehört auch, dass der Kunde das Fehlerbild (das Symptom) auf Verlangen des Auftragnehmers vorführt oder etwas vorlegt, was die gerügten fehlerhaften Ergebnisse anzeigt.

Darauf, dass der Kunde die vereinbarte Schriftform nicht eingehalten hat, kann der Auftragnehmer sich nicht berufen,

---

44 Man kann nicht argumentieren, dass der Auftragnehmer für die Schlechtlieferung belohnt werden würde und die Erstattungspflicht aufgrund von Treu und Glauben ausgeschlossen werden müsse *[Materialband unter „Eine kurze Einführung in das juristische Denken" Kap. 4]*. Denn der Gesetzgeber hat diese Argumentation ausdrücklich nur für den Verbrauchsgüterkauf anerkannt. Der Umkehrschluss ist zwingend. - Ein Verbraucher ist nicht zur Erstattung verpflichtet.

- wenn er Kenntnis vom Fehlerbild (Symptom) hat; dann kann er immer noch eine schriftliche Beschreibung verlangen, soweit diese nützlich ist, bzw.
- wenn er sich sogar um die Beseitigung des Mangels bemüht hat.

Die weitere Unterstützung hängt teilweise vom sachlich richtigen Ort ab *[siehe (2)]*. Zu ihr gehören neben dem Gewähren des Zugangs zum System soweit für den Kunden zumutbar:

- das Bereitstellen von anderen als den gestörten Einheiten zur Fehlerlokalisierung, z.B. Ermöglichung der Nutzung einer Verbindung zwischen einer zentralen IT-Anlage und einem Subsystem, das Daten nicht wie vorgesehen überträgt oder empfängt.
- das Bereitstellen der Entwicklungsumgebung, wenn vorhanden, zur Erarbeitung der Korrektur.
- Systemtechnische Unterstützung seitens eines Profi-Anwenders, z.B. bei der Klärung einer Schnittstellenproblematik durch Beratung oder durch Tests.
- Einfügen einer Korrekturmaßnahme in das System *[siehe (2)]*.

(2) Ort der Mängelbeseitigung

Der Ort der Mängelbeseitigung bestimmt sich gemäß § 269 BGB unabhängig von der Frage der Kostentragung *[Kap. 5.4, S. 91]*. Der Leistungsort für die Nacherfüllung kann von dem Ort für die Erfüllung der Lieferpflicht abweichen. Es liegt nahe, dass die Orte übereinstimmen; doch sind einige Gesichtspunkte zu berücksichtigen, die sich aus den drei Phasen

- Suche nach dem Mangel,
- Reparatur / Erarbeiten einer Korrekturmaßnahme und
- Einfügen in das System

ergeben und zum gegenteiligen Ergebnis führen können.[45]

Die Suche kann erfordern, dass der Auftragnehmer zum Kunden kommen muss, weil der Mangel anders nicht lokalisiert werden kann.

---

45 Die Rechtsprechung stellt darauf ab, dass es in erster Linie auf die Umstände des Einzelfalls ankommt. Dabei geht es insbesondere um die Ortsgebundenheit der Sache und die Art der Nachbesserungstätigkeit. Ergibt sich auch daraus nichts, soll beim Kaufrecht der Erfüllungsort beim Auftragnehmer liegen und beim Werkvertragsrecht dort, wo sich die mangelhafte Sache vertragsgemäß befindet (eine bewegliche Sache kann sich vertragsgemäß jeweils an unterschiedlichen Orten befinden).

Der Kunde kann die Korrekturmaßnahme oft selbst einfügen, wenn der Auftragnehmer ihn sachgerecht anleitet, und soll das dann auch soweit zumutbar tun.

Der Kunde hat das System selbst installiert: In diesem Fall braucht der Auftragnehmer die Nachbesserung normalerweise nicht vor Ort vorzunehmen. Er muss allerdings den Aufwand des Kunden ersetzen, der für diesen deswegen zusätzlich anfällt *[siehe (3)]*.[46] Er braucht nur in besonders schwierigen Fällen zur Mängelsuche zum Kunden zu kommen und zur Reparatur nur dann, wenn das System nicht oder nur schlecht transportiert werden kann.

Der Auftragnehmer hat das System vor Ort installiert: grundsätzlich muss er muss vor Ort kommen. Allerdings könnte es für den Kunden zumutbar sein, das gestörte Gerät zu übersenden; die Grenze dürfte da liegen, wo der Kunde das Gerät noch verpacken und mit den bei ihm verfügbaren Hilfsmitteln bewegen kann. Wenn der Einsatzort der Einheit in dem Bereich des Auftragnehmers liegt, den seine Wartungstechniker regelmäßig befahren, muss er allerdings in der Regel vor Ort kommen.

(3) Kosten der Mängelbeseitigung

Der Auftragnehmer muss alle Kosten für die Mängelbeseitigung tragen, die sachgerecht beim Kunden anfallen (§ 439 Abs. 2 bzw. § 635 Abs. 2 BGB beim Werkvertrag). Auch wenn der Leistungsort für die Nachbesserung beim Auftragnehmer ist, muss dieser den Aufwand dafür tragen, dass das gestörte Gerät zu ihm gebracht wird. Er muss auch die Mehrkosten tragen, die dadurch entstehen, dass der Kunde die Kaufsache vom Installationsort an einen anderen Ort gebracht hat und von dort aus schicken muss.

Entsprechendes gilt für die Ausbau- und Einbaukosten.[47]

Der Kunde ist nicht berechtigt, von sich aus auf Kosten des Auftragnehmers aufwendige Suchaktionen zu starten, geschweige denn zu versuchen, den Mangel (ggf. unter Zuhilfenahme Dritter) zu beseitigen (nur im Wege der Selbstvornahme *[siehe im Folgenden unter (4)]*). Als sachgerecht gilt auf jeden Fall, was der Auftragnehmer an Mitwirkung wünscht.

---

46 § 439 Abs. 2 bzw. § 635 Abs. 2 BGB sieht keine Pflicht zum Transport vor, sondern erlaubt dem Auftragnehmer, die Fahrt zum Kunden zu verweigern, wenn sie einen unverhältnismäßigen Aufwand verursachen würde.

47 § 439 Abs. 3 BGB stellen klar, dass der Auftragnehmer auch die Kosten für Ausbau und Einbau zu tragen hat, wenn der Käufer die mangelhafte Sache selbst eingebaut hat. Im Werkvertragsrecht ist das nicht vorgesehen, weil es davon ausgeht, dass der Auftragnehmer das Teil eingebaut hat.

Beispiel für mögliche Sachgerechtigkeit

Der Kunde möchte einen hohen drohenden Schaden dadurch verringern, dass die Ursache für den Mangel schneller gefunden wird. Wenn er tatsächlich etwas erreicht, hat er einen Erstattungsanspruch. Anderenfalls kommt es ganz auf die Umstände an, nämlich ob erwartet werden konnte, dass sein Tun mit weit überwiegender Wahrscheinlichkeit hilfreich sein würde (= wenn der Auftragnehmer, hätte der Kunde ihm die Maßnahme vorgeschlagen, dieser als sachgerecht hätte zustimmen müssen). – Diese Einschränkung gilt selbst dann, wenn der Kunde aufgrund der Mängelhaftung Ersatz des Schadens, der entsteht, verlangen kann.

Der Anspruch ist ein Anspruch auf Aufwendungsersatz, nicht auf Schadensersatz; auf Vertretenmüssen kommt es also nicht an.

(4) Selbstvornahme

Die Selbstvornahme wird im Geschäftsleben auch "Ersatzvornahme" genannt.

Der Käufer hat kein Recht zur Selbstvornahme. Er kann die Erstattung seines Aufwands allerdings als Schadensersatzanspruch nach nutzloser Fristsetzung aufgrund von Verzug bei der Mängelbeseitigung verlangen *[Kap. 11.3 (3), S. 188]*.[48]

6.4.3 Minderung und Rücktritt

Angemessene Nachfrist: Der Kunde kann eine Frist für die Nacherfüllung setzen und bei erfolglosem Fristablauf nach seiner Wahl die Vergütung herabsetzen (= mindern) oder vom Vertrag zurücktreten *[Kap. 11.1.4, S. 182]*.

Minderung oder Rücktritt ohne Nachfristsetzung: Gemäß § 440 BGB braucht der Kunde insbesondere dann keine Nachfrist zu setzen,

- wenn der Auftragnehmer die Nacherfüllung ernsthaft und endgültig verweigert oder
- wenn die Nacherfüllung fehlgeschlagen ist oder für ihn unzumutbar ist.

§440 BGB definiert den Fehlschlag für den Kaufvertrag wie folgt (nicht für den Werkvertrag):

„Eine Nachbesserung gilt nach dem erfolglosen zweiten Versuch als fehlgeschlagen, wenn sich nicht insbesondere aus der Art der Sache oder des Mangels oder den sonstigen Umständen etwas anderes ergibt."

Der Versuch bezieht sich auf den einzelnen Mangel von seiner Ursache her.

---

[48] Damit braucht der Kunde sich nicht auf Schadensersatz wegen Mängeln stützen, bei denen er Vertretenmüssen (= Verschulden) Anspruchsvoraussetzung ist.

> **Beispiel für einen Mangel**
>
> In einem Programm ist eine Rücksprungadresse, die mehrfach vorkommt, fehlerhaft. Der Auftragnehmer korrigiert sie an einer Stelle, nicht aber an den anderen. Tritt der fehlerhafte Rücksprung an einer anderen Stelle auf, handelt es sich um denselben Mangel.

Weiternutzen nach dem Rücktritt: Damit der Kunde den Umstieg auf ein anderes System vorbereiten kann, kann er einen angemessenen Termin bestimmen, bis zu dem er das System weiternutzen will.

Anerkennt der Auftragnehmer den berechtigten Rücktritt nicht, darf der Kunde das System weiternutzen und zahlt nur eine am Nutzungsumfang ausgerichtete Entschädigung.

Wenn der Auftragnehmer den Rücktritt allerdings akzeptiert, kann der Anspruch des Kunden auf weitere Nutzung nur aus Treu und Glauben abgeleitet werden. Dann hat er dem Auftragnehmer zusätzlich die Nachteile zu ersetzen, die dieser dadurch erleidet, dass er das System nicht anderweitig günstig verwerten konnte.

Umfang des Rücktritts: Der Kunde ist wahrscheinlich berechtigt, von allen Lieferungen und Dienstleistungen sowie von zusätzlichen Aufträgen zurückzutreten *[Kap. 11.1.4 unter „Umfang", S. 183].*

6.4.4 Schadensersatzansprüche

Der Kunde kann erst einmal gemäß § 280 BGB den Ersatz des Schadens verlangen, den er durch den Mangel erleidet, wenn der Auftragnehmer diesen zu vertreten hat *[Kap. 11.1.1, S. 179].* Unabhängig von Verschulden haftet dieser, wenn er eine Garantie für das Vorhandensein einer bestimmten Eigenschaft gegeben hat *[Kap. 6.4.7 (1), S. 111].*

Der Kunde kann auch Schadensersatz statt der Leistung verlangen, wenn er – wie bei Lieferverzug – eine Frist für die Nacherfüllung gesetzt hat und diese erfolglos abgelaufen ist. Es kommt dann zu derselben Situation wie bei Lieferverzug, dass er den Rücktritt nicht gleich zu erklären braucht *[Kap. 11.1.4 unter "Nachfrist", S. 182].*

6.4.5 Kenntnis von Mängeln, Kaufmännische Untersuchungs- und Rügepflicht

BGB: Es unterscheidet im Kaufrecht zwei Arten von Mängeln:

Offene Mängel: Der Auftragnehmer haftet nicht für Mängel, die der Kunde bei Vertragsabschluss kennt oder grob fahrlässig nicht kennt und deren Beseitigung er sich nicht vorbehält (§ 442 BGB). Erkennt der Käufer bei der Entgegennahme einen Mangel und rügt diesen nicht, kann das unter Umständen dahingehend auszulegen sein, dass er die Beschaffenheit so wie gegeben akzeptiert, d.h. auf Ansprüche wegen Sachmängeln verzichtet.

Versteckte Mängel: Sie unterliegen der normalen Haftung für Mängel. Das Kaufrecht des BGB kennt keine Pflicht zur unverzüglichen Untersuchung, auch keine zur unverzüglichen Mängelmeldung. Der Kunde muss sich aber bei Schadensersatzansprüchen Mitverschulden entgegenhalten lassen, nämlich dass der Schaden geringer ausgefallen wäre, wenn er den Mangel nach Kenntniserlangung unverzüglich gemeldet hätte.

HGB: Es kennt beim Handelskauf noch eine dritte Art von Mängeln, nämlich *erkennbare Mängel:* Das sind solche Mängel, die der Kunde nach der Lieferung bei ordentlicher Prüfung erkennen kann.

Das HGB sieht beim Handelskauf Sonderregelungen für erkennbare und für versteckte Mängel vor; es belastet den Kunden also stärker als das Werkvertragsrecht.

Unverzügliche Untersuchung: Der Kunde hat gemäß § 377 HGB die Kaufsache unverzüglich nach der Ablieferung zu *untersuchen*, soweit dies im ordnungsgemäßen Geschäftsgang tunlich ist. Zeigt sich bei dieser Untersuchung ein Mangel, hat er diesen unverzüglich *anzuzeigen*. Tut er das nicht, gilt die Ware als genehmigt. Das hat zur Folge, dass die Ansprüche des Kunden wegen Mängeln nicht nur für erkannte, sondern auch für *erkennbare* Mängel entfallen *[Kap. 5.7 unter "Pflichten im eigenen Interesse/Obliegenheiten", S. 94]*.

Ob eine Mängelrüge rechtzeitig oder verspätet erfolgt ist, hängt davon ab, welche Anforderungen an eine Untersuchung im ordnungsgemäßen Geschäftsgang zu stellen sind. Das ist nach den Umständen des Einzelfalls zu entscheiden, wobei zwischen den Interessen des Auftragnehmers und denen des Kunden abzuwägen ist. Der Kunde hat nur beschränkte Möglichkeiten, ein Produkt besser als der Auftragnehmer zu untersuchen, sodass keine hohen Anforderungen gestellt werden dürfen.

Rügeobliegenheit bei versteckten Mängeln: Ein Mangel, der bei einer Untersuchung in ordnungsgemäßem Geschäftsgang nicht festgestellt werden kann, ist „versteckt" („verdeckt" oder „verborgen"). Der Kunde braucht beim Handelskauf ihn zwar erst zu rügen, wenn sich dieser zeigt. Dann muss der Kunde ihn aber im eigenen Interesse unverzüglich rügen; andernfalls gehen die Ansprüche wegen Mängeln verloren *[Kap. 5.7 unter "Pflichten im eigenen Interesse/Obliegenheiten", S. 94]*.

Erneute Untersuchung: Wenn der Auftragnehmer die Mängelbeseitigung abgeschlossen hat, hat der Kunde erneut die Obliegenheit zur Untersuchung, um seine Ansprüche zu erhalten, sei es wegen verbliebener Anteile des gerügten Mangels oder wegen Mängeln, die erst jetzt auftreten können.

6.4.6 Verjährung

Zur Verjährung allgemein siehe Kap. 11.8 *[S. 194]*.

(1) Dauer der Verjährungsfrist

Die Verjährungsfrist für die Ansprüche des Kunden wegen Mängeln in beweglichen Sachen beträgt nur zwei Jahre (§ 438 BGB). Sie weicht von der regelmäßigen Verjährungsfrist ab *[Kap. 11.8 (2), S. 195]*.

Die Verjährungsfrist bezieht sich auf *alle* versteckten Mängel; sie läuft also auch dann ab, wenn der Kunde den Mangel während dieser Frist nicht entdecken konnte.

(2) Beginn der Verjährungsfrist

Die Frist beginnt mit der Ablieferung der Kaufsache, also nicht erst, wenn der Kunde die echte Möglichkeit hat, die Kaufsache zu untersuchen, sondern mit der Entgegennahme ohne Missbilligung (in § 433 BGB missverständlich „Abnahme" genannt). Dieser Zeitpunkt deckt sich mit dem Zeitpunkt des Gefahrübergangs (außer in dem Fall, dass der Kunde in Verzug mit der Annahme der Leistung ist). Haben die Vertragspartner bei einem Kaufvertrag die „Abnahme" der Kaufsache vereinbart, beginnt die Frist erst mit der Abnahmeerklärung.

Vorher kann der Kunde die Beseitigung von Mängeln im Rahmen seines Erfüllungsanspruchs verlangen (so er sie denn kennt) *[Kap. 6.1.2 unter „Leistungsverweigerung wegen Mängeln", S. 99]*.

Voraussetzung für den Beginn ist, dass der Auftragnehmer *alle* Leistungen erbracht hat. Aus Vereinbarungen kann sich allerdings ergeben, dass die Vertragspartner den Abschluss der Lieferung früher oder später ansetzen.

> **Beispiele**
>
> Später: Erst mit dem Produktivstart, wenn der Kunde gewisse Erfahrungen gewonnen hat.
>
> Früher: Wenn viele Benutzer in Anwendungssoftware zu schulen sind, nach der Schulung von einem Teil der Benutzer.

Bei Teilleistungen beginnt die Verjährungsfrist für jede Teillieferung bereits mit deren Lieferung.

(3) Erschwerung der Verjährung

Hemmung: Die Meldung von Mängeln hemmt den Lauf der Verjährungsfrist nicht automatisch *[Kap. 11.8 (3), S. 196]*. Wenn der Auftragnehmer aber auf eine solche Meldung nicht ablehnend reagiert, ist die Situation so einzustufen, dass die Vertragspartner über die Mängelbeseitigung verhandeln. Das führt zur Hemmung wegen Verhandlungen, bis diese abgebrochen werden (indem der Auftragnehmer erklärt, dass er den Mangel beseitigt hat oder dass kein Mangel vorliegen würde). – Allerdings ist Folgendes zu beachten:

Neubeginn durch Anerkenntnis des Anspruchs auf Mängelbeseitigung: Die Verjährungsfrist beginnt erneut, wenn der Schuldner dem Gläubiger gegenüber den Anspruch anerkennt (§ 212 BGB.) Also kommt es darauf an, unter welchen Voraussetzungen die Erklärung des Auftragnehmers, dass ein Mangel vorliegen würde und er diesen beseitigen würde, als Anerkenntnis anzusehen ist.[49]

> **Beispiel**
> Die Vertragspartner führen im Rahmen einer Überprüfung ein Protokoll. Es werden Mängel im Protokoll aufgenommen. Auch der Auftragnehmer unterzeichnet das Protokoll. Das ist hoch wahrscheinlich ein Anerkenntnis.

Nacherfüllung durch Ersatzlieferung: Die Verjährungsfrist beginnt in der Regel neu.

Erhaltung von beschränkten Ansprüchen wegen Mängeln (von Mängeleinreden) trotz Verjährung: Das Recht zum Rücktritt bzw. zur Minderung des *[Kap. 6.4.3, S. 107]* läuft mit Ablauf der Verjährungsfrist leer, wenn der Auftragnehmer sich auf Verjährung beruft. Soweit der Kunde den Kaufpreis noch nicht gezahlt hat, kann er aber immerhin noch dessen Zahlung verweigern. Wenn er das tut, kann der Auftragnehmer seinerseits vom Vertrag zurücktreten und die von ihm erbrachte Leistung zurückverlangen (§ 218 in Verbindung mit § 438 Abs. 4 bzw. beim Werkvertrag § 634a Abs. 4 BGB).

Für die Minderung gilt im Falle der Verjährung: Soweit der Kunde die Vergütung noch nicht gezahlt hat, kann er diese um den Betrag kürzen, zu dem er zur Minderung berechtigt war.

6.4.7 Garantien

(1) Beschaffenheitsgarantie

Beschaffenheitsgarantien verschärfen die Haftung für Mängel (§ 443 BGB). Garantiert ist eine Eigenschaft, wenn der Auftragnehmer dem Kunden durch eine zum Vertragsinhalt gewordene Erklärung zu erkennen gibt, er wolle auf jeden Fall dafür geradestehen (= vertreten), dass seine Leistung die betreffende Eigenschaft aufweise. In der Praxis wird auch von „zugesicherten Eigenschaften" gesprochen. Es

---

[49] BGH 5.10.2005 VIII ZR 16/05: „Konkludentes Anerkenntnis ... ist ... keineswegs regelmäßig, sondern nur dann anzunehmen, wenn der Verkäufer aus der Sicht des Käufers nicht nur aus Kulanz oder zur gütlichen Beilegung eines Streits, sondern in dem Bewusstsein handelt, zur Mängelbeseitigung verpflichtet zu sein. Erheblich sind hierbei vor allem der Umfang, die Dauer und die Kosten der Mängelbeseitigungsarbeiten. Eine Nachbesserung wird ..., sofern sie überhaupt einen Neubeginn der Verjährung zu bewirken vermag, regelmäßig nur insoweit Einfluss auf die Verjährung nach § 438 BGB haben, als es sich um denselben Mangel oder um die Folgen einer mangelhaften Nachbesserung handelt."

geht also um eine Beschaffenheitsvereinbarung *[Kap. 6.2, S. 100]* mit schärferer Haftung: Der Auftragnehmer haftet dann ohne Verschulden auf Schadensersatz *[Kap. 11.1.1, S. 179]*.

Die Abgrenzung von nur vereinbarten zu garantierten/zugesicherten Eigenschaften ist problematisch. Beschreibungen von Produkten stellen in der Regel noch keine Garantie/Zusicherung von Eigenschaften dar.

> **Gegenbeispiel**
> Die Angabe einer DIN-Norm an einer Zapfsäule bei einer Tankstelle ist eine Garantiezusage (wegen des Sicherheitsaspekts).

Auch Anforderungen des Kunden bewirken in der Regel noch keine Garantien/Zusicherungen.

Als Anspruch sieht § 443 BGB zusätzlich vor, dass dem Kunden im Garantiefall – *neben* seinen gesetzlichen Ansprüchen – diejenigen Rechte zustehen, die sich aus der Garantieerklärung ergeben. Gemäß § 444 bzw. beim Werkvertrag § 639 BGB kann die Haftung aus der Garantie nicht eingeschränkt werden (nicht einmal in einem individuellen Vertrag!). Die Garantie kann aber von vornherein eingeschränkt formuliert werden.

> **Beispiel**
> Zum Leistungsverhalten eines IT-Systems kann vereinbart werden, dass jeder Vertragspartner die Hälfte der Kosten für dessen Aufrüstung tragen muss, wenn das „angestrebte" Leistungsverhalten des Gesamtsystems nicht erreicht wird.

Garantie des Herstellers: § 443 BGB bezieht den Fall ein, dass ein Dritter, insbesondere der Hersteller eines Produkts, eine Garantieerklärung für dieses abgibt, insbesondere weil er den Absatz seiner Produkte fördern will. Das tut er auch für Produkte, die der Auftragnehmer in ein System einbezieht. Der Hersteller haftet dann gegenüber dem Kunden direkt gemäß der Garantieerklärung (sonst nur aus Produzentenhaftung/Produkthaftung *[Kap. 12.2 (3) und (4), S. 201]*).

(2) Haltbarkeitsgarantie

Bei einer Haltbarkeitsgarantie geht es um eine Zusicherung zur Istbeschaffenheit, nämlich dass die Sache für eine bestimmte Dauer die vereinbarte Istbeschaffenheit behält. Ursache können Material- und Fertigungsfehler, gegebenenfalls auch Konstruktionsfehler sein. In der Praxis wird oft von einer „Garantiefrist" gesprochen. Konsequenz ist: Wenn während der Geltungsdauer der Haltbarkeitsgarantie eine Störung auftritt, vermutet § 443 BGB, dass diese einen Mangel darstellt; dieser „begründet" (= löst aus) die Rechte aus der Garantie.[50] Auch das ist vom Vertragstyp unabhängig.

Wenn der Garantiegeber sich darauf beruft, dass die Störung durch den Kunden verursacht worden ist, trägt er also dafür die Beweislast.

Beispiele
Geräte sind überhitzt worden. Geräte sind ätzenden Dämpfen ausgesetzt worden.

Haltbarkeitsgarantie des Auftragnehmers: Voraussetzung ist nicht wie bei der Haftung für Mängel, dass der Mangel schon bei Gefahrübergang zumindest im Ansatz vorhanden war *[vgl. Kap. 6.1.1 unter „Gefahrübergang", S. 98].*

Die Ansprüche des Kunden aus der Garantie stehen neben seinen gesetzlichen Ansprüchen wegen Mängeln; die letzteren werden also durch eine Garantie nur erweitert, aber nicht in anderen Punkten eingeschränkt.

Haltbarkeitsgarantie des Auftragnehmers: Sachlicher Umfang		
Mängel, die bei Gefahrübergang (im Ansatz) vorhanden sind	Mängel, die nachträglich aus der Sache heraus auftreten, z.B. wegen Abnutzung.	Defekte, die von außen verursacht werden

Der Auftragnehmer haftet bei Kauf gemäß Gesetz
├─────────────────────────────────┤

problematischer Bereich für den Kunden wegen dessen Beweislast
├──────────────────────────────┤ ↓

Der Auftragnehmer als Garantiegeber haftet bei einer Haltbarkeitsgarantie

problematischer Bereich für den Garantiegeber wegen dessen Beweislast
├──┤ ↓

---

50 Das entspricht der Situation bei Verkauf an einen Verbraucher während der ersten 6 Monate der Verjährungsfrist bzw. bei der Wartung von Hardware.

Haltbarkeitsgarantie des Herstellers: Er gibt sie typischerweise zur Förderung des Absatzes seiner Produkte. Sie wird in der Praxis als „Herstellergarantie" bezeichnet. Die Hersteller definieren den Umfang ihrer Garantieleistung in verschiedener Weise. Sollte ein Hersteller die Garantieleistung nicht definieren, dürfte diese auf Mangelbeseitigung/Reparatur gehen.

§ 443 BGB spricht davon, dass die Rechte „dem Käufer zustehen". Bei einer Vertriebskette ist das wahrscheinlich nicht der Vorlieferant oder der Auftragnehmer, der beim Hersteller gekauft hat, sondern derjenige, der die Herrschaft über das Produkt hat, also meist der Kunde.

Wenn der Auftragnehmer die Herstellergarantie in seinem Angebot aufführt, läuft er Gefahr, den Eindruck zu erwecken, dass er die Herstellergarantie zu einer eigenen Garantieerklärung macht („Ich garantiere, weil ich mich auf eine Herstellergarantie stützen kann").

Beispiel

Ein Hersteller von Hardware bietet in einem „Care-Paket" eine Haltbarkeitsgarantie für einige Jahre gegen eine zusätzliche Vergütung an. Der Auftragnehmer gibt diese Verlängerung einschließlich deren Vergütung in seinem Vertrag mit dem Kunden bei der entsprechenden Hardwareposition an.

6.4.8 Vergütung für die Beseitigung von Störungen beim Kunden

Unter Störungen des Systems fallen alle Beeinträchtigungen von dessen Funktionsfähigkeit (in der Istbeschaffenheit): Das System funktioniert nicht so, wie es nach übereinstimmender Auffassung der Vertragspartner funktionieren sollte. Wenn der Auftragnehmer dafür einstehen muss, liegt ein Mangel vor, sodass der Auftragnehmer diesen – zumindest während der Verjährungsfrist auf eigene Kosten – zu beseitigen verpflichtet ist. Anderenfalls liegt eine Störung aus dem Bereich des Kunden vor (dafür gibt es keinen Fachbegriff, in Betracht kommt „kundenbezogene Störung" oder „Störung im Risikobereich des Kunden").

Bei solchen kundenbezogenen Störungen kann der Kunde das System (teilweise) wie bei einem Mangel nicht einsetzen, ist also auf Hilfe angewiesen Der Auftragnehmer ist gemäß Treu und Glauben verpflichtet, den Kunden bei der Aufklärung und Beseitigung solcher Störungen im Rahmen seiner Leistungsfähigkeit zu unterstützen.

Es stellt sich die Frage, ob der Auftragnehmer eine Vergütung dafür verlangen kann:

- Kann er das, wenn der Kunde sich ausdrücklich nur auf einen Mangel bezieht? Die Rechtsprechung hat teilweise im Wege der ergänzenden Vertragsauslegung angenommen, dass diese Aufforderung so zu verstehen ist, dass der Auftragnehmer auf jeden Fall die Situation klären solle, der Kunde also in dem Fall, dass die Ursache in seinem Bereich liege, entgeltlich unterstützt werden wolle.

  Ein Teil der Rechtsprechung hat den Anspruch nur als Haftungsanspruch auf der Basis anerkannt, dass der Kunde seine Pflicht zur Rücksichtnahme verletzt hat, nämlich seine Pflicht zu überprüfen, ob die Störung auf eine Ursache in seiner Sphäre zurückzuführen ist.[51] Anspruchsvoraussetzung ist dann, dass der Kunde fahrlässig gehandelt hat.

- Kann der Auftragnehmer auch dann eine Vergütung verlangen, wenn er die Ursache nicht aufklären kann. Die Suche wird abgebrochen, insbesondere weil die Störung nicht mehr auftritt, nachdem die betroffene Einheit neu installiert und/oder eingestellt worden ist. In solchen Fällen kann die Ursache auch ein Mangel sein, der unentgeltlich zu beseitigen wäre. Der Auftragnehmer kann also nur dann eine Vergütung verlangen, wenn der Nachweis gelingt, dass die Ursache für die Störung im Bereich des Kunden liegen muss.

---

51 BGH, Urteil vom 3.01.2008 (VIII ZR 246/06), NJW 2008, 1147, stellt nicht darauf ab, dass der Kunde ausdrücklich nur einen Nachbesserungsanspruch geltend macht. „Die …. gebotene Rücksichtnahme auf die Interessen [des Auftragnehmers] erfordert …, dass der Käufer vor Inanspruchnahme des Verkäufers im Rahmen seiner Möglichkeiten sorgfältig prüft, ob die in Betracht kommenden Ursachen für das Symptom, hinter dem er einen Mangel vermutet, in seiner eigenen Sphäre liegen. … Er muss lediglich im Rahmen seiner Möglichkeiten sorgfältig überprüfen, ob sie auf eine Ursache zurückzuführen ist, die nicht dem Verantwortungsbereich des Verkäufers zuzuordnen ist. Bleibt dabei ungewiss, ob tatsächlich ein Mangel vorliegt, darf der Käufer Mängelrechte geltend machen, ohne Schadensersatzpflichten wegen einer schuldhaften Vertragsverletzung befürchten zu müssen, auch wenn sich sein Verlangen im Ergebnis als unberechtigt herausstellt."

7. „Werkverträge und ähnliche Verträge"

So lautet die Überschrift, nachdem der Gesetzgeber den Architektenvertrag und den Ingenieurvertrag (sowie den Bauträgervertrag) in das BGB aufgenommen hat. Es geht bei diesen nicht um reine Werkverträge. Werkverträge konnten schon immer Elemente anderer Vertragstypen enthalten.

7.1 Grundzüge des Werkvertragsrechts

Da § 650 BGB Verträge über die *Lieferung* beweglicher Sachen dem Kaufvertrag in der Variante des Werklieferungsvertrags unterstellt, bleibt als Raum für den Werkvertrag *[Kap. 2.2, S. 11]*:

– eine unbewegliche Sache oder eine solche bewegliche Sache *herzustellen*, die nicht nur individualisiert ist (Werklieferungsvertrag), sondern das „Ergebnis einer individuellen Tätigkeit" ist (BGH);
– eine Sache des Kunden zu verändern, beispielsweise zu reparieren;
– herzstellen, was nicht eine Sache ist, beispielsweise ein Gutachten zu erstellen;
– ein Bauwerk zu schaffen oder zu ändern. In diesem Fall gelten die Vorschriften über den Bauvertrag ergänzend.

Wie in Kapitel 2.2 *[S. 11]* ausgeführt, stimmen viele Vorschriften von Kaufvertrag und Werkvertrag weitgehend überein. Um diese nicht zweimal zu beschreiben und um die Unterschiede zu verdeutlichen, habe ich diese Vorschriften in Kapitel 6 unter dem Kaufvertrag abgehandelt und verweise hier darauf.

Testinstallationen und Ähnliches kommen in Betracht, aber weniger als bei Kaufverträgen *[Kap. 6 am Anfang, S. 97]*.

Hauptpflichten des Auftragnehmers: Dieser ist verpflichtet, das Werk frei von Mängeln zu erstellen *[Kap. 7.1, S. 117]*. Ist es das nicht, braucht der Kunde es nicht abzunehmen. Allerdings bleibt er bei unwesentlichen Mängeln dazu verpflichtet *[Kap. 7.6 (2), S. 152]*.

Weiterhin ist der Auftragnehmer verpflichtet, soweit es wegen der Beschaffenheit des Werks möglich und noch nötig ist, dem Kunden auch den Besitz (= die tatsächliche Verfügungsmöglichkeit) und das Herrschaftsrecht an dem Werk zu verschaffen (beispielsweise das Eigentum an Sachen oder Nutzungsrechte an geistigen Leistungen) *[siehe auch Kap. 6.1.1 unter "Eigentumsübertragung", S. 97]*.[52]

Die Gefahr der zufälligen Substanzbeeinträchtigung *[Kap. 6.1.1 unter "Gefahrübergang", S. 98]* geht gemäß § 644 BGB erst mit der Abnahmeerklärung auf den Kunden über.

Für die Herstellung des Werks dürfen im Zweifel Unterauftragnehmer eingeschaltet werden.

Insbesondere Haftung für Mängel: Der Gesetzgeber hat das diese unklar geregelt. Er hat die Freiheit von Sach- und Rechtsmängeln in die Hauptleistungspflicht aufgenommen. Damit hat der Kunde, wenn nach der Zurverfügungstellung des Werks und vor der Abnahmeerklärung Mängel auftreten, einen Erfüllungsanspruch auf Mängelfreiheit *[Kap. 7.6 (2), S. 152]*. Er kann Beseitigung von Mängeln verlangen sowie die allgemeinen Ansprüche des Vertragsrechts zur Haftung geltend machen *[Kap. 11.1, S. 176]*. Der Erfüllungsanspruch wandelt sich mit der Abnahmeerklärung in einen fast identischen Haftungsanspruch auf Mängelbeseitigung um; dieser wird durch die allgemeinen Ansprüche des Vertragsrechts zur Haftung ergänzt. Der Gesetzgeber hat dazu wenige Besonderheiten aufgenommen (§§ 633 ff BGB).

Für die Praxis spielt es kaum eine Rolle, dass die Vorschriften für die Zeit vor und nach der Abnahme formal unterschiedlich geregelt werden, weil sie fast identisch sind. Ich handle deswegen die Mängelhaftung vor und nach der Abnahmeerklärung einheitlich ab.

Hauptpflicht des Kunden: Diese besteht in der Zahlung der vereinbarten Vergütung. Die Vergütung kann als Festpreis, ebenso nach Aufwand sowie kombiniert vereinbart werden. Wird zur Vergütung nichts ausdrücklich vereinbart, vermutet das Gesetz, dass die Zahlung einer Vergütung immer dann „stillschweigend" (hier = implizit) vereinbart ist, wenn die Herstellung des Werks den Umständen nach nur gegen eine Vergütung zu erwarten ist (§ 632 BGB) *[zu Tätigwerden vor Vertragsabschluss siehe Kap. 4.1.6, S. 68]*. Ist über deren Höhe nichts vereinbart, so gilt die übliche Höhe als vereinbart. Sie ist notfalls durch einen Sachverständigen zu ermitteln.

Zur Fälligkeit der Vergütung siehe Kapitel 7.4 (2) *[S. 147]*.

Das magische Dreieck drückt die Interdependenz von Leistung (Umfang und Eigenschaften), Termin und Kosten aus. Sie kann bei Werkverträgen sehr hoch sein.

---

52 Ein Eigentumsvorbehalt ist bei Bauverträgen nicht möglich, weil das Eigentum an verbauten Sachen sofort auf den Eigentümer des Grundstücks übergeht. Der Auftragnehmer wird auf andere Weise geschützt (Sicherungshypothek).

Ein Festpreis deckt alle Leistungen ab, die zur Erstellung des in der Aufgabenstellung beschriebenen Werks erforderlich sind *[Kap. 7.2.2, S. 125]*. Der Auftragnehmer übernimmt diejenigen Risiken, die man als das Ausführungsrisiko zusammenfassen kann.

7.2 Geschuldete Leistungen: Umfang und Eigenschaften

7.2.1 Umfang und Eigenschaften des Werks

Als Eigenschaften kommen nicht nur physische Eigenschaften in Betracht, sondern auch tatsächliche, wirtschaftliche und selbst rechtliche Beziehungen des Systems zur Umwelt.

§ 633 BGB umreißt, welche Eigenschaften der Auftragnehmer schuldet, um dann auf die Rechtsfolgen für den Fall einzugehen, dass Eigenschaften nicht erfüllt sind, also Mängel vorliegen.

§ 633 BGB unterscheidet – wie § 437 im Kaufrecht – drei Bereiche der Sollbeschaffenheit, also der geschuldeten Eigenschaften, nach deren Konkretheit *[Kap. 6.2, S. 100]*.

Produktbeschreibungen oder Werbeaussagen werden in § 633 BGB nicht aufgeführt (weil das Werk insgesamt noch nicht existiert), können aber für im Werk enthaltene Produkte die Sollbeschaffenheit mitbestimmen.

Für alle drei Bereiche gilt: Soweit die Vertragspartner nichts ausdrücklich vereinbart haben, hat der Auftragnehmer ein Werk in einem „mittleren Ausführungsstandard" zu liefern. Es gibt verschiedene Qualitätsniveaus[53], von denen jede einen mittleren Ausführungsstandard hat. Auf welches der Kunde Anspruch hat, ist aus der Aufgabenstellung im Vertrag abzuleiten. Das kann sich insbesondere aus der Art der Aufgabe selbst ergeben, im Übrigen aus der Ausdrucksweise im Vertrag. Das gilt auch bei Vergütung nach Aufwand, schafft bei einem Festpreis allerdings einen größeren Interessengegensatz.

Je größer die Aufgabenstellung abgefasst ist, desto größer ist die Zahl von vertragsgemäßen Konkretisierungen und später von Realisierungen des Werks innerhalb des geschuldeten Qualitätsniveaus. – Desto schwieriger kann es auch sein, das Qualitätsniveau zu bestimmen.

Die Auslegung des Vertragsdokuments für die ersten beiden Bereiche (ausdrückliche sowie implizite Beschaffenheitsvereinbarung) wird dadurch beeinflusst, wie die Vertragspartner die Durchführung des Vertrags vereinbart haben.

---

53 DIN EN ISO 9000:2015: Anspruchsklassen

Es kann sein, dass die Vertragspartner davon ausgehen, dass die Aufgabenstellung noch mehr oder weniger konkretisiert werden muss, und deswegen vereinbaren, das zu tun, d.h. eine Spezifikation zu erarbeiten. Diese soll dann der Maßstab für das geschuldete Werk werden *[Kap. 7.3.2, S. 127]*, gegebenenfalls in einer fortgeschriebenen Fassung der Spezifikation *[Kap. 7.3.2 (5), S. 137]*. Das Vertragsdokument gibt dann das Niveau an, in der die Aufgabenstellung spezifiziert werden soll.

Möglicherweise ist die Aufgabenstellung zwar noch konkretisierungsbedürftig, die Vertragspartner ignorieren das aber. Sie werden dann während der Vertragsdurchführung darauf kommen, dass sie eine Spezifikation schaffen müssen. Dann gilt dasselbe wie im vorhergehenden Absatz.

(1) Vereinbarte Sollbeschaffenheit gemäß Vertragsabschluss

Ansatzweise gehen Unklarheiten im Vertragsdokument zu Lasten von dem, der die Formulierung abgefasst hat *[zur Auslegung von Anforderungen siehe allgemein Kap. 3.3 (1), S. 49]*.

Der Kunde hat formuliert: Die Anforderungen sind objektiv vor dem Hintergrund seiner Situation auszulegen, soweit der Auftragnehmer diese aus dem Kontakt heraus erkennen kann.

> **Beispiel**
> Ein Programm zur Erstellung von Rechnungen darf mehr Zeit in Anspruch nehmen und komplizierter sein, wenn der Anwender täglich nur 10 Rechnungen in der Größenordnung von Euro 10.000 erstellt, als wenn er täglich 1000 Rechnungen in der Größenordnung von Euro 100 erstellt.

Es ist Aufgabe des Kunden, seine Anforderungen zu ermitteln sowie sich auf dem Markt zu informieren. Der Auftragnehmer darf also normalerweise von einem gewissen Verständnisniveau des Kunden ausgehen. – Je gröber der Kunde seine Anforderungen formuliert hat, desto eher darf der Auftragnehmer davon ausgehen, dass der Kunde nur abfragen will, ob diese realisiert sind, und das in einer gewöhnlichen Weise für einen solchen Anwender, als der der Kunde sich darstellt. Damit will er sich zufrieden geben und ist bereit, gegebenenfalls seine Organisation anzupassen oder Änderungen zu beauftragen. Das gilt verstärkt, wenn der Auftragnehmer einen Beratungsvertrag angeboten hat und der Kunde darauf nicht eingegangen ist.

> **Beispiel**
> Wenn es heißt, dass bestimmte Daten „rechtzeitig" zur Verfügung gestellt werden müssen, bedeutet das, dass sie entsprechend den zu erwartenden betrieblichen Anforderungen zeitgerecht zur Verfügung zu stellen sind, nicht zu den tatsächlichen, möglicherweise sehr spezifischen.

Die Aufgabenstellung kann in dem Sinne formal lückenhaft sein, dass der Kunde Selbstverständlichkeiten fortgelassen hat. Der Auftragnehmer schuldet deren Realisierung automatisch als gewöhnliche Verwendbarkeit *[Kap. 6.2, S. 100]*.

Der Kunde hat etwas Wichtiges nicht aufgeführt, auf was es in der Aufgabenstellung erkennbar ankommt: Der Auftragnehmer trägt das Risiko, wenn er nicht vor Vertragsabschluss eine Präzisierung fordert *[Kap. 4.5 unter "Pflicht des Auftragnehmers, eine schriftliche Aufgabenstellung ... zu überprüfen", S. 87]*.

> **Beispiel für unvollständige Anforderungen**
> Zu einer Kapazitätsanforderung fehlt die zeitliche Dimension: Gilt die Anforderung für den Normalbetrieb oder für den Spitzenbetrieb? Wenn letzteres: Wie lange kann dieser dauern?

Bei funktionalen Anforderungen kann sich aus deren Zusammenhang ergeben, dass eine nicht aufgeführte Funktion zwingend vorhanden sein muss, damit eine beschriebene genutzt werden kann. Der Kunde hat in diesem Fall Anspruch auf Füllung der Lücke.

Soweit der Kunde seine *nicht grundsätzlichen* Anforderungen nicht in das Vertragsdokument aufgenommen hat und das Werk dann nicht ausreicht, ist das sein Risiko. Allerdings kann Beratungsverschulden vorliegen *[Kap. 4.5, S. 85]*. Falsch ist, über unterlassene Beratung zu konstruieren, dass nicht besprochene, aber für diesen Kunden wichtige Anforderungen geschuldet werden würden.

Die Spezifikation liegt bereits vor: Der Auftragnehmer darf normalerweise von deren Richtigkeit ausgehen. Das gilt auch für technische Vorgaben. Da der Auftragnehmer im Rahmen der folgenden Arbeit die Vorgaben auf Vollständigkeit (innerhalb des erkennbaren Rahmens) und Konsistenz intensiv überprüfen wird, dürfte er am Anfang seiner Arbeit nicht zu einer *detaillierten* Vorweg-Überprüfung verpflichtet sein *[siehe auch Kap. 4.5 unter "Pflicht des Auftragnehmers, eine schriftliche Aufgabenstellung ...", S. 87]*.

Der Auftragnehmer darf die Spezifikation so verstehen, dass der Kunde diese professionell formuliert hat und damit deren Wortlaut mehr Gewicht hat als bei einer konkretisierungsbedürftigen Aufgabenstellung.

Der Auftragnehmer hat formuliert: Führt der Auftragnehmer den Leistungsumfang im Vertrag in Schlagworten auf, lässt das sehr viel Raum für die Interpretation, was diese Schlagworte gewöhnlich beinhalten. Dann kommt es vor allem darauf an, was sich in den vorvertraglichen Gesprächen an Konkretisierungen ergeben hat *[siehe (2)]*. Produkte, die der Auftragnehmer in das Werk einbezieht, müssen von mittlerer Art und Güte des insgesamt vereinbarten Qualitätsniveaus sein *[Kap. 6.2, S. 100]*.

Hat der Auftragnehmer eine Einsatzuntersuchung durchgeführt und daraufhin die Anforderungen des Kunden formuliert, darf der Kunde diese Darstellung von seinem Verständnis her auslegen. – Bietet der Auftragnehmer daraufhin Standardprodukte als Basis des Werks an, fragt sich, ob der Kunde davon ausgehen darf, dass die Produkte seine Anforderungen auch im Detail abdecken und damit nur unwesentliche unerwünschte Änderungen seiner Organisation erfordern. Die Antwort dürfte davon abhängen, wohin und wie tief der Untersuchungsauftrag gegangen ist:

- Wohin: Auf die Ermittlung von Anforderungen unabhängig von den Produkten des Auftragnehmers (frühes Untersuchungsstadium) *oder* bezogen auf dessen Produkte. Im zweiten Fall darf der Kunde eine weitergehende Abdeckung im Detail erwarten.
- Wie tief: Hier kommt es vor allem auf die Entgeltlichkeit der Ermittlung an. Bei einer unentgeltlichen Untersuchung darf der Kunde nur davon ausgehen, dass er die Produkte ohne wesentliche unerwünschte Änderungen in seiner Organisation einsetzen kann.

Ausdrücklich noch unvollständige Aufgabenstellung: Weitgehend unabhängig davon, wer die Aufgabenstellung formuliert hat, geht es darum, dass in ihr zu einer Anforderung darauf hingewiesen wird, dass diese noch unvollständig sei. Der Sache nach enthält das den Hinweis, dass diese Anforderung deutlich weniger als die übrige Aufgabenstellung konkretisiert ist.

> **Beispiel**
> „Die erforderlichen Daten müssen noch ermittelt werden."

Der Auftragnehmer darf nicht von einer normalen Situation ausgehen, sondern muss mit einer spezifischen rechnen, typischerweise mit einer unklaren, eventuell sogar komplexen, weil der Kunde sonst seine Anforderung wahrscheinlich besser formuliert hätte. Der Auftragnehmer nimmt das Risiko hin, wenn er sich bei einer solch riskanten „Definition" auf einen Festpreis einlässt.

(2) Mündliche Vereinbarungen

Haben die Vertragspartner über die Anforderungen verhandelt, ist unsicher, inwieweit deren Erfüllung geschuldet wird. Insbesondere mag der Kunde zwar viele Wünsche geäußert haben, viele aber zurückgezogen haben, wenn er erfahren hat, wie teuer deren Realisierung sein würde und/oder dass diese Anforderungen im Wesentlichen durch die angebotenen Standardprodukte abgedeckt werden könnten. Er kann auch erst einmal davon überzeugt gewesen sein, dass es für ihn günstiger sei, seine Organisation an die Standardprodukte anzupassen, will dann aber während der Vertragsdurchführung doch möglichst bei seiner bisherigen Organisation bleiben.

Soweit der Kunde seine Branche, seine Betriebsgröße und ähnliche für ihn *grundsätzliche* Anforderungen bekannt gibt, ist das Schweigen des Auftragnehmers als Bestätigung einzuordnen, dass dessen Standardprodukte bereits darauf ausgerichtet sind bzw. er das Werk darauf ausrichten wird.

Die Antwort des Auftragnehmers „Das geht!" / „Das ist machbar!" heißt, dass es einen sachgerechten Lösungsweg für die nachgefragte Funktion bereits gibt.

Nur besprochen oder auch vereinbart: Bei der Beweiswürdigung dafür, dass etwas nicht nur besprochen, sondern auch vereinbart worden ist, kommt es stark auf die Art der Gesprächsführung an. Solche Gespräche werden in unterschiedlicher Weise geführt, wobei sie auch gemischt ablaufen können:

- Der Kunde sieht sich die Standardprodukte an und stellt Fragen. Der Auftragnehmer mag Rückfragen stellen. Aber am Ende weiß er wenig über die Situation des Kunden. Der Kunde nimmt die Kompetenz für sich in Anspruch, sachgerecht fragen zu können. Tendenziell hat der Auftragnehmer nur erklärt, was seine Standardprodukte können.

- Der Auftragnehmer stellt seine Standardprodukte vor und stellt Fragen zu den Anforderungen des Kunden. Dadurch begründet er ein Beratungsverhältnis und ist damit verpflichtet, sachgerecht zu fragen *[Kap. 4.5 unter „Vorvertragliche Beratungspflichten", S. 86]*. Zu vielen Punkten wird der Auftragnehmer erklären, dass seine Standardprodukte die Anforderungen abdecken. Die Beweislast bleibt beim Kunden, wenn dieser sich später auf Zusagen und nicht nur auf Beratungsverschulden (mit einem meist weniger weitgehenden Anspruch) beruft. – Bejaht der Kunde eine Frage nach einer Anforderung und schweigt der Auftragnehmer daraufhin, dürfte Schweigen eher als sonst eine Zusage beinhalten.

Beispiel für Zusage
Auftragnehmer: „Brauchen Sie diese Funktion?" Kunde: „Ja". Auftragnehmer: „Wie häufig kommt das vor?" Kunde: „Häufig". – Es kann dahingestellt bleiben, ob sich die Zusage aus Schweigen oder implizit ergibt, weil die nächste Frage sich bereits auf ein Detail bezieht und damit die Zusage enthält.

Wenn der Kunde nach der Existenz einer Funktion fragt und sich mit der Bejahung seiner Frage zufrieden gibt, hat er nur Anspruch auf eine Realisierung der Funktion in deren gewöhnlicher Verwendbarkeit.

Vereinbart ja, aber was: Haben die Vertragspartner vor Vertragsabschluss (einzelne) Anforderungen ziemlich genau besprochen und hat der Auftragnehmer diese deswegen nur schlagwortartig aufgeführt (und damit als vereinbart bestätigt), können sich die Vertragspartner später über die Ergebnisse dieser Gespräche streiten. Das geht zu Lasten des Auftragnehmers. Denn er ist seiner Aufgabe nicht gerecht geworden, die Ergebnisse schriftlich detailliert niederzulegen *[Kap. 4.5, S. 85]*. Der Kunde kann auf der Erfüllung der damals mündlich festgelegten Details bestehen; dabei braucht er nur zu beweisen, dass die Anforderung ziemlich genau besprochen worden ist. Der Auftragnehmer trägt die Beweislast, wenn er bezweifelt, dass der Kunde die Festlegungen jetzt wie besprochen wiederholt.

Schriftform nicht eingehalten: Mündliche Konkretisierungen der Verwendbarkeit und mündliche Nebenabreden können trotz vereinbarter Schriftform verbindlich sein *[Kap. 4.1.5 (3), S. 66]*.

(3) Gewöhnliche Verwendbarkeit

Soweit die Vertragspartner die ersten beiden Bereiche (ausdrückliche und implizite Beschaffenheitsvereinbarungen) nicht oder nur vage festgelegt haben, kommt es im dritten Bereich auf die gewöhnliche Verwendbarkeit an.

Es geht insbesondere darum,
- ob nicht aufgeführte Funktionen als erforderlich geschuldet werden;
- welche Art der Realisierung einem solchen Typ von Kunden nach Branche, Organisationsgröße und nach der organisatorischen Ausrichtung gerecht wird;
- was dazu gehört, dass die Funktionen vollständig realisiert sind. Das geht in die benutzerbezogene Qualität über.

> **Beispiel für organisatorische Ausrichtung**
>
> Ein Versandhandelsunternehmen, bei dem 50 von 200 Mitarbeitern in der Finanzbuchhaltung beschäftigt sind, hat hinsichtlich Leistungsverhalten und Ergonomie höhere Anforderungen an ein Buchhaltungsprogramm als ein mit 20 Mitarbeitern in der Buchhaltung und 500 Mitarbeitern insgesamt und erst recht als ein Produktionsbetrieb mit 10 Mitarbeitern in der Buchhaltung und 500 Mitarbeitern insgesamt.

Stand der Technik: Er wird automatisch geschuldet. Die Rechtsprechung tendiert dazu, die Stabilität und die Ausgereiftheit von Produkten mit zu bewerten, sodass der Grad der technischen Neuheit nicht so im Vordergrund steht.

Funktionsumfang: Die Forderung nach wirtschaftlich sinnvollem Einsatz beinhaltet insbesondere, dass solche Schritte automatisiert werden, die Routineaufgaben beinhalten.

Das Werk muss „rund laufen". Jede dafür erforderliche Funktion muss vorhanden sein und ihrerseits „rund laufen".

Ordnungsmäßigkeit: Rechtsvorschriften können sich auf die Konstruktionsweise (Sicherheit) und/oder auf die Funktionalität beziehen.

Dass Produkte Rechtsvorschriften befolgen, die ihre Funktionalität beeinflussen, gehört zu ihrer bestimmungsgemäßen und damit zu ihrer gewöhnlichen Verwendbarkeit.

Weiterhin stellt sich die Frage, ob Produkte Funktionen haben müssen, die den Kunden unterstützen, Rechtsvorschriften zu erfüllen. Die Antwort dürfte im Wesentlichen auf der Grundlage zu finden sein, ob der Rationalisierungszweck das gebietet.

Dieselbe Antwort gilt für Anforderungen, die ähnlich zwingend wie Rechtsvorschriften sind.

Verträglichkeit (Kompatibilität): Die Einheiten eines Werks müssen miteinander und mit der Einsatzumgebung kompatibel sein.

Gewöhnliche benutzerbezogene Qualität/Ergonomie: Beispielhaft sei DIN EN ISO 9241 „Ergonomische Anforderungen für Bürotätigkeiten mit Bildschirmgeräten" angeführt, insbesondere Teil 10: Grundsätze der Dialoggestaltung. Diese Norm ist sachliche Grundlage für die Verordnung über Sicherheit und Gesundheitsschutz bei der Arbeit an Bildschirmgeräten (Bildschirmarbeitsverordnung). Der Auftragnehmer darf im Normalfall davon ausgehen, dass der Kunde geeignete Mitarbeiter einsetzt.

Leistungsverhalten: Das Leistungsverhalten des Werks muss für die betriebliche Situation eines solchen Anwenders, als der sich der Kunde gezeigt hat, beispielsweise hinsichtlich der Größe seines Betriebs, ordentlich sein. Das gilt auch für seine Anforderungen zu betrieblichen Hochzeiten und sogar zu Spitzenzeiten (von denen der Auftragnehmer ausgehen muss).

Der Kunde darf eine gewisse Reserve an Leistungsfähigkeit und eine gewisse Ausbaubarkeit des Systems erwarten, um seine – typischerweise steigenden – Anforderungen abdecken zu können.

Es gibt Einschränkungen, die technisch vorgegeben sind. Wenn sie Folge einer einfach gehaltenen technischen Lösung sind, sind sie nur dann vertragsgemäß, wenn sie für den Kunden zumutbar sind.

Sicherheit: Hingewiesen sei auf das Produktsicherheitsgesetz (ProdSG) mit Vorschriften zu den Sicherheitsanforderungen von technischen Arbeitsmitteln und Verbraucherprodukten.

Zuverlässigkeit: Es geht darum, wie verlässlich eine Funktion in einem Zeitintervall erfüllt wird. Kein technisches Produkt ist frei von der Möglichkeit auszufallen. Ein Ausfall wird rechtlich jeweils als Mangel behandelt. Eine angemessene Zuverlässigkeitsrate wird automatisch geschuldet. – Kluge Vertragspartner regeln die Zuverlässigkeit bei Bedarf.

Der Kunde muss besonders viel hinnehmen, wenn er vereinbarungsgemäß der Erste oder einer der Ersten ist, der ein Produkt einsetzt und dann mit dessen Unausgereiftheit konfrontiert wird.

Der Auftragnehmer haftet auch dafür, dass Verschleißteile und Verbrauchsteile ordnungsgemäß sind, d.h. dass sie einen gewöhnlichen Nutzungsvorrat haben.

7.2.2 Umfang der Leistungen insgesamt

Es geht um zwei Fragen:
- Inwieweit hat der Auftragnehmer Leistungen auf dem Weg der Erstellung des Werks zu erbringen, die im Vertrag nicht genannt sind, beispielsweise Unterstützungsleistungen.
- Inwieweit sind geschuldete Leistungen vergütungspflichtig, insbesondere durch einen Festpreis abgedeckt, wenn der Auftragnehmer ein schlüsselfertiges Werk schaffen soll.

Das Thema stellt sich seit Jahrzehnten bei Bauvorhaben immer wieder und ist deswegen in § 4 VOB/B – allgemeingültig – geregelt und in DIN-Normen detailliert:
- Nebenleistungen sind auch ohne Erwähnung im Vertrag geschuldet. Sie sind durch einen Festpreis abgegolten, soweit nichts Anderes im Vertrag vereinbart ist, wie etwa deren Vergütung nach Aufwand.
- Besondere Leistungen sind nur dann geschuldet, wenn sie im Vertrag besonders erwähnt sind. Auch sie sind durch einen Festpreis abgegolten, soweit nichts Anderes im Vertrag vereinbart ist.

Zu den Nebenleistungen gehören Dienstleistungen, die für die Schaffung des Werks erforderlich und vom Fachwissen her Sache des Auftragnehmers sind. Das kann ansatzweise mit der gewöhnlichen Verwendbarkeit des Werks gleichgesetzt werden, die der Auftragnehmer automatisch schuldet: Gewöhnlicherweise zu erbringende Dienstleistungen sind im gewöhnlichen Umfang geschuldet und abgegolten.

Die nächste Frage geht dahin, in welchem Umfang der Auftragnehmer im Vertrag nicht benannte bzw. im Vertrag benannte, aber nicht detaillierte Dienstleistungen unter einem Festpreis zu erbringen hat. Das Problem ist, dass der Umfang, den diese Dienstleistungen haben können, sehr variabel ist und dass die Aufgaben teilweise vom Kunden selbst erledigt werden können.

> **Beispiele**
> **Übernahme der Altdaten bei der Einführung von Standardsoftware**
> Schulung der Benutzer nach dem Konzept Train-the-Trainer oder insgesamt durch den Auftragnehmer

„Erforderlich" ist also relativ offen hinsichtlich des Umfangs *und* der Zuständigkeit.

Es kann – auch bei einem Festpreis – hinzukommen, dass die Vertragspartner erst einmal offen lassen, wie diese oder jene Aufgabe später angegangen werden soll. Das spricht dafür, dass der Kunde eine gesonderte Vergütung zahlen muss, wenn der Auftragnehmer die Aufgabe später übernimmt. Allerdings trägt der Auftragnehmer die Beweislast dafür, dass Realisierungsweise und nicht nur die Klärung von Details offen gelassen worden ist.

Ansatzweise gilt der Grundsatz: Was nur einmal gemacht werden muss (oder nur nach langer Zeit wiederholt zu werden braucht), soll der Kunde gar nicht erst lernen müssen und soll folglich der Auftragnehmer machen. Das sagt aber nur wenig darüber aus, auf welche Weise und damit in welchem Umfang er das bei einem Festpreis tun soll.

Einzelheiten sind in Kapitel 7.3.1 (1) *[S. 119]* dargestellt.

7.3 Vertragsdurchführung

7.3.1 Die Aufgaben

Die Aufbau- und die Ablauforganisation werden weitgehend durch die anzuwendenden Richtlinien zu Entwicklung/Inbetriebnahme, Dokumentation und Qualitätssicherung bestimmt *[siehe im Folgenden]*.

Der Kunde bleibt Träger seines Gesamtprojekts und damit weitgehend für die übergreifenden Sach- und Managementaufgaben zuständig, insbesondere im Bereich Veränderungen. Entsprechend seinen Kenntnissen, insbesondere denen über zu liefernde Standardprodukte, muss der Auftragnehmer ihn bei der Planung unterstützen und bei dessen Sachaufgaben lenken und kontrollieren.

Je mehr der Auftragnehmer Projektarbeit innerhalb des Projekts des Kunden leisten soll, desto mehr wird er in das Projektmanagement einbezogen. Desto mehr muss der Auftragnehmer den Kunden beim Aufstellen des gesamten Zeit- und Arbeitsplans unterstützen. Er muss stets einen Zeit- und Arbeitsplan für seine Aufgaben und für die Mitwirkung des Kunden aufstellen und absprechen.

Offen ist, ob der Zeit- und Arbeitsplan bei Vergütung nach Aufwand auch den – unverbindlich – zu schätzenden Aufwand beinhalten muss. Ist das vereinbart, insbesondere wenn ein Kostenanschlag Vertragsbestandteil ist, muss der Auftragnehmer die Aufwandsschätzung fortschreiben.

Beim Konkretisieren seiner Anforderungen muss der Kunde organisatorische Entscheidungen treffen. Der Auftragnehmer hat den Kunden dazu sachgerecht anzuhalten, indem er diesem erläutert, welche Möglichkeiten das Werk bieten wird (Basis Standardprodukte) oder bieten kann (Basis Entwicklung).

Der Kunde kann weiterhin Aufgaben im Bereich des Auftragnehmers haben (= muss mitwirken), damit dieser seine Leistungen erbringen kann *[siehe Kap. 7.3.4, S. 143]*.

Richtlinien zu Entwicklung/Inbetriebnahme, Dokumentation und Qualitätssicherung: Wenn beide Vertragspartner Richtlinien haben, aber nicht vereinbart haben, welche gelten sollen, kommt es vor allem auf die folgenden Umstände an:

- Je stärker der Kunde mit der Wartung des Werks befasst sein wird, desto wichtiger ist es, dass seine Richtlinien verwendet werden. Umso eher hat er also Anspruch auf deren Einhaltung.
- Dass nichts vereinbart wird, spricht dafür, dass der Auftragnehmer diejenigen Richtlinien einhalten soll, die für die Arbeitsumgebung bei der Werkerstellung gelten. Denn diese Umgebung ist auf diese Richtlinien – zumindest ansatzweise – abgestimmt.

Konfigurationsmanagement: Die Qualitätssicherung verlangt ein sehr weitgehendes Konfigurationsmanagement nach DIN EN ISO 10007. Wenn im Vertrag nichts vereinbart ist, dürfte der Auftragnehmer nicht zu einem solch umfangreichen Konfigurationsmanagement verpflichtet sein.

7.3.2 Die Konkretisierung der Aufgabenstellung

Konstellationen in der Praxis: Wie verläuft der Konkretisierungsprozess in der Spezifikationsphase? Welche Einflussmöglichkeiten hat der Kunde? Je gröber die Aufgabenstellung abgefasst ist, desto größer ist die Zahl möglicher vertragskonformer Realisierungen. Der Kunde möchte nicht nur eine vertragskonforme Realisierung erhalten, sondern eine, die seinen spezifischen Anforderungen möglichst nahekommt. Möglicherweise entwickelt er diese endgültig erst im Laufe der Spezifikationsphase oder sogar noch später.

Wie die Konkretisierung der Aufgabenstellung – wenn erforderlich – in Verträgen bei einem Festpreis typischerweise geregelt wird, lässt sich wie folgt charakterisieren und ist in der Abbildung Programmerstellungsvertrag" beispielhaft formuliert:

- *Gemeinsame Konkretisierung:* Die Vertragspartner wollen die Aufgabenstellung ausdrücklich noch gemeinsam konkretisieren *[Kap. 7.3.2 (1), S. 129]*. Der Kunde geht davon aus, dass die Aufgabenstellung noch nicht umsetzungsreif beschrieben ist.

- *Erkennbar offene Aufgabenstellung:* Aus dem Detaillierungsgrad der Aufgabenstellung ergibt sich, dass sie noch mehr oder weniger konkretisiert werden muss. Die Vertragspartner vereinbaren, dass der Auftragnehmer eine Konkretisierung der Aufgabenstellung als Spezifikation vorlegen und der Kunde diese freigeben soll *[Kap. 7.3.2 (2), S. 131]*.

Programmerstellungsvertrag

Auszug:

1.1 – 1.6 ... (einzelne Funktionen der Programme)

1.7 Die erforderlichen/Diverse/Geeignete Statistiken sind zu programmieren.
2. Die Vergütung ist ein Festpreis in Höhe von _____ Euro.

Weiter je nach Konstellation:

– Gemeinsame Konkretisierung

Der Auftragnehmer wird in enger Zusammenarbeit mit dem Kunden eine Spezifikation erarbeiten, ausformulieren und dem Kunden zur Freigabe vorlegen.

Die freigegebene Spezifikation ersetzt die bisherige Aufgabenstellung.

– Erkennbar offene Aufgabenstellung

Der Auftragnehmer wird in Abstimmung des Kunden eine Spezifikation erarbeiten und durch den Kunden freigeben lassen.

Die freigegebene Spezifikation ersetzt die bisherige Aufgabenstellung.

– Angeblich definierte Aufgabenstellung

---------- (die Vertragspartner treffen keine weitere Vereinbarung.)

- *Angeblich definierte Aufgabenstellung:* Aus dem Detaillierungsgrad der Aufgabenstellung ergibt sich wie zuvor, dass sie noch mehr oder weniger konkretisiert werden muss. Die Vertragspartner vereinbaren aber nichts zur Konkretisierung. Tendenziell denkt der Kunde, dass er bei der Konkretisierung durch den Auftragnehmer noch erheblich mitbestimmen könne. Rechtlich besteht allerdings kein Unterschied zur vorhergehenden Konstellation *[Kap. 7.3.2 (2), S. 131]*. Der Unterschied liegt auf der Ebene des Projektmanagements, wie die Vertragspartner sich die Durchführung vorstellen: Ob der Kunde akzeptiert, dass der Auftragnehmer nicht nur die Zuständigkeit, sondern auch die Verantwortung und damit das Sagen hat, dass andererseits er die Spezifikation freigeben muss und dass diese die ursprüngliche Aufgabenstellung ersetzt.

Einfluss der Preisform

Ein Festpreis kann möglicherweise mangels Detaillierungsgrad der Aufgabenstellung noch nicht sachgerecht kalkuliert werden, aber trotzdem vom Kunden von vornherein verlangt und vereinbart worden sein. Der Kunde möchte viel Einfluss auf das Ergebnis nehmen. Das erhöht den Aufwand des Auftragnehmers. Damit sind Spannungen vorprogrammiert.

Bei Vergütung nach Aufwand gelten dieselben Grundsätze des Projektmanagements: Ebenso sind Phasen zu bilden und ist die Aufgabenstellung endgültig zu konkretisieren, in einer Spezifikation zu dokumentieren und vom Kunden freizugeben. Der Unterschied liegt darin, dass der Kunde bei einem Festpreis die Konkretisierung teilweise nur über Änderungsverlangen beeinflussen kann *[Kap. 7.3.3, S. 139]*. Bei Vergütung nach Aufwand braucht er hingegen nicht mit dem Auftragnehmer zu diskutieren, ob eine neue oder geänderte Anforderung zusätzlichen Aufwand verursacht oder nicht. Denn er bezahlt diesen sowieso. Entsprechendes gilt für den Zeitbedarf. Nur die betriebliche Leistungsfähigkeit des Auftragnehmers und dessen Verantwortung für ein taugliches Ergebnis bilden die Grenze für Änderungsverlangen *[Kap. 7.3.3 (1), S. 140]*.

Vergütung nach Aufwand heißt nicht, dass beliebig viel Geld für die Erstellung des Werks zur Verfügung steht *[siehe IT-PM, Kap. 2.1.2.2 unter „Vergütung nach Aufwand ist kein Ruhekissen"]*. Die Mitarbeiter des Kunden brauchen, wenn sie den Auftragnehmer über ihre Situation (Istzustand, Wünsche) informieren, nicht an den Realisierungsaufwand zu denken *[Kap. 7.3.2 (2), S. 131]*. Der Auftragnehmer sollte sie aber klugerweise darauf hinweisen, um effizient arbeiten zu können. Er ist verpflichtet, gegenüber dem Projektleiter des Kunden auf den Realisierungsaufwand hinzuweisen, wenn von einem Mitarbeiter des Kunden hohe Anforderungen gestellt werden.

(1) Gemeinsame Konkretisierung der Aufgabenstellung

Die Vertragspartner können vereinbaren, die Konkretisierung gemeinsam vorzunehmen. Die rechtliche Analyse muss dem gerecht werden, dass es hier nicht nur um die Detaillierung innerhalb von dem geht, was bereits im Vertrag festgelegt ist, sondern eher um dessen Konkretisierung, nämlich dass erhebliche Gestaltungsräume bestehen, die die Vertragspartner gemeinsam füllen wollen.[54]

Die Vertragspartner beschließen also, erst einmal zu diesem Zweck zusammenzuarbeiten. Wäre der Vertrag nur für die Dauer der Spezifikationsphase geschlossen worden, wäre er wahrscheinlich ein Dienstvertrag. Der Vertrag lässt sich schlecht als Vorvertrag einordnen, weil zur Erfüllung des Werkvertrags schon erheblich gearbeitet und dafür gezahlt werden soll. Es liegt ein Werkvertrag mit einer dienstvertraglichen Anfangsphase vor.

Die Vertragspartner sind sich zunächst nur über das Ansteuern dieses Zwischenziels einig. Sie müssen sich zusammenraufen. Insofern nehmen sie von vornherein die Möglichkeit in Kauf, dass sie sich nicht einigen werden. Dass diese Analyse richtig ist, zeigt die in der Praxis häufig verwendete Formulierung: „Die Spezifikation wird gemeinsam erarbeitet und wird dann Vertrags*bestandteil*." Einigen sich die Vertragspartner nicht, entfällt also der Vertrag mit Wirkung für die Zukunft. Dieser Zeitpunkt kann bei enger Zusammenarbeit jederzeit eintreten, nicht erst, wenn der Kunde die Spezifikation freigeben soll.

Das Zusammenraufen hängt stark von der vereinbarten Form der Vergütung ab. Haben die Vertragspartner schon einen Festpreis für das Werk insgesamt vereinbart – unpassender Weise, weil das Werk noch nicht festliegt –, sind die Interessengegensätze groß. Bei Vergütung nach Aufwand dürfte der Auftragnehmer nur wegen technischer Probleme zum Abbruch des Projekts berechtigt sein.

Die Vertragspartner sind verpflichtet, sich um eine Einigung zu bemühen. Die Einhaltung dieser Verpflichtung lässt sich nicht exakt beurteilen. Maßstab dürfte entsprechend § 162 BGB sein, dass ein Vertragspartner den Vertrag verletzt, wenn er die Einigung gegen Treu und Glauben verhindert, d.h. wenn der Kunde zu viel verlangt bzw. der Auftragnehmer zu wenig an Realisierung liefern will. Dementsprechend können die Vertragspartner streiten, was eine vertragsgerechte Konkretisierung ist. Wenn die Vertragspartner während der Konkretisierung auseinandergehen, ohne dass der Auftragnehmer sich treuwidrig verhalten hat, steht diesem m.E. ein dem geleisteten Teil der Arbeit entsprechender Anteil an der Vergütung zu.

Für die anschließende Realisierung ist die Spezifikation die verbindliche Vorgabe. Aus der Zielsetzung der Zusammenarbeit ergibt sich, dass die Spezifikation schriftlich zu erstellen ist. Dabei schuldet der Auftragnehmer dieses Dokument nicht als Ergebnis, sondern übernimmt nur die Funktion des Formulierungs- und Schreibdienstes für das gemeinsam erarbeitete Ergebnis *[vgl. Kap. 7.10 (1), S. 162]*. Der Auftragnehmer trägt die technische Verantwortung dafür, dass die Spezifikation in ein funktionierendes Werk umgesetzt werden kann, schuldet das also als Endergebnis.

---

[54] Da die Vertragspartner gemeinsam arbeiten, kann § 315 oder § 316 BGB (= der Auftragnehmer kann seine Leistung nach Treu und Glauben bestimmen) auch nicht analog angewendet werden.

(2) Konkretisierung in Abstimmung mit dem Kunden

Der Auftragnehmer soll die Aufgabenstellung in Abstimmung mit dem Kunden in einer Spezifikation konkretisieren, der Kunde soll dieses freigeben. Ob die Vertragspartner das ausdrücklich regeln oder nicht (dritte Konstellation), ist rechtlich unerheblich, weil die beiden Schritte auch ohne Vereinbarung durchzuführen sind.

Es treten die vorgenannten Probleme bei der Konkretisierung der Aufgabenstellung auf, bei einem Festpreis möglicherweise massiv, bei Vergütung nach Aufwand möglicherweise relativ wenig, weil der Kunde über Änderungsverlangen seine Wünsche weitgehend durchsetzen kann.

Maßstab für die Konkretisierung: Das Werk soll die spezifischen Anforderungen des Kunden – bei einem Festpreis in einem mittleren Ausführungsstandard – abdecken. Also soll der Auftragnehmer die spezifische Situation des Kunden ermitteln, damit er sie später im Werk abbilden kann. Das kann er nur im engen Kontakt mit dem Kunden tun. Es bleibt aber ein erheblicher Spielraum hinsichtlich des Automatisierungsgrades, der zusätzlichen Anforderungen und der Benutzerfreundlichkeit.

Zuständigkeit für die Konkretisierung: Es ist Sache des Auftragnehmers, die Spezifikation auf der Grundlage der Aufgabenstellung im Vertrag zu gestalten. Er ist also für die die Konkretisierung zuständig. Dabei muss er die vorstehenden Maßstäbe beachten und sich mit dem Kunden abstimmen.

> **Beispiel für Kontrolle der Ist-Analyse**
> In der Aufgabenstellung heißt es: „Zulässiger Ausschuss: 5 Stück." Bezogen auf welche Losgröße: die Gutmenge oder die Gutmenge plus dem Ausschuss? Er darf nicht selbst gemäß dem entscheiden, was üblich ist.

Der Kunde hat die Aufgabe, Informationen zu liefern, und zwar möglichst richtige und verbindliche *[Kap. 7.3.4, S. 143]*. Das heißt nicht, dass er bestimmen darf, was der Auftragnehmer zu tun hat. Der Gestaltungsspielraum des Auftragnehmers *kann* allerdings aufgrund von Sachzwängen nahezu entfallen.

> **Beispiel für Gebundenheit**
> Bei der Erstellung von Software hat der Auftragnehmer die Vorgaben zu befolgen, wie rechnungsspezifische Rabatte zu ermitteln sind.

In diesen Fällen kann der Auftragnehmer sich bei einem Festpreis nur noch darauf beziehen, dass der Kunde mehr als einen mittleren Ausführungsstandard verlangen würde.

> **Beispiel**
> Fortsetzung des Beispiels: Der Auftragnehmer durfte mit üblichen 4, maximal 5 Rabattformen rechnen. Der Kunde hatte im konkreten Fall aber acht.

Durchführung und Dokumentation der Konkretisierung: Die Konkretisierung ist entsprechend dem Stand der Technik im Normalfall in einer Phase für die gesamte Aufgabenstellung durchzuführen *[zur Genauigkeit der Spezifikation siehe (3), S. 132]*. Bei großem Umfang der Aufgabenstellung kann es sachgerecht sein, erst einmal nur eine mittelfeine Spezifikation insgesamt zu erstellen und diese dann jeweils vor der Realisierung der einzelnen Funktionsbereiche endgültig zu konkretisieren.

Der Auftragnehmer hat die Spezifikation schriftlich abzufassen. Tut er das nicht, kann der Kunde auf der Vorlage eines Dokuments bestehen und die weitere Mitwirkung oder Zahlungen ablehnen. – Weil die Spezifikation als Maßstab für die Vertragsgemäßheit des Werks so wichtig ist, kann der Kunde sie auch später noch fordern, auch wenn er eine Zeit lang mitbekommen hat, dass der Auftragnehmer bereits am Realisieren ist. Der Kunde verzichtet spätestens dann auf die schriftliche Spezifikation, wenn er erklärt, was aus seiner Sicht am gelieferten Werk oder Teil des Werks noch zu ändern und zu ergänzen sei.

Behandlung von Anforderungen mit Mehraufwand bei einem Festpreis: Der Kunde kann – insbesondere durch seine Mitarbeiter, die Informationen geben sollen – unbewusst oder bewusst Wünsche äußern, die zu Mehraufwand führen *[zur Verbindlichkeit von Informationen insgesamt siehe Kapitel 7.3.4 unter „Verbindlichkeit von Informationen", S. 144, zur vertraglichen Abwicklung von Mehraufwand siehe Kap. 7.3.3, S. 139]*.

Das kann nur dann als Auftrag angesehen werden, wenn sich der entsprechende Wille eindeutig aus dem Zusammenhang ergibt. Mitarbeiter, die im Rahmen von Besprechung mit dem Auftragnehmer Anforderungen aus ihrer Sicht schildern, brauchen sich des Auftragsumfangs nicht bewusst zu sein (sie sollen Informationen und aus ihrer Sicht Anforderungen beschreiben).

Beim Konkretisieren kann sich herausstellen, dass dieses selbst und dann die Lösung aufwendiger als geplant werden. Wenn der Auftragnehmer dann ein entsprechendes Angebot macht, der Kunde aber auf die teurere Ausgestaltung verzichtet, müssen Teile der Spezifikation wahrscheinlich überarbeitet werden. Normalerweise trägt der Auftragnehmer diesen Aufwand: Der Kunde ist zwar Auslöser für den Mehraufwand. Der Auftragnehmer ist aber für die Konkretisierung zuständig und muss sie sachgerecht lenken. Die Mitarbeiter des Kunden sollen nicht Aufträge erteilen. Andersherum liegt es, wenn der Kunde über seinen Projektleiter Anforderungen vorgegeben hat.

(3) **Anforderungen an die Spezifikation**

Konkretisierungsgrad: Die Spezifikation soll als Vorlage für die Realisierung des Werks dienen. Die Spezifikation soll in die Richtung zielen, dass der Auftragnehmer sie mit einzelnen Rückfragen umsetzen kann. Bei einer auch nur etwas umfangreichen Aufgabenstellung lässt sich das Ziel kaum erreichen. Das heißt, dass auch die Spezifikation tendenziell eine im Detail noch nicht ausreichende Lösung beschreibt, nämlich noch nicht eine im mittleren Ausführungsstandard. Auch bei einem Festpreis kann der Kunde also nach der Freigabe der Spezifikation noch etwas mehr verlangen *[Kap. 7.3.2 (5.1), S. 137]*.

Darstellung: Die Spezifikation muss so abgefasst sein, dass sie den Kunden befähigt, sie zu verstehen und hinsichtlich der Auswirkungen des Werks auf seine Zielerreichung und auf seine Organisation zu beurteilen. Wenn die Spezifikation die künftige Lösung der Benutzerschaft vorstellen soll, muss sie für diese verständlich sein. Das bedeutet, dass sie näher an der Benutzerdokumentation sein soll als am technischen Entwurf.

Werkzeuge, die die Realisierungsphase unterstützen/erleichtern sollen, können die Verständlichkeit des Dokuments behindern. Der Auftragnehmer darf solche Werkzeuge bei der Erstellung der Spezifikation nur einsetzen, wenn das vereinbart worden ist oder wenn diese die Verständlichkeit nur unwesentlich beeinträchtigen. Im Falle einer Vereinbarung kann der Kunde nur noch einen Grad an Verständlichkeit verlangen, wie das Werkzeug ihn ermöglicht.

Der Abgleich mit der Aufgabenstellung gemäß Vertrag wird erleichtert, wenn die Spezifikation wie jene gegliedert wird. Die Spezifikation soll aber eher die Struktur darstellen, in der das Werk realisiert werden soll. Der Kunde hat also keinen Anspruch auf eine identische Gliederung.

Pflicht, auf Abweichungen von der ursprünglichen Aufgabenstellung hinzuweisen: Bei gemeinsamer Konkretisierung *[siehe (1), S. 129]* ist dem Kunden das Ergebnis auf Grund seiner intensiven Mitarbeit klar; zumindest ist rechtlich davon auszugehen. Ein Anspruch auf Information besteht grundsätzlich nicht.

Bei Konkretisierung durch den Auftragnehmer *[siehe (2), S. 131]* ist zu bedenken, dass der Kunde die Spezifikation gründlich durcharbeiten soll. Abweichungen sollten ihm eigentlich auffallen. Andererseits ist der Abgleich mühselig. Ein Anspruch auf Information dürfte desto eher zu bejahen sein, je schwerer der Kunde Abweichungen erkennen kann. Auf die Tatsache, dass Abweichungen mit seinen Mitarbeitern besprochen worden sind und also bekannt sein sollten, kann nur mit Vorsicht abgestellt werden; es sei denn, dass sie in Protokollen ausdrücklich aufgeführt worden sind. Denn die einzelnen eingeschalteten Mitarbeiter brauchen nicht für die Überprüfung zuständig zu sein. – Es ist für den Auftragnehmer eine Sache der Klugheit, auf wichtige Abweichungen hinzuweisen.

(4) Die Freigabe der Spezifikation

Bei der Freigabe (= Genehmigung) der Spezifikation bzw. von deren Teilen geht es weniger um etwas wie eine Abnahmeerklärung (= „Die Aufgabenstellung ist korrekt umgesetzt worden." / „Das haben wir geprüft, das ist im Verhältnis zur Vorgabe fehlerfrei."), sondern mehr um die Erklärung des Kunden: „So will ich es haben. So soll es gemacht werden." Wegen dieser Zielsetzung wird hier von der Freigabe der Spezifikation gesprochen.[55]

Der Kunde könnte auch – zu seinem Nachteil – ausdrücklich die Abnahme als definitiven Abschluss erklären. Dann hätte er kaum noch Anspruch auf Feinanpassung der Spezifikation innerhalb eines Festpreises *[siehe (5.1), S. 137]*.

(4.1) Pflicht zur Freigabe der Spezifikation

Zum vertragsgemäßen Projektmanagement gehört nicht nur der formale Abschluss einer jeden Phase (unbeschadet der Rückkehr zu ihr im Falle von Änderungen der Anforderungen), sondern gehören auch die Überprüfung und die Freigabe von deren Ergebnissen durch den Kunden. Der Prozess des Konkretisierens soll zu einem – zumindest vorläufigen – Abschluss, zu einer Zwischen-Besiegelung kommen.

Auch bei einer Lösung, die der Aufgabenstellung gerecht wird, kann der Kunde die Freigabe ablehnen, wenn der Auftragnehmer die Konkretisierung nicht angemessen mit ihm abgestimmt hat. Also trägt der Auftragnehmer die Beweislast dafür, dass er die Spezifikation pflichtgemäß abgestimmt hat.

(4.2) Wirkung der Freigabe

Inwieweit ersetzt die Spezifikation die Aufgabenstellung laut Vertrag: Hier sind drei Fälle zu unterscheiden:

Die im Vertrag formulierte Aufgabenstellung soll in der Spezifikation fortgeschrieben werden: Dann wird diese die neue verbindliche Aufgabenstellung:

- Die gegenwärtige Situation des Kunden bzw. die von ihm gewünschte zukünftige sowie seine Anforderungen sind im Hinblick auf das zu erstellende Werk umfassend und richtig dargestellt.
- Die gewählte Lösung entspricht den Wünschen des Kunden.

---

55 Din EN ISO 69001-5 unter 3.22: Erlaubnis zur Durchführung nachfolgender Arbeiten mit festgelegtem Inhalt. Im Sinne von DIN EN ISO 9000:2015 geht es nicht um Verifikation, sondern um eine frühe Stufe der Validation.

Beispiel
In der Aufgabenstellung zum Zeitpunkt des Vertragsschlusses steht: „Antwortzeit im Dialog maximal 3 sec". In der Spezifikation ist das fallgruppenspezifisch von maximal 2 sec bis maximal 5 sec differenziert worden. Der Kunde muss die Überschreitung von 3 sec hinnehmen, insbesondere da die Differenzierung ja auch Vorteile für ihn hat. Er kann nur monieren, dass die Differenzierung sachlich nicht richtig sei.

- Entscheidungsräume des Kunden sind wunschgemäß gefüllt worden.
- Kürzungen der ursprünglichen Aufgabenstellung werden genehmigt (wie der Auftragnehmer Erweiterungen durch deren Aufnahme in die Spezifikation akzeptiert, sofern er nicht einen Vorbehalt macht).

Die Freigabe bezieht sich nur auf die Teile der Aufgabenstellung laut Vertrag, die in der Spezifikation angesprochen werden.

Beispiel
Anforderungen im Vertrag an die Dokumentation oder an das Zeitverhalten brauchen in der Spezifikation nicht angesprochen zu sein.

Im Vertrag ist dazu nichts vereinbart worden: Gemäß dem Vertragsrecht gilt dasselbe.

Die Aufgabenstellung im Vertrag soll maßgeblich bleiben: Da die Spezifikation von dieser abweichen wird, macht eine solche Vereinbarung nur Sinn, wenn auch diese fortgeschrieben werden soll, sodass die beiden Dokumente miteinander harmonieren *[zur Durchführung siehe (6), S. 139]*. Damit soll letztlich das Ergebnis der Spezifikationsphase maßgeblich sein.

Die fortgeschriebene Aufgabenstellung dient dann der Interpretation der Spezifikation (weil sie extra fortgeschrieben worden ist). Wenn die Aufgabenstellung trotz Vereinbarung nicht fortgeschrieben wird, trägt derjenige Vertragspartner die Nachteile, der für die Fortschreibung zuständig war.

Wenn die Vertragspartner die Fortschreibung nicht vereinbart haben, liegt ein Widerspruch vor. Dieser kann – und muss – durch Auslegung entschärft werden: Die Fortgeltung soll nur klarstellen, dass diejenigen Teile der Aufgabenstellung, die in der Spezifikation nicht angesprochen werden, maßgeblich bleiben sollen, beispielsweise die zu technischen Festlegungen im Vertragsdokument.

Technische Festlegungen: Die Freigabe bezieht sich normalerweise nur auf die Aufgabenstellung, nicht auch auf implizite Festlegungen zur technischen Umsetzung.

Hat der Auftragnehmer ausdrücklich solche Festlegungen getroffen, wünscht er, dass der Kunde diesen wie Weisungen zustimmt. Der Kunde kann das ablehnen.

Sein Schweigen – innerhalb der Freigabe insgesamt – dürfte als Zustimmung anzusehen sein; denn er kann sehr wohl Weisungen geben wollen.

(4.3) Verzögerung der Freigabe der Spezifikation

Die Freigabe ist ein wichtiger Schritt. Solange der Kunde sie nicht erteilt, ohne konkrete Defizite zu benennen, ist für den Auftragnehmer nicht zumutbar, auf ungesicherter Basis weiterzuarbeiten.[56] Denn wenn der Kunde später – innerhalb seines zulässigen Spielraums – nicht zustimmt, sondern Korrekturen verlangt, entsteht Mehraufwand zu Lasten des Auftragnehmers. Weiterhin: Würde dieser weiterarbeiten, könnte der Kunde seinen Lernprozess während der weiteren Realisierung einbringen und diesen in die ursprüngliche Aufgabenstellung hineininterpretieren. Der Auftragnehmer wäre dem Kunden dann bis zur Fertigstellung des Werks ausgeliefert.

Der Auftragnehmer muss im Rahmen seiner Schadensminderungspflicht dafür sorgen, dass die Leerzeiten seiner Mitarbeiter und die Mehrkosten insgesamt gering bleiben. Also hat er unverzüglich die Weisung des Kunden einzuholen,

- ob er sein Team zusammenhalten und Leerzeiten verursachen soll oder nicht. Das kann nur der Kunde entscheiden, weil nur dieser abschätzen kann, wie lange die Verzögerung voraussichtlich dauern wird,
- und für den Fall, dass das Team zusammengehalten werden soll, mit welchen Arbeiten an der Realisierung er das Team beschäftigen soll (wo sind Korrekturverlangen am wenigsten zu erwarten?).

(4.4) Auslegung der Spezifikation

Die Spezifikation ist gegen den Auftragnehmer auszulegen: Soweit er in ihr solche Begriffe aus den Gesprächen verwendet, die der Kunde in einem bestimmten Sinne benutzt, darf dieser davon ausgehen, dass der Auftragnehmer diese Begriffe ebenso versteht.

Soweit die Spezifikation erkennbar pauschal gehalten ist, kann das Verschiedenes bedeuten, insbesondere

- dass sich die Realisierung (praktisch) nach den bekannten Details der Anforderungen des Kunden richten soll. Das ist dann anzunehmen, wenn es nur um die Umsetzung bereits bestehender Abläufe geht und das künftige Verfahren nicht erst noch gestaltet werden muss (Stichwort: Sollkonzept innerhalb der Konkre-

---

56 Das sind die Argumente auf rechtlicher Ebene. Für den Auftragnehmer noch wichtiger sind die Überlegungen auf geschäftlicher Ebene, wenn der Kunde sich nicht oder nicht klar äußert: „Warum kommt der nicht zu Pott?" [siehe IT-PM, Kapitel 3.3.4.2 unter „Unterschrift des Kunden..."]

tisierung insoweit nicht nötig). Das dürfte beispielsweise weitgehend einschlägig sein, wenn Statistiken aufgezählt werden. Soweit die Statistiken verbessert werden können, weil zusätzliche Daten zur Verfügung stehen, wird eine angemessene Verbesserung geschuldet.
– dass die Konkretisierung später nachgeholt werden soll. Dann bedarf die spätere Konkretisierung der Freigabe. Der Kunde darf davon ausgehen, dass die spätere Konkretisierung für ihn aus der Sicht des Auftragnehmers unproblematisch sein wird, dass er also ein Ergebnis entsprechend dem bekommen soll, wie er die pauschal gebliebene Anforderung fairerweise konkretisieren wird [das ist mehr als die Feinanpassung gemäß (5.1), siehe im Folgenden].

(5) Die Behandlung der Spezifikation nach deren Freigabe

(5.1) Anspruch des Kunden auf Feinanpassung bei Festpreis

Die Spezifikation beschreibt auch bei sachgerechter Arbeit tendenziell eine Lösung, die hinsichtlich Umfang und Inhalt des Werks noch nicht ganz einen mittleren Ausführungsstandard darstellt. Der Kunde hat hingegen Anspruch auf dieses Niveau [Kap.7.2.1, S. 118]. Er kann die Differenz also nach der Freigabe der Spezifikation noch geltend machen.

Diese Differenz lässt sich nur abstrakt und eher durch Ausgrenzung bestimmen. Letzteres heißt erst einmal, dass der Kunde nicht – dank seines Lernprozesses – vorbringen darf, was er in der Spezifikationsphase auch nicht hätte vorbringen dürfen. Diese Einschränkung wird für den Kunden dadurch abgemildert, dass der Auftragnehmer die Beweislast dafür trägt, dass er dessen Anforderungen ordnungsgemäß erfragt hat [Kap. 7.3.4, S. 143].

Der Auftragnehmer wird nahezu unvermeidbar verlangen müssen, dass einzelne Anforderungen nachspezifiziert werden. Das wird wahrscheinlich jeweils ziemlich am Anfang geschehen, wenn er mit dem Kunden einen Bereich angeht. Es besteht also eine erhebliche Wahrscheinlichkeit, dass die Nachspezifikation am Anfang eines Realisierungsschritts mehr dazu dient, den mittleren Ausführungsstandard zu erreichen, und es im Laufe der Zeit immer mehr um zusätzliche/geänderte Kundenverlangen geht oder aber um echte Kleinigkeiten, die kaum zu Mehraufwand führen (die meist unterhalb des Detaillierungsgrads der Spezifikation liegen).

Insoweit den Auftragnehmer ein Verschulden trifft, insbesondere weil er seiner Fragepflicht nicht ausreichend nachgekommen ist, darf der Kunde nachträglich sogar solche Anforderungen – im Rahmen der Aufgabenstellung im Vertrag – stellen, die er in der Phase der Konkretisierung hätte stellen dürfen. Dann muss der Auftragnehmer auch die Nachteile von Strukturänderungen tragen.

Soweit die Spezifikation noch bewusst offen ist, ist diese kundenfreundlich nachzukonkretisieren *[Kap. 7.3.2 (4.4), S. 136]*.

(5.2) Vorlage weiterer Zwischenergebnisse

Es kommt in Betracht, dass der Auftragnehmer von sich aus Zwischenergebnisse vorlegt und den Kunden auffordert, deren Richtigkeit oder deren Wunschgemäßheit zu prüfen und u.U. auch zu bestätigen (damit der Auftragnehmer auf spätere Kritik antworten kann, dass der Kunde Defizite früher hätte monieren müssen). Es kann auch um (eher unselbstständige) Teile der Endergebnisse gehen.

Eine solche Bestätigung der Richtigkeit ist weniger als eine Teilabnahme; deswegen spreche ich von „Billigung": „Wir haben wunschgemäß ... geprüft und halten ... für ein vertragsgemäßes Zwischenergebnis. Diese Aussage berücksichtigt nicht den Gesamtzusammenhang und ist keine Teil-Abnahmeerklärung."

An der Überprüfung kann der Kunde ein eigenes Interesse haben (Qualitätssteuerung, aber auch interne Rückkoppelung zwecks Lernprozess); eine verbindliche Überprüfung und die Billigung fallen ihm hingegen schwer, insbesondere weil er u.U. nicht alles überschauen kann und weil er keine Verantwortung für den Lösungsweg des Auftragnehmers übernehmen will. Obliegenheiten oder sogar Pflichten können deswegen nach Treu und Glauben nur vorsichtig bejaht werden.

Auch wenn der Kunde ein Zwischenergebnis gebilligt hat, hat er, wenn sich später Lücken oder sonst sachliche Mängel zeigen, Anspruch auf Lückenfüllung oder sonstige Mängelbeseitigung. Er verliert diesen Anspruch nur, wenn er den Mangel zum Zeitpunkt der Billigung gekannt hat (gemäß oder entsprechend § 442 BGB). – Hat der Kunde allerdings im Vertrag eine Prüfungspflicht übernommen, hat er bei deren schuldhafter Verletzung, also schon bei Fahrlässigkeit, dem Auftragnehmer den Schaden (= den Mehraufwand bei späteren Änderungen) zu ersetzen; Mitverschulden des Auftragnehmers ist zu berücksichtigen.

(5.3) Fortschreibung der Spezifikation und weiterer Dokumente

Wird der Inhalt eines Dokuments geändert, das an den anderen Vertragspartner geht und später noch von diesem gebraucht wird, sei es als Maßstab für das geschuldete Ergebnis oder als Teil der Dokumentation, so ist das Dokument fortzuschreiben.[57]

---

[57] Die Aufgabenstellung gemäß Vertrag braucht normalerweise nicht fortgeschrieben zu werden, weil die Spezifikation sie ersetzen soll *[Kap. 7.3.2 (4.2), S.128]*.

Dazu gehört auch, dass nach der Beauftragung von Änderungs- und Zusatzverlangen die Dokumente, die bis zu dem Zeitpunkt der Geltendmachung des Änderungsverlangens erstellt worden sind und durch das Änderungsverlangen berührt werden, bei Bedarf fortgeschrieben werden.

(6) Formale Fortschreibung der Aufgabenstellung laut Vertragsdokument

Wenn die Aufgabenstellung, wie sie im Vertrag beschrieben worden ist, in der Spezifikationsphase geändert wird, braucht sie nur fortgeschrieben zu werden, wenn das vereinbart worden ist; denn sie wird durch die Spezifikation überholt *[siehe (4.2), S. 134]*. Ist die Fortschreibung vereinbart worden, fragt sich, welcher Vertragspartner dafür zuständig ist und wie er das zu tun hat. Falls das nicht vereinbart ist, gilt:

Wenn das Dokument vom Auftragnehmer stammt, ist die Fortschreibung dessen Aufgabe; er hat Änderungen in „sein" Dokument einzuarbeiten.

Wenn das Dokument vom Kunden eingebracht worden ist, ist dieser zuständig. Hinsichtlich der Art der Fortschreibung kommt es auf die Umstände an. Handelt es sich um ein Änderungs-/Zusatzverlangen, ist der Kunde ohnehin verpflichtet, dieses zu konkretisieren, und zwar in dem Detaillierungsgrad, in dem er die Aufgabenstellung abgefasst hat *[vgl. Kap. 7.3.3 (2) unter "Ermittlung des genauen Verlangens", S. 141]*. Dann entscheidet er bereits vorläufig durch die Art wie er das Änderungs-/Zusatzverlangen abfasst, ob er ein zusätzliches Dokument erstellt oder das ursprüngliche Dokument fortschreibt. Droht die Aufgabenstellung wegen mehrerer Änderungen/Erweiterungen unklar zu werden, kann der Auftragnehmer allerdings eine integrierte Fortschreibung verlangen. – Für den klugen Auftragnehmer stellt sich die Frage, ob er dem Kunden diese Aufgabe abnimmt.

7.3.3 Änderungs- und Zusatzverlangen, Change-Request-Verfahren, Claimmanagement

Die drei Begriffe stehen für drei Aspekte:

Änderungs- und Zusatzverlangen: Hat ein Vertragspartner das Recht, Änderungen der vereinbarten Leistungen zu verlangen? Und soweit er – in erster Linie der Kunde – dazu berechtigt ist: Was kann der andere Vertragspartner – in erster Linie der Auftragnehmer – als Ausgleich verlangen? Ein gewisser Streit ist vorprogrammiert, ob überhaupt ein Änderungs- oder Zusatzverlangen vorliegt und welchen Mehraufwand es verursacht.

Change-Request- (CR)-Verfahren: Wie wickeln die Vertragspartner solche Verlangen und entsprechende Gegenforderungen möglichst effizient ab?

Claimmanagement: Es geht um zwei Themen, vor allem für den Auftragnehmer: Wie kann er – defensiv – seine Versäumnisse im CR-Verfahren im Nachgang ausgleichen?

> **Beispiel**
>
> Der Auftragnehmer will rechtfertigen, dass er seine Nachforderungen erst sehr spät stellt: „In der heißen Projektphase hatten wir keine Zeit, uns um Nachträge zu kümmern."
>
> „Wenn wir zu dem Zeitpunkt mit Nachforderungen gekommen wären, wäre das Projekt geplatzt."

Oder offensiv: Wie kann der Auftragnehmer seine Einnahmen aus Nachforderungen optimieren? Denkt er weniger an seine Beziehung zum Kunden oder mehr an einen möglichst hohen Gewinn bei diesem Auftrag?

Auch der Kunde kann in die Offensive gehen: Er behauptet Minderleistungen oder Mängel, deren Beseitigung sehr teuer werden würde, macht vielleicht noch Schadensersatz geltend und behält einen Teil der Vergütung ein.

(1) Anspruch des Kunden auf Änderung

Jedes Änderungsverlangen bedarf der Vereinbarung, um verbindlich zu werden. Der Auftragnehmer ist im Rahmen von Treu und Glauben zur Zustimmung zu einem Änderungsverlangen des Kunden verpflichtet. Er ist desto eher dazu verpflichtet, je stärker das Konzept des Vertrags zu solchen Änderungsverlangen führt (insbesondere noch keine endgültige Konkretisierung der Aufgabenstellung, Lerneffekt des Kunden). Das gilt in der Spezifikationsphase stärker als danach; denn der Auftragnehmer muss die Möglichkeit haben, den Auftrag zu einem Ende zu bringen. Die Leistungsfähigkeit des Auftragnehmers bildet auf jeden Fall die Grenze (fachlich und von der Verfügbarkeit seiner Ressourcen her).

> **Beispiel**
>
> Der Auftragnehmer kann solche Zusatzaufträge auf die Zeit nach dem Produktivstart verschieben, die nicht bis zum Produktivstart umgesetzt sein müssen.

Neuerdings regeln die §§ 650b bis 650d BGB diese Thematik im Rahmen des Bauvertragsrechts. Sie tun das allerdings ziemlich spezifisch für Bauverträge, sodass diese Vorschriften nicht Satz für Satz analog auf andere Werkverträge angewendet werden können. Die Existenz dieser Vorschriften gebietet allerdings noch stärker als bisher, den Kunden für berechtigt zu halten, Änderungen zu verlangen.

(2) Gegenansprüche des Auftragnehmers

Der Auftragnehmer kann seine Zustimmung von der Anpassung aller Vertragsbedingungen abhängig machen. Im Vordergrund stehen Termine und Preise; es kann auch um Zahlungsbedingungen gehen, möglicherweise auch um andere Punkte.

Hinweis zum Termin

Auftragnehmer die Nichteinhaltung von Terminen wegen Einwirkungen aus der Kundensphäre nicht vertreten muss (§ 286 Abs. 4 BGB) *[Kap. 11.3 (2), S. 188]*. Gemäß Treu und Glauben kann der Auftragnehmer im Interesse des Projektmanagements verlangen, dass die Verschiebung gleich geklärt wird, nämlich gleich im Zeit- und Arbeitsplan berücksichtigt wird. Das neue Bauvertragsrechts schweigt dazu.

Beispiel für andere Punkte

Der Kunde übernimmt Testaufgaben oder Dokumentationsaufgaben, weil der Auftragnehmer seine Kapazitäten nach dem vorgesehenen Vertragsende schon verplant hat.

Der Auftragnehmer muss darlegen, dass das Verlangen des Kunden zu Mehraufwand führt und nicht durch den Festpreis abgedeckt ist. Da er nicht zu Gericht gehen will, muss er ziemlich überzeugend argumentieren.

„**Bagatellgrenze**": Ein rechtlicher Grund, kleinere Änderungsverlangen als durch einen Festpreis abgegolten anzusehen, ist über die Feinanpassung der Spezifikation hinaus nicht anzuerkennen *[Kap. 7.3.2 (5.1), S. 137]*. Der Auftragnehmer muss zwar mit solchen rechnen; er braucht sie aber nicht in den Festpreis einzukalkulieren, weil sie sich nicht abschätzen lassen.

Ermittlung des genauen Verlangens: Der Auftragnehmer hat Anspruch darauf, dass der Kunde ihm das Verlangen in demjenigen Detaillierungsgrad mitteilt, in dem dieser die Aufgabenstellung bei Vertragsabschluss definiert hat.[58] Der Auftragnehmer ist desto stärker verpflichtet, den Kunden bei der weiteren Konkretisierung des Verlangens zu unterstützen, je mehr sein Wissen um seine Produkte und seine Sachkenntnis erforderlich sind.

Der Auftragnehmer hat Anspruch auf Vergütung für diese Unterstützung (§ 632 BGB). Denn es geht hier noch nicht um den Aufwand, ein Angebot für einen Auftrag zu erstellen. Der Auftragnehmer kann diesen Vergütungsanspruch durch Schweigen verlieren *[siehe (3)]*, insbesondere weil in Betracht kommt, dass er diesen Aufwand in die – allerdings nur im Falle der Beauftragung – zu zahlende Vergütung einkalkuliert.

Bestimmung des angemessenen Ausgleichs: Der Auftragnehmer hat Anspruch auf fairen Ausgleich. Es kann schwer sein, den erforderlichen Aufwand zu ermitteln. Das gilt insbesondere, wenn bei der Änderung einer Anforderung der Aufwand für deren bisher vorgesehene Realisierung nicht gesondert geschätzt worden ist. Wenn der Aufwand nicht gut abgegrenzt werden kann, ist Vergütung nach Aufwand kaum die angemessene Vergütungsform.

---

58 Das entspricht § 650b Abs. 1 Satz 4 BGB.

Hat der Auftragnehmer auf der Basis der ursprünglichen Aufgabenstellung einen Festpreis akzeptiert, ist ihm auch jetzt normalerweise zuzumuten, einen Festpreis für die Änderung anzubieten. Denn er hat ja bisher behauptet, dass er den Auftrag kalkulieren könne. [59] – Wenn der Auftragnehmer einen Festpreis anzubieten verpflichtet ist, hat er andersherum einen Anspruch darauf, dass ein solcher vereinbart wird.

Können sich die Vertragspartner über die Auswirkungen eines Änderungsverlangens auf die Vertragsbedingungen, insbesondere auf die zusätzliche Vergütung, nicht einigen, haben aber vereinbart, dass das Verlangen auf jeden Fall realisiert werden soll, steht es gemäß § 316 BGB dem Auftragnehmer zu, die Auswirkungen nach Treu und Glauben zu bestimmen. – Ärger auf geschäftlicher Ebene ist vorprogrammiert.

(3) Zustandekommen der Beauftragung

Unklar ist, ob der Auftragnehmer, wenn er Änderungswünschen erst einmal zustimmt, später noch Gegenforderungen geltend machen kann. Dabei kommt es nicht darauf an, ob die Zustimmung ausdrücklich oder durch schlüssiges Handeln erklärt oder bei Schweigen unterstellt wird. Haben die Vertragspartner ein CR-Verfahren vereinbart, das sofortige Geltendmachung vorsieht, dürfte der Auftragnehmer kaum noch berechtigt sein.

Ohne ein CR-Verfahren ist zu bedenken: Einerseits gilt eine Vergütung gemäß § 632 BGB als „stillschweigend" vereinbart, wenn die Realisierung des Zusatzes oder der kostenträchtigen Änderung den Umständen nach nur gegen eine (zusätzliche) Vergütung zu erwarten ist. Es macht auch durchaus Sinn, sich erst einmal über die technische Seite zu einigen.

Andererseits spricht das Schweigen des Auftragnehmers zur Vergütung dafür, dass es bei den bisherigen Abmachungen bleiben soll. Schließlich kann der Auftragnehmer sehr einfach den Vorbehalt machen, dass er sich seine Gegenforderungen vorbehält *[siehe (2) am Ende]*. Dieser liegt besonders bei Zusatz-/Änderungswünschen nahe, bei denen der Kunde vermutlich keinen oder keinen erheblichen Mehraufwand sieht. Außerdem nimmt der Auftragnehmer durch sein schlüssiges Handeln oder sein Schweigen dem Kunden die Möglichkeit, die ohnehin schwierige Ermittlung des Mehraufwands zu beurteilen und zu verhandeln.

---

59 Ist die Konkretisierung nicht innerhalb eines Gesamtfestpreises erfolgt, sondern ist dieser erst für die folgenden Phasen vereinbart, kann der Auftragnehmer darauf bestehen, dass er die Konkretisierung nach Aufwand durchführt.
Das neue Bauvertragsrecht sieht ein spezielles gerichtliches Verfahren für die Bestimmung vor.

Mangelt es an der Beauftragung, kann der Auftragnehmer trotz schlüssigen Handelns oder Schweigens Ansprüche auf Vergütung aus ungerechtfertigter Bereicherung haben (§§ 812 ff. BGB), wenn die zusätzlichen Leistungen für den Kunden notwendig waren und der Kunde sie anderenfalls selbst oder durch einen Dritten hätte erbringen müssen. Es ist Sache von Juristen, das zu klären.

Schriftformklausel: Sie gilt auch zu Lasten des Auftragnehmers, der eine zusätzliche Vergütung fordert. Mündliche Aufträge sind möglich; deren Erteilung muss aber bewiesen werden *[Kap. 4.1.5 (3), S. 66]*.

Zum ordnungsgemäßen Vorgehen gehört nach der Beauftragung, dass die Dokumente, die bis zu dem Zeitpunkt der Geltendmachung des Änderungsverlangens erstellt worden sind und durch das Änderungsverlangen berührt werden, bei Bedarf fortgeschrieben werden *[Kap. 7.3.2 (5.3), S. 138, und 7.3.2 (6), S. 139]*.

(4) Der Auftragnehmer wünscht Änderungen

Die Vertragspartner können vereinbaren, dass auch der Auftragnehmer Vorschläge machen kann, die zu Änderungen des Vertrags führen, damit sie diese innerhalb des vereinbarten CR-Verfahrens abhandeln können.

Der Kunde ist zwar gemäß Treu und Glauben zur Zustimmung verpflichtet, auch wenn der Auftragnehmer nur ein eigenes sachliches Interesse an der Änderung hat, sofern sie für den Kunden zumutbar ist; dabei ist die Schwelle für die Unzumutbarkeit allerdings niedrig anzusetzen.

7.3.4 Mitwirkung des Kunden

Der Umfang der Aufgaben, die der Kunde hat, ist schwer zu bestimmen. Der Umfang kann sich weitgehend aus den Richtlinien zur Entwicklung und zur Qualitätssicherung, eventuell auch aus denen zur Dokumentation, ergeben *[Kap. 7.3.1 unter „Richtlinien …", S. 127]*. Der Kunde trägt den Aufwand für seine Mitwirkung selbst.

Zu der Kontrolle der Spezifikation siehe Kap. 7.3.2 (4) *[S. 134]*, zu der von weiteren Zwischenergebnisse Kapitel 7.3.2 (5.2) *[S. 138]*. Zu den Rechtsfolgen unzulänglicher Mitwirkung siehe Kap. 11.6 *[S. 191]*.

Information durch den Kunden: Das, was der Kunde an Details zu seinen Anforderungen nicht mitteilt, braucht der Auftragnehmer nicht zu berücksichtigen. Das gilt auch für spezifische Wünsche in den Bereichen der vorausgesetzten und der gewöhnlichen Verwendbarkeit des zu erstellenden Werks. Das eigentliche Problem liegt also darin, inwieweit der Auftragnehmer zu fragen verpflichtet ist. Wenn die Erarbeitung der Spezifikation zum Vertrag gehört, darf der Kunde davon ausgehen, dass der Auftragnehmer fähig ist nachzufragen.

Informationen sind für den Auftragnehmer sozusagen Holschulden, sie sind aber nicht „Suchschulden". Der Kunde hat sie geordnet bereitzustellen; der Auftragnehmer muss den Kunden bei Bedarf darin einweisen, wie dieser das zu tun hat. Die Frage stellt sich, inwieweit der Auftragnehmer den Kunden einspannen darf. Je nach Aufgabenstellung, Wissen und Vorgehenskompetenz des Kunden kann dieser dazu verpflichtet sein, seine Detailinformationen schriftlich in geordneter Form zu liefern. Das kann teilweise schon die erste Fassung der Spezifikation sein.

Verbindlichkeit von Informationen: Letztlich entscheidend ist erst die Freigabe der Spezifikation. Vorher möchte der Auftragnehmer gerne verbindliche Aussagen erhalten, um nicht doppelt arbeiten zu müssen.

Der Auftragnehmer kann die Anforderungen zusammen mit verschiedenen Mitarbeitern des Kunden konkretisieren oder sich die benötigten Informationen bei verschiedenen Mitarbeitern des Kunden holen. Es fragt sich, inwieweit er sich auf diese Informationen verlassen darf. Es geht um drei Schritte:

- Hat der Auftragnehmer den Mitarbeiter des Kunden richtig verstanden?
- Sollen die Aussagen verbindlich sein (= so in die Spezifikation eingehen)?
- Soll das auch gelten, wenn das zu Änderungen des Vertrags führt, insbesondere zu Mehraufwand? *[Kap. 7.3.2 (2) unter „Durchführung und Dokumentation der Konkretisierung", S. 132]*

Wenn der Auftragnehmer die auf dieser Ebene gemeinsam entwickelten Anforderungen bzw. erhaltenen Informationen seinen Gesprächspartnern beim Kunden schriftlich wiedergibt, darf er nur eine Stellungnahme erwarten, ob seine Darstellung korrekt ist, nicht aber, ob die Anforderungen bzw. Informationen verbindlich sein sollen.

Wenn der Auftragnehmer diese Informationen allerdings dem Projektleiter des Kunden mitteilt, darf er eine Stellungnahme zur Verbindlichkeit erwarten. Die Vertragspartner können auch vereinbaren, dass die anderen Mitarbeiter nicht nur hinsichtlich der Korrektheit, sondern auch hinsichtlich der Verbindlichkeit antworten.

Die Aussagen zur Verbindlichkeit gelten erst einmal nur isoliert, d.h., dass der Projektleiter noch nicht entscheidet, ob diese Anforderungen mit anderen (bereits konkretisierten oder noch zu konkretisierenden) verträglich sind. Denn die Kontrolle auf Verträglichkeit ist erst Sache der Stellungnahme zur Spezifikation insgesamt. Diese Einschränkung gilt nicht, insoweit der Auftragnehmer in seiner Darstellung bereits auf die Frage der Verträglichkeit eingeht. Außerdem ist der Kunde von vornherein nach Treu und Glauben verpflichtet, den Auftragnehmer auf mögliche künftige Inkompatibilitäten, soweit er diese bereits zu erkennen vermag, hinzuweisen.

Darüber hinaus darf der Auftragnehmer, wenn er gegenüber dem Projektleiter behauptet, dass die Anforderungen bzw. Informationen zu einer Änderung des Vertrags führen würden, auch eine Aussage auf vertraglicher Ebene erwarten. – Bei Bedarf soll der kluge Auftragnehmer sie anfordern.

Bereitstellung von Entwicklungs- und Zielumgebung: Angesichts des hohen Regelungsbedarfs kann davon ausgegangen werden, dass die Vertragspartner die erforderlichen Vereinbarungen treffen. Der Auftragnehmer hat Anspruch auf alles, was er beim Kunden erwarten darf, also andersherum der Kunde erwarten muss.

7.3.5 Freies Kündigungsrecht des Kunden

Der Kunde braucht sich die Leistung des Auftragnehmers nicht aufdrängen zu lassen, wenn er sein Interesse daran verloren hat. Deswegen kann er einen Werkvertrag jederzeit kündigen (§ 648 BGB).

Der Kunde bleibt zur Zahlung der vereinbarten Vergütung verpflichtet. Er kann allerdings das abziehen, was der Auftragnehmer an Ausgaben tatsächlich erspart (der Auftragnehmer muss seine Mitarbeiter weiterhin bezahlen, spart also insoweit nichts) bzw. was der Auftragnehmer anderweitig durch den Einsatz der freigewordenen Kapazität erwirbt bzw. was zu erwerben er böswillig unterlässt.

§ 648 BGB vermutet, dass dem Auftragnehmer 5% derjenigen Vergütung zusteht, die auf den noch nicht erbrachten Teil der Leistung entfällt. Wenn der Auftragnehmer eine höhere restliche Vergütung haben will, muss er beweisen, dass die Abzüge niedriger sind (umgekehrt trägt der Kunde die Beweislast, wenn er nur eine noch geringere Abstandszahlung leisten will). Die Vorschrift ist dem Wortlaut nach so hart formuliert, damit die Beweislast dafür auf den Auftragnehmer geschoben werden kann, dass er die freigewordenen Kapazitäten nicht anderweitig gewinnbringend genutzt hat *[siehe Kap. 3.2 (4), S. 46]*.

Der Auftragnehmer muss also eine detaillierte Aufstellung der geschuldeten Leistung, der erbrachten Leistung, der ersparten Aufwendungen und der anderweitigen Einnahmen bzw. der Leerzeiten liefern (= der Zeiten, an denen die Mitarbeiter des Auftragnehmers am Auftrag arbeiten sollten und nach der Kündigung nicht anderweitig produktiv eingesetzt werden konnten).

Bei Vergütung nach Aufwand gilt nichts Anderes. Der Auftragnehmer muss allerdings darlegen, welche Vergütung er bei vollständiger Durchführung des Auftrags erzielt hätte. Wenn dazu keine Zahlen vorliegen, etwa ein Kostenanschlag, kann man darüber lange streiten.

7.4 Preisvereinbarungen

(1) Allgemeines

Für die einzelnen Leistungen können verschiedene Preisformen vereinbart werden.

Festpreis: Er deckt alle Leistungen ab, die notwendig sind, auch wenn diese im Vertragsdokument nicht aufgeführt sind *[Kap. 7.2.2, S. 125]*.

Leistungsabdeckungsklausel: Sie beinhaltet, dass der Auftragnehmer alle erforderlichen Leistungen zu erbringen hat, um ein gemäß der Aufgabenstellung funktionsfähiges Ergebnis zu erreichen, auch wenn diese im Vertragsdokument nicht aufgeführt sind. Die Klausel setzt nicht einen Festpreis voraus. Bei einem Festpreis unterstreicht sie nur, dass ein funktionsfähiges Ergebnis zu liefern ist.

Preisabdeckungsklausel: Es wird ergänzend vereinbart, dass nur diejenigen Leistungen zu vergüten sind, für die das ausdrücklich im Vertrag vorgesehen ist.[60]

> **Beispiel**
> Bei einem Vertrag sind für die Produkte Preise vorgesehen und im Abschnitt für die Inbetriebnahme Vergütung nach Aufwand. In einem weiteren Abschnitt ist die Schulung angesprochen, ohne dass dort eine Vergütung angegeben ist. Dann ist keine zu zahlen.

Kontingent: Bei einem Festpreis ist ein Ergebnis abzuliefern oder eine konkrete Dienstleistung zu erbringen. Bei einem Kontingent ist eine Menge einer Basisleistung geschuldet, beispielsweise ein Volumen an Arbeitszeit.

Bei einem Kontingent an Arbeitszeit wird üblicherweise nach Aufwand abgerechnet. Zu unterscheiden sind verschiedene Formen *[zu Formulierungen siehe Geschäftstexte, Kap. 5.5 (b) unter „Geldbetrag für Dienstleistungen"]*:

Unverbindliches Kontingent: Der Kunde braucht es nicht voll in Anspruch zu nehmen. Der Auftragnehmer dürfte keinen Anspruch auf zusätzliche Vergütung haben, wenn er das Kontingent überzieht, ohne den Kunden darüber zu informieren.[61]

Festes Kontingent: Der Auftragnehmer hat Anspruch auf die volle Vergütung, auch wenn der Kunde das vereinbarte Volumen nicht voll in Anspruch nimmt oder wenn der Auftragnehmer es ohne zusätzliche Vereinbarung überzieht. Dann könnte man die Vergütung als einen Festpreis bezeichnen.

---

60 Das soll den Vermutungen in §§ 612 und 632 BGB entgegenwirken, dass Leistungen im Zweifelsfall zu vergüten sind.

61 Das ist für den Auftragnehmer etwas weniger günstig als bei einem Mindestkontingent, bei dem der Kunde mit einer Überziehung rechnen muss.

Mindestkontingent: Der Auftragnehmer kann auf jeden Fall die volle Vergütung verlangen und darf darüberhinausgehende Stunden wahrscheinlich ohne Zustimmung des Kunden leisten und abrechnen *[vgl. Kap. 9.1 (2) unter „Weiterarbeit nach Beendigung", S. 167].*

Möglicherweise soll die Bezeichnung aber nur darauf hinweisen, dass der Kunde nicht damit rechnen darf, dass das Volumen dafür ausreicht, das angestrebte Arbeitsergebnis zu erreichen. In diesem Fall ist die weitere Tätigkeit gesondert zu vereinbaren, um die Vergütungspflicht auszulösen. Der Hinweis entlastet den Auftragnehmer von dem Vorwurf, den erforderlichen Aufwand schuldhaft zu gering geschätzt zu haben.

(2) Fälligkeit der Vergütung

Soweit die Vertragspartner nichts Anderes vereinbaren, ist die Vergütung erst mit der Abnahmeerklärung zu zahlen. § 641 Abs. 4 BGB sieht vor, dass die Vergütung ab der Abnahme mit dem gesetzlichen Zinssatz zu verzinsen ist (4% gemäß § 246 BGB allgemein bzw. 5% gemäß § 352 HGB bei Handelsgeschäften). Die Zinsen sind Fälligkeitszinsen, sind also geschuldete Vergütung und nicht Verzugszinsen.

Der Auftragnehmer hat allerdings Anspruch auf Abschlagszahlungen „in Höhe der von ihm erbrachten und nach dem Vertrag geschuldeten Leistungen" (§ 632a BGB). Es kommt nicht darauf an, dass die Vertragspartner Teilleistungen vereinbart haben *[anders beim Kaufvertrag, siehe Kap. 6.1.2 unter „Fälligkeit der Vergütung", S. 99],* auch nicht darauf, dass der Kunde die Leistung bereits nutzen kann. Bei Mängeln kann der Kunde die Zahlung eines angemessenen Teils der Abschlagszahlung verweigern. Die Höhe der Abschlagszahlung ist schwirig zu bestimmen, wenn die Vertragspartner keine einzelnen Vergütungspositionen vorgesehen haben.

§ 632a BGB gilt auch bei Vergütung nach Aufwand.

Zahlungsverweigerung wegen Mängeln: Der Kunde kann *die bei Abnahme fällige Zahlung* so lange verweigern, wie er die Abnahme wegen Mängeln verweigern kann *[siehe zur Leistungsverweigerung allgemein Kapitel 5.5, S. 92].* Erklärt er die Abnahme unter Vorbehalt der Beseitigung der erkannten Mängel, kann er die Zahlung eines angemessenen Teils der Vergütung (vorläufig) verweigern. Gemäß § 641 Abs. 3 BGB ist das in der Regel das Doppelte der für die Beseitigung des Mangels erforderlichen Kosten.

Der Kunde kann auch noch später die Zahlung eines solchen Anteils verweigern, wenn er erst später einen Mangel meldet.

Leistungsverweigerungsrecht des Auftragnehmers: Dieser ist vorleistungspflichtig. Bei Abschlagszahlungen wird die Vorleistungspflicht des Auftragnehmers in deren Höhe aufgehoben (ggf. unter Abzügen wegen Mängeln). Zahlt der Kunde den reduzierten Abschlag nicht, hat der Auftragnehmer im Normalfall ein Leistungsverweigerungsrecht.

(3) Vergütung nach Aufwand

Seit 2018 gibt es auch noch den Bauvertrag als Variante des Werkvertrags. Dieser regelt insbesondere das Recht des Bestellers, die Aufgabenstellung zu ändern, und seine Pflicht, den Mehraufwand zu bezahlen. Die Praxis hat das immer schon so gehalten, die Verdingungsordnung für Bauleistungen hat das schon immer in einer für Bauwerke spezifischen Weise vorgesehen; für andere Verträge als Bauverträge hat die Praxis das aus Treu und Glauben abgeleitet. Möglicherweise greifen diese Vorschriften für Bauverträge analog für Verträge wie Werkverträge über andere als Bauleistungen oder Werklieferungsverträge ein.

Welche Tätigkeiten im Einzelnen abgerechnet werden können und welche davon durch die vereinbarten Stundensätze abgegolten sind, ist teilweise schwierig zu bestimmen *[Kap. 7.2.2, S. 125]*. Allgemein zur Vergütung nach Aufwand siehe Kapitel 5.2 *[S. 89]*.

Die Vertragspartner können die Höhe der insgesamt zu zahlenden Vergütung wie folgt beschränken.

Kostenanschlag (auch „Kostenvoranschlag" genannt): Dieser bindet den Auftragnehmer nicht an eine bestimmte Höhe der Vergütung, sondern gibt dem Kunden nur das Recht zur Kündigung für den Fall, dass der Kostenanschlag wesentlich überschritten wird (§ 649 BGB). Für die Wesentlichkeit kommt es insbesondere darauf an, wie verlässlich die Kalkulationsgrundlage ist.

> **Beispiel**
> In einem Angebot heißt es: „Wir schätzen den Aufwand auf xxx Tage." In einem anderen heißt es: „Bei unserem derzeitigen Kenntnisstand Ihrer Aufgabenstellung schätzen wir den Aufwand auf xxx Tage." Bei der zweiten Formulierung muss die Überschreitung höher als bei der ersten sein, um wesentlich zu sein.

Zusätzliche Aufwand, der durch die Vereinbarung weiterer Leistungen entsteht, ist bei der Beurteilung außen vor zu lassen.

Der Auftragnehmer ist zur Information verpflichtet, sobald eine wesentliche Überschreitung des Kostenanschlags droht. Verletzt er diese Pflicht schuldhaft, ist er schadensersatzpflichtig: Er hat den Kunden so zu stellen, wie dieser gestanden hätte, wenn er diesen rechtzeitig informiert hätte. – Und der dann was gemacht hätte?

Die schuldhafte Falschschätzung bei Abgabe des Kostenanschlags führt zur Schadensersatzpflicht wegen Verletzung von Pflichten bei Vertragsverhandlungen, wenn bereits ein Vertrauensverhältnis bestand *[Kap. 4.5, S. 85]*.

Obergrenze und Zirkapreis: Bei der Obergrenze wird der Aufwand nur vergütet, bis diese erreicht ist. Der Auftragnehmer muss die Leistung dann auf seine Kosten fertig stellen.

Im Zweifelsfall fallen auch die Reisekosten unter die Obergrenze.

Der Zirkapreis, auch „Schätzpreis" genannt, ist eine Vereinbarung über Vergütung nach Aufwand nicht nur mit einer Obergrenze, sondern theoretisch auch mit einer Untergrenze, beispielsweise: „+/- 10 %". Ungeklärt ist, wie groß das Intervall (in beide Richtungen) ist, wenn es nicht definiert worden ist. Die Auftragnehmerseite versteht darunter häufig so etwas wie einen Festpreis, den sie in bestimmtem Umfang anzupassen berechtigt ist. Dabei ist meist nicht klar, in welchem Umfang und auf welcher Grundlage das zulässig sein soll. – Wenn der Auftragnehmer aber entgegen diesem Ansatz kontinuierlich nach Aufwand abrechnet und unterhalb des Mindestbetrags (im Beispiel 90 % des Zirkapreises) bleibt, ist unklar, ob er die Differenz bis zu diesem sozusagen als Prämie zusätzlich in Rechnung zu stellen berechtigt ist.

Obergrenze und Schätzpreis stehen unter dem Vorbehalt, dass sich die Aufgabenstellung nicht ändert. Der Kunde wird also nicht vor sich selbst geschützt.

Budget: Das ist in diesem Zusammenhang ein Geldbetrag, den der Kunde für eine eher ungenau bestimmte Aufgabenstellung auszugeben bereit ist. Er möchte weitgehend entscheidungsbefugt bleiben, ob er das Geld ausgibt und wofür er das tut. Er kann seinem Auftragnehmer mitteilen, dass er ein bestimmtes Budget hat und plant, in dessen Rahmen Aufträge zu erteilen; diese können Festpreise beinhalten. Er kann sich aber auch verpflichten, Leistungen im Umfang des Budgets zu beauftragen, wobei er die Leistungen zu steuern berechtigt ist.

Der Auftragnehmer hat keinen Anspruch auf Vergütung, wenn er von sich nach Erschöpfung des Budgets weiterarbeitet, braucht das aber nicht zu tun. Er muss den Kunden (wie beim Kostenanschlag) frühzeitig warnen, wenn es droht, dass das Budget nicht dafür ausreicht, das Ziel des Kunden zu erreichen. Der Kunde ist zu Änderungen der Aufgabenstellung berechtigt, um doch ein – abgemagertes – Ergebnis zu erreichen. Die Belastung des Auftragnehmers liegt vor allem darin, dass es geschäftspolitisch peinlich ist, eine unfertige „Baustelle" zu verlassen, wenn das Budget erschöpft ist.

(4) Vergütung von Nebenkosten

Unter Nebenkosten sollen verstanden werden: Reisekosten (Fahrtkosten, Spesen, Übernachtungskosten), Kosten für Reisezeiten, Maschinenkosten, Kosten für Telekommunikation.

Auch bei Festpreisen wird manchmal vereinbart, dass bestimmte Nebenkosten gesondert vergütet werden.

7.5 Terminvereinbarungen

Liefertermin: Er kann erst einmal für die Bereitstellung des Werks zur Abnahme (oft „BzA" genannt) vereinbart werden. Danach soll die Abnahmeprüfung beginnen.

Ist ein Liefertermin nicht vereinbart worden, bestimmt er sich gemäß § 271 BGB nach dem Zeitbedarf für die zügige Vertragsdurchführung unter Berücksichtigung der Umstände des Einzelfalls *[Kap. 5.3, S. 90]*. Dabei kann die Zahl sachgerecht einzusetzenden Mitarbeiter des Auftragnehmers einflussreich sein, die Zahl der erkennbar vorgesehenen Mitarbeiter besonders einflussreich.

Der Kunde hat normalerweise einen Anspruch auf Nennung eines Plantermins, nachdem die Spezifikation erstellt worden ist

> **Begründung**
> Bei einem Festpreis, weil der Auftragnehmer behauptet, dass er den Aufwand hat kalkulieren können. Bei Vergütung nach Aufwand, weil eine Schätzung des Aufwands und damit auch des Zeitbedarfs zum Stand des Projektmanagements gehört.

Wenn der Auftragnehmer auf dieses Verlangen nicht eingeht, kann der Kunde den Liefertermin einseitig nach billigem Ermessen bestimmen.

Wenn der Auftragnehmer auf operativer Ebene einen Zeit- und Arbeitsplan erstellt, verpflichtet er sich damit, sich zu bemühen, diesen einzuhalten. Wenn der Kunde dem nicht widerspricht, stimmt er diesem als Zielwert zu.

Wenn der Auftragnehmer in Verzug ist, wird über das weitere Vorgehen und dabei über Termine gesprochen. Der Kunde muss damit rechnen, dass das nicht als Absprache einer Nachfrist, sondern als Vereinbarung eines neuen Liefertermins einzuordnen ist. Ist Letzteres der Fall, wird der Verzug aufgehoben.

Anforderungen an die Mängelfreiheit am vereinbarten Liefertermin: Der Maßstab für die erforderliche Mängelfreiheit hängt davon ab, ob der Kunde das Werk nach der Lieferung sofort produktiv einsetzen oder ob er es erst einmal im Rahmen der Abnahmeprüfung testen will. Im ersten Fall haben die Vertragspartner eine klare Vereinbarung getroffen, dass die Einsatzreife und damit die Abnahmereife bereits bei Lieferung gegeben sein sollen.

Im zweiten Fall soll der Auftragnehmer noch die Möglichkeit haben, während des Prüfzeitraums Mängel zu beseitigen. Solche Mängel können u.U. sehr schnell beseitigt werden. Das bedeutet, dass die Einsatzreife zum Zeitpunkt der Lieferung noch nicht ganz erreicht sein muss. Das Testen des Kunden soll im Übrigen aber nicht der Mängelsuche dienen, sondern im Wesentlichen nur die Einsatzreife bestätigen. Es ist Sache des Auftragnehmers, bei Bedarf den Kunden vor der Lieferung in den Testbetrieb einzubinden.

Treten also zu Beginn der Testphase beim Kunden Mängel auf, die nicht mehr auftreten sollten oder die die sinnvolle Durchführung des Testens wesentlich behindern, kann der Kunde die Erklärung des Auftragnehmers, dass das Werk zur vereinbarten Abnahmeprüfung bereit sei, zurückweisen.

Abnahmetermin: Die Vertragspartner können auch einen Termin für die Abnahmeerklärung vereinbaren. Dabei gehen sie implizit von einer erfolgreichen Durchführung der Abnahmeprüfung aus. Entweder legen sie den Termin direkt fest und bestimmen damit die Dauer der Abnahmeprüfung, oder sie legen den Abnahmetermin fest und bestimmen damit die Dauer der Abnahmeprüfung *[Kap. 7.6 (1), S. 151]*.

7.6 Abnahme

Unter Abnahme ist gemäß § 640 BGB nicht nur wie im Kaufvertrag zu verstehen, dass der Kunde das Werk ohne Missbilligung entgegennimmt, sondern zusätzlich, dass er es nach der Entgegennahme überprüft und die Abnahme erklärt; dafür steht ihm eine angemessene Prüffrist zu. Die Entgegennahme allein kann nicht als Abnahmeerklärung verstanden werden.

Kann das Werk seiner Natur nach nicht abgenommen werden, beispielsweise ein Workshop, tritt an die Stelle der Abnahme dessen Vollendung.

(1) Der Ablauf

Durchführung: * Die Abnahmeprüfung ist ein Recht und eine Aufgabe des Kunden. Er braucht nicht zu prüfen. – Der Kunde mag mit der Prüfung überfordert sein. Wenn er keine Unterstützung vereinbart hat, hat er keinen Anspruch auf diese (diese ist keine automatisch geschuldete Leistung). Gemäß Treu und Glauben kann er diese bei Bedarf soweit wie für den Auftragnehmer zumutbar entgeltlich beauftragen.

Der Kunde ist nicht verpflichtet, sein Prüfkonzept vorab bekanntzugeben. Denn die Abnahmeprüfung dient der Qualitätssicherung. In deren Interesse sind voneinander unabhängige Prüfungen vorzuziehen (der Auftragnehmer soll vorher testen).

Kluge Vertragspartner vereinbaren im Interesse der Qualitätssicherung desto mehr zur – oft gemeinsamen – Prüfung, auch vor der Zurverfügungstellung des Werks sei es durch Zwischenprüfungen oder durch Werksabnahmen. Der Kunde hat von vornherein Anspruch auf Mängelbeseitigung.

Der Auftragnehmer hat Interesse daran, Mängel bald zu beseitigen. Er muss bei der Einführung von Korrekturmaßnahmen Rücksicht darauf nehmen, dass er die Testabläufe des Kunden möglichst wenig stört. Die Vertragspartner können beispielsweise vereinbaren, dass der Auftragnehmer Korrekturen nur bei Einschnitten der Tests einführen darf oder überhaupt erst am Ende des Prüfungszeitraums.

Dauer der Abnahmeprüfung: Sie verschiebt die Pflicht zur Erklärung der Abnahme und damit die Fälligkeit des Vergütungsanspruchs. Deswegen hat der Kunde sie zügig durchzuführen (und nicht nur in angemessener Frist). Die Festlegung einer Frist dient erst einmal dem Kunden, dass er in Ruhe prüfen kann.

§ 271a Abs. 3 BGB begrenzt allerdings deren Dauer: Eine Frist von mehr als 30 Tagen muss schriftlich vereinbart werden und ist nur wirksam, wenn sie für den Auftragnehmer nicht grob unbillig ist. Das bezieht sich auf die vorgesehene, also nicht durch Mängel gestörte Dauer.

Bei der groben Unbilligkeit kommt es auf alle Umstände an, beispielsweise auf die Größe und Komplexität des Werks und auf durchgeführte Zwischenprüfungen. Der Umstand, dass der Kunde das Werk im laufenden Betrieb überprüfen will, reicht nicht für eine Verlängerung der Frist, wenn das nur der Bequemlichkeit oder der letzten Absicherung dient.

(2) Abnahmepflicht und Mängel

Das Werk soll zum Zeitpunkt seiner Zurverfügungstellung frei von Mängeln sein. Daran schließt sich die Abnahmeprüfung von der vorgenannten Dauer an.

Der Kunde hat von vornherein Anspruch auf Mängelbeseitigung. Er kann von vornherein eine Nachfrist für die Mängelbeseitigung setzen und sogar, wenn diese erfolglos verstreicht, vom Vertrag zurücktreten. Allerdings dürften die Voraussetzungen für den Rücktritt in dieser Phase höher als später sein.

Die Rechtsprechung ist bei technisch fehlergefährdeten Werken gegenüber Mängeln in der Anlaufphase relativ großzügig: Weil Mängel in gewissem Umfang unvermeidbar sind, muss der Kunde eine gewisse Menge an Mängeln in der Anlaufphase hinnehmen, wenn sie nur alsbald beseitigt werden. Insofern liegt eine typische Einschränkung der Verwendungsfähigkeit vor. Die Dauer der Anlaufphase lässt sich nicht allgemein bestimmen. Sie ist aber mindestens so lang wie die Dauer der Abnahmeprüfung.

Das kommt auch oft in den Vereinbarungen zur Abnahmeprüfung zum Ausdruck.

> **Beispiel**
> Der Kunde teilt die aufgetretenen Mängel am Ende des Prüfzeitraums mit. Der Auftragnehmer hat dann eine angemessene Nachfrist für deren Beseitigung. Der Kunde kann zurücktreten, wenn sich in der anschließenden erneuten Prüfung zeigt, dass erhebliche Mängel nicht beseitigt worden sind.

Produkte: Der Kunde muss besonders viel hinnehmen, wenn er vereinbarungsgemäß der Erste oder einer der Ersten ist, der ein Produkt einsetzt und dann mit dessen Unausgereiftheit konfrontiert wird.

Voraussetzungen für die Abnahmepflicht: Ist die Überprüfung erfolgreich, ist der Kunde verpflichtet, die Abnahme zu erklären. Das ist der Fall, wenn das Werk im Wesentlichen vertragsgemäß ist. Alle Leistungen, die Voraussetzung für die Abnahmeprüfung sind, müssen erbracht worden sein, also auch Dienstleistungen wie die vereinbarte Einweisung. Am Ende der Prüfung dürfen von den gerügten Mängeln nur noch unerhebliche nicht beseitigt worden sein. Anderenfalls braucht der Kunde das Werk noch nicht abzunehmen und kann weiterhin Erfüllung verlangen (§ 640 Abs. 1 Satz 2 BGB).

(3) Abnahmeerklärung und Rechtsfolgen

Rechtsfolgen der Abnahmeerklärung sind im Wesentlichen:

- Die Vergütung wird fällig, wobei es wegen Abschlagszahlungen eher nur um einen Restbetrag geht *[Kap. 7.4 (2), S. 147]*.
- Die Verjährungsfrist für Ansprüche wegen Mängeln beginnt. Für die Mängelhaftung greifen jetzt teilweise andere Vorschriften als vor der Abnahmeerklärung ein – mit fast denselben Rechtsfolgen *[Kap. 7.1 unter „Insbesondere Haftung für Mängel", S. 117]*.
- Die Beweislast dafür, dass Störungen auf Mängel zurückzuführen sind, geht auf den Kunden über *[Kap. 6.4.1, S. 101]*.
- Das Risiko, dass das Werk zufällig untergeht, geht auf den Kunden über *[siehe Kap. 6.1.1 unter "Gefahrübergang", S. 98]*.
- Der Kunde kann bestimmte Ansprüche wegen solcher Mängel verlieren, die er bereits kennt *[siehe im Folgenden unter "Abnahmeerklärung in Kenntnis eines Mangels"]*.

Wegen dieser wichtigen Rechtsfolgen ist die Abnahme eine Hauptpflicht des Kunden. Bei deren Verletzung liegt in der Regel Schuldnerverzug vor *[siehe im Folgenden unter (4), S. 155]*.

Abnahmeerklärung durch schlüssiges Handeln: Der Kunde kann die Abnahme insbesondere durch die Zahlung der Vergütung erklären.

Die Erklärung kann auch daraus abgeleitet werden, dass der Kunde das Werk produktiv nutzt. Das gilt anfangs nicht, insoweit das auch als Maßnahme der Abnahmeprüfung einzuordnen ist; die Freiheit des Werks von Mängeln, insbesondere von solchen in der Istbeschaffenheit, zeigt sich möglicherweise erst nach einiger Zeit, sodass die anfängliche Nutzung noch nicht auf den Abnahmewillen schließen lässt. Nutzt der Kunde das Werk weiterhin uneingeschränkt produktiv, heißt das, dass er die Prüfphase abgeschlossen hat oder sogar auf sie verzichtet. – Wenn bald nach Beginn der produktiven Nutzung Mängel gemeldet werden, beinhaltet die weitere Nutzung die Abnahmeerklärung erst dann, wenn diese Mängel (und ggf. weitere erhebliche gemeldete Mängel) beseitigt worden sind.

Abnahmeerklärung in Kenntnis eines Mangels: Mit der Erklärung (ohne Vorbehalt) billigt der Kunde gemäß § 640 Abs. 3 BGB den ihm bekannten Stand des Werks. Er verliert damit seinen Anspruch auf die Beseitigung der ihm bekannten Mängel. Er behält aber seine Ansprüche auf Schadensersatz (§ 640 Abs. 2 BGB).

Abnahme unter Vorbehalt oder unter einer Bedingung: Will der Kunde erreichen, dass der Auftragnehmer diese Mängel beseitigt, muss er sich deren Beseitigung in der Abnahmeerklärung vorbehalten. Umso kommen will Der Vorbehalt bezieht sich nicht auf die Abnahmeerklärung, sondern nur auf den Anspruch auf die Beseitigung der Mängel: „Wir erklären die Vertragsgemäßheit der Leistung unter Vorbehalt unseres Anspruchs, dass folgende Mängel noch beseitigt werden ...". Der Vorbehalt ist nur dann nicht nötig, wenn der Auftragnehmer schon vor der Abnahmeerklärung anerkannt hat, dass bestimmte Mängel vorliegen.

Von der Abnahme unter Vorbehalt ist die bedingte Abnahme zu unterscheiden: „Die Abnahme erfolgt unter der Bedingung, dass die Mängel bis zum _____ beseitigt werden." Wird die Bedingung nicht erfüllt, fällt die Abnahmeerklärung fort.[62] Der Auftragnehmer ist dann hochwahrscheinlich in Lieferverzug.

Wenn der Kunde in der Abnahme unter Vorbehalt angibt, bis zu welchem Termin der Auftragnehmer die Mängel beseitigen soll, macht das die Erklärung noch nicht zu einer bedingten Abnahme. – Ist die Frist angemessen lang und hält der Auftragnehmer diese nicht ein, kommt er in Verzug mit der Mängelbeseitigung *[Kap. 11.3, S. 187]*.

In allen Fällen ist der Kunde aufgrund seiner Abnahmeerklärung zur Zahlung des bei Abnahme fälligen Anteils an der Vergütung verpflichtet, kann aber einen angemessenen Anteil davon bis zur Beseitigung der Mängel zurückbehalten.

Teilabnahmen: Sie haben dieselben Rechtsfolgen wie die Schluss-/End-/Gesamtabnahme. Der Kunde kann trotzdem noch zum Rücktritt vom Vertrag insgesamt berechtigt sein, wenn er später die Gesamtabnahme berechtigterweise verweigert. Voraussetzung dafür ist, dass er an der teilweisen Erfüllung kein Interesse hat *[Kap. 11.1.4, S. 182]*.

---

62 Vorausgesetzt, dass die Mängel zur Verweigerung der Abnahme berechtigen.

(4) Unberechtigte Verweigerung der Abnahme

Vorläufige unberechtigte Verweigerung der Abnahme: Der Kunde gerät dadurch erst einmal in Annahmeverzug; dieser setzt nicht Verschulden voraus *[Kap. 11.9, S. 197]*. Damit hat der Auftragnehmer Ansprüche wegen Annahmeverzugs, aber noch nicht Anspruch auf Zahlung der Vergütung.

Der Auftragnehmer kann dem Kunden eine angemessene Frist für die Abnahmeerklärung setzen. Mit Ablauf der Frist gilt die Abnahme als erteilt, wenn der Kunde innerhalb dieser Frist nicht mindestens einen erheblichen Mangel gemeldet hat (§ 640 Abs. 1 Satz 3 BGB). Es kommt nicht darauf an, ob der Kunde die Abnahmeprüfung aus bei ihm liegenden Gründen nicht durchführen konnte.

Endgültige unberechtigte Verweigerung der Abnahme: Es sind also keine wesentlichen Mängel mehr gemeldet und nicht beseitigt. Die Verweigerung steht der Abnahme nicht gleich; sie hat allerdings eine ähnliche Wirkung, nämlich

– dass die Abnahmeerklärung nicht mehr Voraussetzung für die Fälligkeit der Vergütung ist. Der Vergütungsanspruch bleibt bestehen. Die Beweislast für die Mängelfreiheit bleibt beim Auftragnehmer. Der Kunde kann Gegenansprüche wegen der unwesentlichen Mängel vorbringen.

– dass, wenn die Weigerung auf Mängel gestützt wird, die Verjährungsfrist für Ansprüche wegen Sachmängeln beginnt.

7.7 Haftung wegen Mängeln

Zum Anspruch des Auftragnehmers bei unberechtigten Mängelrügen auf zusätzliche Vergütung für das Tätigwerden, um Störungen beim Kunden zu beseitigen, siehe Kapitel 6.4.8 *[S. 114]*.

Der Kunde hat bis zur Abnahmeerklärung einen Anspruch auf mängelfreie Lieferung, also einen Erfüllungsanspruch (§ 631 BGB). Dieser wandelt sich mit der Abnahmeerklärung in Ansprüche wegen Mängeln um (§§ 633 ff BGB). Zu Mängeln, die vor der Abnahmeerklärung auftreten, siehe Kapitel 7.1 unter „Insbesondere Haftung für Mängel" *[S. 117]*.

Der Vertrag kann Dienstleistungen in beliebigem Umfang umfassen. Die Haftung wegen fehlerhafter dienstvertraglicher Leistungen richtet sich nach Dienstvertragsrecht *[Kap. 9.1, S. 168]*. Mängel in Dienstleistungen werkvertraglicher Art fallen unter die Mängelhaftung.

Der Kunde hat bei Mängeln ziemlich ähnliche Rechte wie beim Kaufvertrag (§ 634 BGB) *[Kap. 6.4 am Anfang, S. 101]*. Abweichungen werden im Folgenden dargestellt.

Maßgeblicher Zeitpunkt: Der Mangel muss zum Zeitpunkt des Gefahrübergangs *[Kap. 6.1.1 unter „Gefahrübergang", S. 98]*, also dem Zeitpunkt der Abnahmeerklärung mindestens im Ansatz (Rechtsprechung: „im Keim") vorhanden sein.

Fehlerhafte Anforderungen des Kunden: Der Auftragnehmer schuldet ein taugliches Werk. Bei fehlerhaften Anforderungen des Kunden wird er erst dann von der Haftung für mangelnde Tauglichkeit des Werks befreit, wenn er den Kunden – nach Kenntniserlangung – gewarnt hat und dieser auf diesen Anforderungen bestanden hat. Der Auftragnehmer darf sich nicht schlechthin darauf verlassen, dass die vereinbarten Anforderungen fehlerfrei sind, selbst wenn sie von Fachleuten erstellt worden sind (das gilt hinsichtlich Schadensersatz wegen Mitverschuldens des Kunden aber kaum, wenn der Auftragnehmer vereinbarungsgemäß weniger fachliche Kenntnisse als der Ersteller zu haben braucht). Der Kunde muss den Mehraufwand auf der Basis eines Änderungsverlangens vergüten *[Kap. 7.3.3, S. 139]*.

(1) Beweislast bei Mängeln

Der Kunde muss die Anspruchsvoraussetzungen, also das Vorliegen von Mängeln, beweisen. Zur Beweislast siehe Kapitel 6.4.1 *[S. 101]*.

(2) Der Anspruch Nacherfüllung

Siehe Kapitel 6.4.2 *[S. 104]*. Die Nacherfüllung kann durch Mängelbeseitigung oder durch Neuherstellung des Werks erfolgen; das Wahlrecht liegt beim Auftragnehmer.

(3) Minderung und Rücktritt

Siehe Kapitel 6.4.3 *[S. 107]* und allgemein Kapitel 11.1.4 *[S.182]*.

Erheblichkeit von Mängeln: Der Kunde kann wegen unerheblicher Mangelhaftigkeit nicht vom Vertrag zurücktreten (§ 323 Abs. 5 BGB). Abzustellen ist auf die Mängel insgesamt *[Kap. 11.1.4 unter „Unerheblicher Lieferverzug/unerhebliche Mängel", S. 185]*.

Vergütungspflicht bei Vergütung nach Aufwand: Ausgangspunkt ist, dass der Auftragnehmer die Kosten für das Finden (Testen) und die Beseitigung von *üblichen* Mängeln während der Herstellung bei Vergütung nach Aufwand in Rechnung stellen darf, insbesondere bei der Erstellung von Software. Die Gründe dafür sind so stark, dass deswegen der Grundsatz, dass der Auftragnehmer die Kosten für die Mängelbeseitigung nach der Lieferung trägt, eine Ausnahme erfährt. Der Kunde hat den Aufwand auch dann zu bezahlen, wenn *übliche* Mängel erst nach Ablieferung entdeckt und beseitigt werden („Sowieso-Kosten").

Selbstvornahme: Kommt der Auftragnehmer einer Fristsetzung für die Nacherfüllung nicht nach, hat der Kunde das Recht, den Mangel selbst zu beseitigen und Ersatz der hierfür erforderlichen Aufwendungen zu verlangen (auf ein Verschulden des Auftragnehmers kommt es nicht an). Zu diesen gehört auch der eigene Arbeitsaufwand des Kunden. Die Fristsetzung ist in denselben Fällen wie bei Verzug nicht erforderlich *[Kap. 11.1.4 (2), S. 188].* – Darüber hinaus kann auch ein Schadensersatzanspruch bestehen.

(4) Schadensersatzansprüche

Siehe Kapitel 6.4.4 *[S. 108]* und allgemein Kapitel 11.7 *[S. 192].*

(5) Kenntnis von Mängeln

Das Werkvertragsrecht geht davon aus, dass das Werk bei Abschluss des Vertrags noch nicht existiert, kennt also keine offenen Mängel. Es kennt auch keine ausdrückliche Prüfungsobliegenheit im Rahmen der Abnahmeprüfung. Zur Abnahmeerklärung in Kenntnis eines Mangels siehe Kapitel 7.6 (3) unter „Abnahmeerklärung in Kenntnis eines Mangels" *[S. 154].*

(6) Verjährung

Die Frist beginnt im Normalfall mit der Abnahmeerklärung (§ 634a BGB). Sie beträgt zwei Jahre bei Verträgen, die sich auf die Herstellung, Wartung oder Veränderung einer *Sache* einschließlich der dazu gehörenden Planungs- oder Überwachungsleistungen beziehen. Bei Verträgen über die Erstellung *geistiger Werke* gilt die normale Verjährungsfrist von drei Jahren *[Kap. 11.8 (2), S. 195].*

(7) Garantien

§ 639 BGB erklärt nur, dass die Haftung für eine Beschaffenheitsgarantie *[Kap. 6.4.7 (1), S. 111]* nicht eingeschränkt werden kann. – Haltbarkeitsgarantien *[Kap. 6.4.7 (2), S. 112]* werden nicht angesprochen, können aber auf Grund der Vertragsfreiheit vereinbart werden. Wie beim Kaufvertrag kann der Kunde zumindest für Standardprodukte ein Interesse daran haben, dass der Auftragnehmer sich verpflichtet, alle nach diesem Zeitpunkt auftretenden Ausfälle zu beseitigen, also eine Haltbarkeitsgarantie zu übernehmen. Die Wirkung kann auch über eine Verlängerung der Verjährungsfrist erreicht werden; dann würde aber die Beweislast nicht beim Auftragnehmer bleiben.

7.8 Verträge mit Unterauftragnehmern über Leistungen für Kunden

Im Folgenden werden der Auftraggeber als „Generalunternehmer" (= GU) und der Auftragnehmer als „Unterauftragnehmer" (abgekürzt: „Unter-AN") bezeichnet. Der GU erhält den „Hauptauftrag" vom „Endkunden".

Besonderheiten ergeben sich, wenn der Unterauftragnehmer nicht nur innerhalb des Teams des GU mitwirkt, sondern wichtige Teile des Auftrags des Endkunden eigenverantwortlich durchführt.

> **Beispiel**
>
> Bei einem Auftrag eines Endkunden über ein umfangreiches Werk ist der GU für die Lieferung der Hardware zuständig und der Unterauftragnehmer für die Erstellung der projektspezifischen Software oder für die Inbetriebnahme seiner Standardsoftware, die er über den GU liefert.

Aus diesem Dreiecksverhältnis können sich Problemen ergeben.

> **Beispiel**
>
> An der Abnahmeprüfung des Endkunden mit dem GU beteiligt sich auch der Unter-AN zwecks Unterstützung der Abläufe. Der Endkunden Mängelrügen in einem Protokoll auf. Auch der Unter-AN unterzeichnet dieses. Damit erkennt er hoch wahrscheinlich Mängelrügen im Verhältnis zum GU an, die seinen Lieferanteil betreffen.

Der GU darf Dokumente des Unter-AN nicht ohne Absprache inhaltlich verändert an den Endkunden weiterreichen; es sei denn, dass er die Änderungen kenntlich gemacht hat.

(1) Nicht geschuldete Leistungen des Unterauftragnehmers

Die vom GU dem Endkunden geschuldete Leistung braucht sich selbst bei identischer schriftlicher Aufgabenstellung nicht mit der vom Unter-AN geschuldeten Leistung zu decken:

- Jedes Dokument ist vor dem Hintergrund desjenigen auszulegen, der es erstellt hat. Der GU hat also das Dokument des Endkunden vor dessen Hintergrund auszulegen, soweit er diesen kennt *[Kap. 7.2.1 (1), S. 119]*. So können z.B. aufgrund früherer Aufträge des Endkunden an den GU bestimmte Konventionen über die Leistungserbringung oder über die Leistung selbst bestehen, die der Unter-AN nicht kennt. Dieser weiß zwar, dass das Dokument vom Endkunden stammt und vor dessen Hintergrund gesehen werden soll. Soweit ihm dieser Hintergrund allerdings nicht bekannt ist, kann er diesen nicht berücksichtigen und braucht es auch nicht zu tun.
- Der GU kann schriftlich oder mündlich Leistungen zum Lieferanteil des Unter-AN zugesagt haben, die dieser nicht kennt *[siehe in Folgenden unter (3)]*.

- Der GU hat eine Gesamtleistung zu erbringen, die sich auf die vom Unter-AN übernommene Leistung auswirkt, ohne dass der Unter-AN diese Auswirkungen als Vorgabe für seine Leistungspflicht übernommen hat.

    Beispiel
    Das Leistungsverhalten der vom Unter-AN zu erstellenden Programme kann wesentlich von der Kapazität der IT-Anlage beeinflusst werden, die der GU liefert. Hat der GU deren Kapazität knapp bemessen, mag es möglich sein, dass der Unter-AN das gewünschte Ergebnis mithilfe von Tuning-Maßnahmen erreichen kann. Er schuldet allerdings nicht diese Maßnahmen, sondern nur Programme, deren Leistungsverhalten auf einer ordentlich bemessenen Kapazität der IT-Anlage aufbaut.

Der Auftragnehmer ist zu den sich daraus ergebenden Mehrleistungen nicht verpflichtet, muss aber im Rahmen von Treu und Glauben entsprechende Zusatzaufträge übernehmen. Daraus erwachsen ihm gesicherte Gegenansprüche *[Kap. 7.3.3 (2), S. 140]*. Die Vertragsdurchführung dürfte zwar darunter zu Lasten des GU leiden; das hat der GU sich aber selbst eingebrockt.

Wenn der Unter-AN allerdings ohne Beauftragung mit der Realisierung anfängt, kann er dieselben Schwierigkeiten wie ein normaler Auftragnehmer bekommen, seine Ansprüche auf rechtlicher Ebene durchzusetzen *[Kap. 7.3.3 (3), S. 142]*, und erst recht auf geschäftlicher. – Der GU hat die nicht ausreichende Beauftragung verursacht. Der Endkunde bleibt in diesem Fall rechtlich gesehen außen vor. Der GU kann sich also auf geschäftlicher Ebene nicht mit dem geizigen Endkunden argumentieren.

(2) Der Unterauftragnehmer leistet mehr ohne formelle Beauftragung

Der Unter-AN macht von sich aus im Einverständnis mit dem Kunden zu viel. Beispielsweise erarbeitet er für seinen Lieferanteil mit dem Kunden eine Spezifikation, die ein Werk beschreibt, das im Umfang und/oder in der Qualität über das hinausgeht, was der GU dem Kunden schuldet und was durch den zwischen jenen vereinbarten Festpreis abgedeckt ist *[zu Vergütung nach Aufwand siehe Kap. 7.3.2 unter „Einfluss der Preisform", S. 129]*.

Im Ansatz könnte der GU einen Anspruch gegen den Endkunden auf eine zusätzliche Beauftragung haben. Der Unter-AN hat keine Vollmacht für den GU, kann also im Normalfall nicht für diesen in dessen Verhältnis zum Endkunden auf eine zusätzliche Beauftragung verzichten (er könnte eine Anscheinsvollmacht haben *[Kap. 4.3 (2), S. 79]*). Rechtlich gesehen könnte der GU sich stur stellen, auf die Verträge verweisen und die Übererfüllung beim Endkunden einkassieren; damit würde er aber die Kundenzufriedenheit beeinträchtigen. Der Unter-AN hat den GU also in eine schwierige Lage gebracht, solange der Endkunde sich fair verhielt und davon ausgehen durfte, dass sich der Unter-AN im Interesse des GU an den Vereinbarungen zwischen diesem und dem Endkunden ausrichten würde. Hier kommt so viel zusammen, dass jede Seite einen Rechtsberater einschalten sollte.

Der kluge GU sollte den Unter-AN warnen, dass dieser Übererfüllung zu eigenen Lasten machen würde, am besten sollte er das gleich im Vertrag mit ihm vereinbaren.

(3) Auswirkungen des Hauptauftrags auf die Abnahme und auf Zahlungen

§ 641 Abs. 2 BGB schützt den Unter-AN dahingehend, dass er die Abnahmeerklärung für seine Leistung und sein Geld nicht (spürbar) später als der GU bekommt.

Abnahmepflicht: Der GU muss die Begrenzung der Prüffrist in § 271a BGB beachten *[Kap. 7.6 (1) unter "Dauer der Abnahmeprüfung", S. 152]*.

Wenn der Endkunde die Abnahme erklärt, muss der GU das seinerseits normalerweise im Verhältnis zum Unter-AN gelten lassen, also auch die Abnahme erklären.

Lehnt der Endkunde die Abnahme nur wegen Mängeln in der Leistung des GU ab, muss dieser die Abnahme gegenüber dem Unter-AN erklären.

Verweigert der Endkunde die Abnahme grundlos, dürfte das im Risikobereich des GU liegen und dessen Pflichten nicht einschränken. Denn er hat Schadensersatzansprüche gegen den Endkunden wegen dessen Vertragsverletzung *[siehe Kap. 7.6 (4) unter „Vorläufige unberechtigte Verweigerung der Abnahme", S. 155]*.[63]

Wenn die Modalitäten für die Abnahme im Unterauftrag nicht festgelegt sind, stellt sich die Frage, inwieweit der GU die Leistung erst abzunehmen braucht, wenn der Endkunde sie überprüft oder sogar abgenommen hat. Wenn die Leistung zuerst beim GU installiert wird, damit dieser sie überprüfen kann, liegt es nahe, dass die Auslieferung an den Endkunden die Abnahmeerklärung beinhaltet (der Unter-AN muss von der Weitergabe erfahren). Wenn der Unter-AN die Leistung hingegen gleich an den Endkunden ausliefern soll oder wenn diese nur dort sinnvoll in Betrieb genommen werden kann, liegt das fern.

Die Vertragspartner können vereinbaren, dass der GU die Abnahmeprüfung gegenüber dem Unter-AN erst im Zusammenhang mit der Abnahmeprüfung durch den Endkunden durchzuführen braucht (und der GU sich für die Prüfung des Endkunden bedienen wird).

---

63 Außerdem hätte der GU die Rechtsform des Innenkonsortiums verlangen können *[Kap. 5.8, S. 91]*. Indem er darauf verzichtet hat, hat er dieses Risiko übernommen.

Hier ist die Begrenzung der Prüffrist in § 271a BGB zwar erst recht zu beachten. Der GU dürfte aber die Möglichkeit haben, den Unter-AN an den Arbeiten beim Endkunden zu beteiligen, sodass dieser seine Werkleistung kaum früher als der GU abschließen und den Lauf der Frist auslösen kann.

Zahlungspflicht des GU: Spätestens wenn der GU die Vergütung für die Leistung des Unterauftragnehmers ganz oder teilweise erhalten hat, muss er den Unter-AN ganz oder teilweise bezahlen (§ 641 Abs. 2 Nr. 1 BGB). Dafür ist nicht Voraussetzung, dass der Endkunde und der GU Abschlagszahlungen vereinbart haben. Es reicht, dass der GU sie erhalten hat (§ 632a BGB).

Wenn der Endkunde gegenüber dem GU die Abnahme für eine Leistung erklärt hat, die die Leistung des Unterauftragnehmers umfasst, ist die Vergütung ebenso fällig.[64]

7.9 Bauverträge

(1) Grundlagen

§§ 650a ff BGB ergänzen das Werkvertragsrecht für Bauverträge. Zum einen geht es um das Recht des Kunden, Änderungen "des vereinbarten Werkerfolgs" zu verlangen, soweit sie für den Auftragnehmer zumutbar sind, und zum anderen um die Möglichkeit, dieses Recht zeitnah durchzusetzen, gegebenenfalls sogar durch eine einstweilige Verfügung.[65]

Finanzielle Gegenansprüche des Auftragnehmers und deren Absicherung sowie deren Zahlung werden geregelt. Der Anspruch auf zusätzliche Zeit wird nicht geregelt; er ergibt sich aus § 271 BGB [siehe Kap. 5.3, S. 90].

In der Praxis wird die VOB Teil B (Allgemeine Vertragsbedingungen für die Ausführung von Bauleistungen) vielfach angewendet, nicht nur von der öffentlichen Hand. Diese Vertragsbedingungen weichen vom Bauvertrag gemäß BGB teilweise

---

64 Weil der Unter-AN kaum etwas über die Zahlungen des Endkunden weiß, hat er einen Auskunftsanspruch. Setzt er dem GU eine diesbezügliche angemessene Frist und erteilt der GU die Auskunft nicht, hat der Unter-AN ebenso Anspruch auf Zahlung.

65 Die Vorschriften sehen dazu vor, dass der Kunde, wenn die Parteien sich nicht innerhalb von 30 Tagen einigen, Änderungen anordnen kann, soweit sie für den Auftragnehmer zumutbar sind. Der Kunde kann Änderungen durch eine einstweilige Anordnung durchsetzen; dabei braucht er den Verfügungsgrund nicht einmal glaubhaft zu machen.

Einstweilige Verfügungsverfahren sind vorgesehen und können schnell durchgeführt werden. Dafür hat der Gesetzgeber § 72 a Satz 1 Nr. 2 Gerichtsverfassungsgesetz eingeführt: Für die effiziente Bearbeitung der zu erwartenden hohen Zahl an solchen Verfahren sollen bei der Land- und Oberlandesgerichten spezialisierte Baukammern bzw. -senate eingerichtet werden.

Für andere Streitigkeiten ist ein solcher Ausgleich nicht vorgesehen. Weil diese Vorschriften so bauvertragsspezifisch sind, können sie nicht analog auf andere Werkverträge angewendet werden.

ab. Beispielsweise kann der Auftragnehmer eine zusätzliche Vergütung für Leistungen Einheitspreisen nur verlangen, wenn die ordnungsgemäß verbrauchte Menge der Mengenansatz um mehr als 10 % überschreitet.

Die beteiligten Kreise und damit deren Projektleiter sind so in der Anwendung der VOB Teil B eingearbeitet, dass es überflüssig ist, hier mehr über die VOB Teil B auszuführen. Es gibt umfangreiche Literatur für Bauleiter und andere Nicht-Juristen.

(2) Bauträgervertrag

Der Bauvertrag geht davon aus, dass der Kunde bereits der Eigentümer des Grundstücks ist. Soll der Auftragnehmer dem Kunden auch das Eigentum oder ein Erbbaurecht verschaffen, greift § 650u BGB über den Bauträgervertrag zusätzlich ein: Die diesbezügliche Pflicht richtet sich nach den Vorschriften über den Kauf. Es entfallen einige Vorschriften des Werkvertragsrechts und des Bauvertragsrechts, die zu dieser Konstellation nicht passen.

7.10 Beratungsverträge (Konzepterstellung usw.)

(1) Vertragstyp Werkvertrag oder Dienstvertrag

Verträge über die Erstellung von Konzepten oder die Auswahl eines Systems können als Werkvertrag oder als Dienstvertrag ausgestaltet werden. Für die rechtliche Einordnung kommt es auf die Intensität der Zusammenarbeit der Vertragspartner an: Arbeiten die Vertragspartner eng zusammen (liefern die Mitarbeiter des Kunden also nicht nur Informationen, die der Auftragnehmer mit diesem abstimmt), liegt ein Dienstvertrag vor. Der Auftragnehmer erstellt in diesem Falle nicht das Dokument als Ergebnis im Sinne des Werkvertragsrechts, sondern übernimmt nur die Funktion des Formulierungs- und Schreibdienstes für das gemeinsam erarbeitete Ergebnis. – Anderenfalls liegt ein Werkvertrag vor *[vgl. Kap. 2.3, S. 11, und Kap. 7.3.2 (1) am Ende, S. 129]*.

Bei der Systemauswahl liegt eher ein Dienstvertrag vor, wenn der Kunde genügend Sachkompetenz hat, um die Auswahlentscheidung selbst treffen zu können, und der Auftragnehmer nicht eine Empfehlung schuldet.

Durchführung beim Werkvertrag: Das Vorgehen entspricht weitestgehend demjenigen bei einem Werkvertrag, der auf die betroffenen Phasen beschränkt ist *[vgl. Kap. 7.3.2: die „Gemeinsame Konkretisierung" scheidet aus, S. 127]*.

Bei einem solchermaßen beschränkten Werkvertrag ist der Kunde verpflichtet, das Ergebnis abzunehmen (§ 640 BGB). Wenn es zu einem weiteren Auftrag über die Erstellung des Systems kommt, ist das abgenommene Dokument die verbindliche

Vorgabe. Das ist bei einem Festpreis relevant: Der Kunde kann die Realisierung von Anforderungen, die in dem Dokument nicht enthalten sind, nur als Schadensersatzanspruch aufgrund des ersten Vertrags verlangen, nämlich dass diese Nichtaufnahmen/Lücken im Dokument zu vertretende Mängel darstellen. Dann trägt er die Beweislast dafür, dass er einen Schaden erlitten hat, nämlich dass der Auftragnehmer, wenn dieser die betreffenden Anforderungen bereits in dem Dokument aufgenommen hätte, bei den Verhandlungen über den zweiten Vertrag keine höhere Vergütung verlangt und durchgesetzt hätte für *[Kap. 11.7, S. 193]*.

(2) Architektenvertrag und Ingenieurvertrag

§§ 650p bis 650t BGB ergänzen das Werkvertragsrecht. Sie regeln einzelne Probleme zwischen einem Kunden und einem Architekten oder Ingenieur als Auftragnehmer im Zusammenhang mit Bauverträgen.

Architekten und Ingenieure haben die erforderlichen Leistungen zu erbringen, damit die Planungs- und Überwachungsziele erreicht werden können. Soweit wesentliche Ziele noch nicht vereinbart sind, hat der Auftragnehmer eine Planungsgrundlage zur Ermittlung dieser Ziele zu erstellen und vorzulegen (einschließlich einer Kostenabschätzung für das Bauvorhaben).

8. Werklieferungsverträge

Bei der Variante Werklieferungsvertrag gelten nicht nur die Vorschriften des Kaufvertrags, zusätzlich die Vorschriften des Werkvertragsrechts zur Durchführung *[Kap. 2.1, S. 9]*:

- § 642 BGB über die Mitwirkung des Kunden und die Entschädigung des Auftragnehmers für dessen Mehraufwand bei unzulänglicher Mitwirkung *[Kap. 11.6, S. 191]*.
- § 643 BGB über das Recht des Auftragnehmers, den Vertrag bei unterlassener Mitwirkung außerordentlich zu kündigen *[Kap. 11.6, S. 191]*.
- § 645 BGB über Ansprüche des Auftragnehmers, wenn der Kunde für Störungen verantwortlich ist (= sie in seinen Verantwortungsbereich fallen), die die Leistungserbringung verhindern *[Kap.11.6, S. 191]*.
- § 648 BGB über das freie Kündigungsrecht des Kunden *[Kap. 7.3.5, S. 145]*.
- § 649 BGB über Kostenanschläge *[Kap. 7.4 (3), S. 148]*.
- Die Höhe der Vergütung für Dienstleistungen ist im Kaufrecht nicht bestimmt; § 632 BGB (oder § 612 BGB bei dienstvertraglichen Dienstleistungen) greift entsprechend dahingehend ein, dass die übliche Vergütung als vereinbart gilt.

Die Rechtsfolgen, die das Werkvertragsrecht an die Abnahme knüpft, richten sich also nach Kaufrecht; statt auf den Zeitpunkt der Abnahmeerklärung ist auf den Zeitpunkt der Entgegennahme der Kaufsache abzustellen *[siehe auch die Abbildung in Kap. 2.2, S. 11]*. Das macht keinen großen Unterschied aus:

- Die Vergütung wird mit der Entgegennahme fällig (also kein Anspruch auf Abschlagszahlungen).
- Das Risiko, dass die Kaufsache zufällig untergeht, geht bereits mit dem Abschluss der Erfüllungshandlung auf den Kunden über.
- Beginn der Haftung wegen Mängeln und der Verjährungsfrist für diese Ansprüche mit der Entgegennahme. Der Anspruch auf mangelfreie Lieferung besteht als Erfüllungsanspruch ebenso schon vorher.
- Die Beweislast dafür, dass Mängel vorliegen, geht mit der Entgegennahme an den Kunden über.
- Den Kunden trifft die kaufmännische Untersuchungs- und Rügeobliegenheit.

9. Dienstverträge

9.1 Grundzüge des Dienstvertrags

Siehe Kapitel 2.1 *[S. 9]*.

(1) Vertragstypische Pflichten

Der Auftragnehmer schuldet Tätigkeit. Er muss sie nach seinen Kräften und nach seinem Wissen in Richtung auf einen Erfolg leisten; auf den Eintritt des Erfolgs kommt es aber nicht an. Das ist die wesentliche Abgrenzung zum Werkvertrag *[vgl. Kap.2.3, S. 13]*.

§ 611a BGB enthält eine ausführliche Definition des Dienstvertrags. Diese ist eigentlich überflüssig. Sie dient der Abgrenzung zur Arbeitnehmerüberlassung, allerdings nicht, weil das von der Rechtsordnung her erforderlich wäre, sondern um der Umgehung von Arbeitnehmerüberlassung entgegenzuwirken *[siehe Kap. 9.2.2 zur Abgrenzung zum freien Mitarbeiter, S. 170]*.

Zur ordnungsgemäßen Leistung gehört auch, dass der Auftragnehmer den Kunden warnt, wenn dessen Mitarbeiter nicht sachgemäß mit ihm zusammenarbeiten bzw. ihn nicht ordnungsgemäß unterstützen.

Arbeitsvertrag: Der mit Abstand wichtigste Dienstvertrag ist der Arbeitsvertrag. Seit dem Inkrafttreten des BGB hat sich eine sehr umfangreiche spezielle Arbeitsgesetzgebung entwickelt. Ein Arbeitsvertrag liegt vor, wenn Dienste in persönlicher und wirtschaftlicher Abhängigkeit geleistet werden.

Persönliche Leistungserbringung: Der Kunde hat sich seinen Auftragnehmer ausgesucht. Deswegen muss dieser die versprochenen Dienste im Zweifel selbst leisten, d.h. wenn sich nichts Gegenteiliges aus dem Vertrag ergibt (§ 613 BGB). Er darf also im Zweifel keinen Unterauftragnehmer hinzuziehen. Wird eine GmbH beauftragt, ist das abzuwandern: Sie darf nicht nur durch ihre Geschäftsführer, sondern auch durch ihre Mitarbeiter tätig werden.

Fraglich ist, ob eine GmbH nur fest angestellte Mitarbeiter oder aber auch freie Mitarbeiter einsetzen darf. Wendet man § 613 Satz 1 BGB entsprechend auf diese Situation an, darf der Auftragnehmer im Zweifel nur fest angestellte Mitarbeiter einsetzen. Andererseits ist zu berücksichtigen, dass Kunden, die in eigenen AGB ein Verbot oder einen Zustimmungsvorbehalt bezüglich des Einsatzes von Unterauftragnehmern vorsehen, häufig solche freien Mitarbeiter, mit denen der Auftragnehmer dauernd zusammenarbeitet, für gut geeignet halten und vom Verbot ausnehmen.

Persönliche Leistungsfähigkeit: Der Kunde hat sich seinen Auftragnehmer ausgesucht. Deswegen muss er sich mit diesem zufrieden geben. Auch wenn er mit dessen Fähigkeiten und mit dessen Einsatzbereitschaft berechtigterweise unzufrieden ist, bleibt ihm normalerweise nur das Recht, das Dienstverhältnis für die Zukunft zu kündigen *[siehe aber Kap. 9.1 (2) unter „Besonderes Kündigungsrecht bei Diensten höherer Art", S. 167]*. Wenn der Auftragnehmer allerdings einen Mitarbeiter einsetzt, der das durchschnittliche Niveau dieses Auftragnehmers (ggf. entsprechend der vereinbarten Qualifikationsstufe) nicht erreicht, dürfte der Kunde berechtigt sein, dessen Austausch zu verlangen. Sonst bleibt dem Kunden nur der Weg, sich auf Vertragsverletzungen zu berufen.

Vergütung: Der Kunde muss die vereinbarte Vergütung bezahlen. Sie besteht in der Regel in Geld.

Wird die Vergütungspflicht nicht ausdrücklich vereinbart, wird vermutet, dass die Zahlung einer Vergütung „stillschweigend" vereinbart ist, wenn die Leistung der Dienste den Umständen nach nur gegen eine Vergütung zu erwarten ist (§ 612 BGB). Ist über die Höhe der Vergütung nichts vereinbart, so gilt die übliche Vergütung als vereinbart. Deren Höhe ist notfalls durch einen Sachverständigen zu ermitteln *[vgl. Kap. 7.1 unter „Hauptpflicht des Kunden", S. 117]*.

Vereinbart werden kann eine Obergrenze für die Vergütung. Der Auftragnehmer übernimmt dann ein gewisses Risiko. Kommen Aufgaben hinzu, hat er Anspruch darauf, dass die Obergrenze erhöht wird. – Wird eine Aufwandsschätzung dem Vertrag zugrunde gelegt, dürfte § 649 BGB zum Kostenanschlag entsprechend anzuwenden sein *[vgl. Kap. 7.4 (3), S. 148]*.

Gemäß § 614 BGB ist die Vergütung fällig, wenn die Dienste geleistet sind. Ist die Vergütung nach Zeitabschnitten bemessen, ist sie nach dem Ablauf der einzelnen Zeitabschnitte zu entrichten. In der Praxis wird in der Regel nach längeren Zeitabschnitten vergütet (= auch bei Stundensatz/Tagessatz monatliche Abrechnung).

Die Vertragspartner können eine Zahlungsfrist vereinbaren. Dann gelten zu Lasten des Kunden die allgemeinen Schranken *[Kap. 5.3 unter "Zahlungsfristen", S. 90]*.

Vergütung bei Annahmeverzug des Kunden: Der Kunde lässt den Auftragnehmer nicht tätig werden: Wenn der Auftragnehmer die vereinbarte Vergütung verlangen will, ohne die Dienste geleistet zu haben und ohne zur Nachleistung verpflichtet zu bleiben, muss er seine Dienste ausdrücklich anbieten (§ 615 BGB). Er setzt den Kunden dadurch in Annahmeverzug *[Kap. 11.9, S. 197]*. – Er muss sich den Wert desjenigen anrechnen lassen, was er erspart, weil die Leistung unterbleibt, sowie das, was er durch anderweitige Verwendung der eigenen Arbeitszeit oder der von seinen Mitarbeitern erwirbt oder zu erwerben böswillig unterlässt *[vgl. Kap. 7.3.5, S. 145]*.

(2) Kündigung/Beendigung

Da beim Dienstvertrag die Dienste im Zeitablauf geleistet werden, sieht das Gesetz die Kündigung für die Zukunft vor, nicht den (rückwirkenden) Rücktritt.

Die Kündigungsfristen ergeben sich aus § 621 BGB. Sie sind sehr kurz, wenn die Vergütung nach Stunden- oder nach Tagessätzen bestimmt wird.

Kündigung aus wichtigem Grund: Gegenüber der allgemeinen Vorschrift in § 314 BGB *[Kap. 11.1.5, S. 185]* enthält § 626 BGB eine Besonderheit, nämlich eine Ausschlussfrist: Die Kündigung kann nur innerhalb von zwei Wochen von dem Zeitpunkt an erfolgen, in dem der Kündigungsberechtigte von dem wichtigen Grund Kenntnis erhalten hat.

Meist erfüllen die Tatsachen, die zur Kündigung berechtigen, zugleich die Voraussetzungen für einen Anspruch auf Schadensersatz *[siehe (3)]*.

Besonderes Kündigungsrecht bei Diensten höherer Art: § 627 BGB erlaubt beiden) Seiten, einen Vertrag über Dienste höherer Art jederzeit zu kündigen. Das sind Dienste, die üblicherweise nur aufgrund besonderen Vertrauens übertragen werden. Der Auftragnehmer darf allerdings nur so kündigen, dass sich der Kunde die Dienste anderweitig wieder beschaffen kann.

Wer Beratung im engeren Sinne erbringt, dürfte Dienste höherer Art leisten. Auch Firmen können Auftragnehmer im Sinne von § 627 BGB sein.

Weiterarbeit nach Beendigung: Arbeitet der Auftragnehmer nach Ablauf der kalendermäßig bestimmten Zeit oder der Kündigungsfrist weiter, billigt der Kunde das in der Regel, wenn er davon weiß; die Vertragspartner verlängern dann unausgesprochen den Vertrag. § 625 BGB sichert den Auftragnehmer dahingehend ab, dass der Kunde sich nicht auf seinen gegenteiligen Willen berufen kann. – Es reicht also aus, wenn die Fachabteilung des Kunden um die Fortsetzung weiß, auch wenn die zuständige Einkaufsabteilung noch nicht die von der Fachabteilung gewünschte Vertragsverlängerung kennt oder durchgeführt hat.

(3) Die Haftung des Auftragnehmers

Schlechterfüllung ist die Verletzung der Pflicht zu ordentlicher Arbeit *[Kap. 11.5, S. 191]*. Sie führt zur Schadensersatzpflicht, wenn der Auftragnehmer diese Verletzung zu vertreten hat, im Normalfall: diese verschuldet hat.

Eine Pflicht zur Beseitigung von Mängeln gibt es begrifflich nicht (es gibt keine Mängel im Rechtssinn). Das gilt auch dann, wenn die Vertragspartner gemeinsam ein Ergebnis erstellt haben und die Fehlhandlung dem Auftragnehmer zuzuordnen ist. Wenn der Auftragnehmer die Fehlhandlung allerdings zu vertreten hat, kommt in Betracht, dass er ihre Folgen wegen Schlechtfüllung auf eigene Kosten beseitigen/ausgleichen muss *[möglicherweise nicht bei Vergütung nach Aufwand wegen des üblichen Arbeitsrisikos, vgl. Kap. 7.7 (2), S. 156]*. – Die Vertragsfreiheit erlaubt zu vereinbaren, dass der Auftragnehmer Fehler stets auf eigene Kosten beseitigen/ausgleichen muss.

Das Dienstvertragsrecht kennt *keine* Minderung der Vergütung, wenn die Leistung hinter dem üblichen Leistungsniveau zurückbleibt. Nur insoweit wie der Kunde durch schuldhafte Verletzung einer Vertragspflicht einen Schaden erleidet, hat er Anspruch auf Schadensersatz. Es lässt sich nur teilweise vertreten, dass der Schaden darin liegt, dass der Auftragnehmer keine vollwertige Leistung erbracht hat *[siehe Kap. 9.1 (1) unter „Persönliche Leistungsfähigkeit", S. 166]*.

Verzug: Der Auftragnehmer kommt gemäß §§ 286 f. BGB in Verzug und macht sich bei Vertretenmüssen schadensersatzpflichtig, wenn er nicht zeitgerecht arbeitet. Eine unmittelbare Haftung für die Einhaltung von Endterminen gibt es nicht. Der Auftragnehmer ist nur verpflichtet, zu den vereinbarten Zeiten zu arbeiten, sowie dazu, sich um die Einhaltung von Terminplänen zu bemühen. Erkennt er, dass er einen Termin nicht einhalten kann, ist er verpflichtet, den Kunden darüber zu informieren (unterlässt er das, macht er sich schadensersatzpflichtig). Möglich sind selbstständige Zusagen (Garantien), aufgrund derer der Auftragnehmer ggf. haftet.

(4) Recht an den Arbeitsergebnissen

Es geht um die Darstellung/Verkörperung und um das Know-how.

Dem Kunden stehen bei Projekten im Normalfall alle Rechte an der Darstellung von Ergebnissen zu. Das ist urheberrechtlich plausibel: Wenn Mitarbeiter von beiden Vertragspartnern Miturheber sind, liegt es in Anbetracht dessen, dass die Vertragspartner nur vorübergehend zusammenarbeiten, nahe, dass die Nutzungsrechte an einen der Vertragspartner gehen sollen, und zwar an den Kunden. Die Rechtsprechung geht auch davon aus, dass alle Rechte an den Kunden übergehen sollen, wenn ein Auftragnehmer eine geistige Leistung in enger Anbindung an den

Kunden erstellt. – Ausgenommen sind Dokumente, die der Auftragnehmer in die Vertragsdurchführung einbringt, z.B. Untersuchungen, die er früher erarbeitet hat.

Der Auftragnehmer darf das erworbene Wissen anderweitig verwenden, soweit nicht *besondere* Geheimhaltungsinteressen entgegenstehen. Um das nicht geschützte Wissen effektiv nutzen zu können, darf der Auftragnehmer eine Kopie solcher von ihm erstellten Unterlagen behalten.

9.2 Vertragstypen in der Praxis

9.2.1 Insbesondere Verträge mit freien Mitarbeitern

(1) Vertragstypen

Verträge mit freien Mitarbeitern können Dienst- oder Werkverträge sein. Die Vertragspartner können Rahmenverträge schließen, um ihre Zusammenarbeit zu regeln.

Die Verträge werden häufig als Werkverträge bezeichnet, insbesondere

– um Dienstverträge auszuschließen und den Auftragnehmer möglichst stark in die Pflicht zu nehmen (es solle ein „Erfolg" geschuldet werden, auch wenn es dann im Einzelauftrag um „Unterstützung" geht) *[Kap. 2.3 unter „Einordnung unter die gesetzlichen Vertragstypen", S. 13]*,

– um den Eindruck zu erwecken, dass Arbeitnehmerüberlassung ganz fern liege *[Kap. 9.2.2, S. 170]*.

Maßgeblich ist, was an Leistung tatsächlich gewollt ist. Das ergibt sich aus deren Beschreibung im Vertrag oder später aus der Durchführung.

(2) Abgrenzung freie Mitarbeiter – normale Mitarbeiter *

Eventuell nimmt der Kunde den freien Mitarbeiter so stark in Beschlag, sodass der Vertrag zu einem Arbeitsvertrag und der freie Mitarbeiter zu einem Arbeitnehmer werden. Es geht um die Situation, dass ein freier Mitarbeiter durchweg nur mit einem einzigen Auftraggeber (häufig mit einem GU) zusammenarbeitet und nach Aufwand vergütet wird. Der Einzelauftrag ist ziemlich unbedeutend und wird deswegen entsprechend formlos gehandhabt.

Bei Verträgen des Auftraggebers mit dessen Endkunden tritt der freie Mitarbeiter diesen gegenüber als normaler Mitarbeiter auf und hat keinen abgegrenzten Aufgabenbereich (sofern er nicht der einzige ist, der an der Aufgabe arbeitet, oder sich das aus der Auftragsstruktur ergibt).

Bei dauerhafter Zusammenarbeit stellt sich die Frage, ob der freie Mitarbeiter wirklich frei oder aber persönlich und wirtschaftlich so abhängig ist, dass es geboten ist, ihn wie einen Arbeitnehmer zu schützen.

Zwischen dem echt freien, nämlich dem persönlich und wirtschaftlich unabhängigen Mitarbeiter und dem Arbeitnehmer gibt es noch die Zwischenstufe des arbeitnehmerähnlichen Selbstständigen: Dessen Stellung als Unternehmer bleibt unangetastet; er wird aber als wirtschaftlich so schwach angesehen, dass er gemäß § 2 Nr. 9 Sozialgesetzbuch VI im Interesse des Allgemeinwohls verpflichtet ist, sich bei der Rentenversicherung zu versichern *[siehe Materialband]*.

(3) Rechte an den Ergebnissen

Der Kunde/Auftraggeber hat dominante Verwertungsinteressen, soweit die Tätigkeit des freien Mitarbeiters sich auf die Schaffung von Produkten bezieht. Dementsprechend soll er ausschließliche und uneingeschränkte Rechte an den Ergebnissen erhalten.

9.2.2 Abgrenzung zur Arbeitnehmerüberlassung *

Arbeitnehmerüberlassung an den Kunden liegt vor, wenn Mitarbeiter des Auftragnehmers nicht als dessen Erfüllungsgehilfen tätig werden, um von diesem geschuldete Leistungen zu erbringen, sondern wenn sich dessen Leistung darauf beschränkt, die Mitarbeiter mit (fast) ihrer ganzen Arbeitszeit zur Verfügung zu stellen, sodass sie beim Kunden wie dessen Mitarbeiter tätig werden.

Ein Auftragnehmer kann gewerbsmäßig legal Arbeitnehmerüberlassungsverträge schließen. Er braucht dafür eine entsprechende Erlaubnis nach dem AÜG. Auf diese hat er Anspruch, wenn er gewisse Standards gegenüber seinen Mitarbeitern einhält. Der Erlaubnisvorbehalt dient also nur der Kontrolle. Bei gewerbsmäßiger Überlassung *ohne Erlaubnis* sind die Verträge zwischen Verleiher und Mitarbeiter bzw. Verleiher und Entleiher unwirksam; die Mitarbeiter des Verleihers werden dann geschützt, indem sie als solche des Entleihers gelten (§ 10 AÜG).

In der Praxis stellt sich das Problem, dass viele Kunden Arbeitnehmerüberlassungsverträge vermeiden wollen und diese deswegen als Dienstverträge oder Werkverträge kaschieren. Der Gesetzgeber hat den Arbeitsvertrag in § 611a BGB definiert, um der Umgehung des AÜG entgegenwirken. Die Definition soll zeigen, wann das Verhältnis zwischen dem Kunden und dem Mitarbeiter des Auftragnehmers so eng ist, dass in deren Verhältnis ein Arbeitsvertrag vorliegt und also keine (unerlaubte) Arbeitnehmerüberlassung zwischen dem Kunden und dem Auftragnehmer. Im Materialband geht es nicht darum, Ihnen im Einzelnen darzulegen, wie der Gesetzgeber echten Arbeitnehmerüberlassungsvertrag im Arbeitnehmerüberlassungsgesetz (AÜG) geregelt hat. Es geht vielmehr darum zu verdeutlichen, wie man rechtlich wirksam Arbeitnehmerüberlassungsverträge vermeiden kann, so man es denn will, und welche Versuche zur Kaschierung in der Praxis unternommen werden *[Materialband, Kap. 9.2.2]*.

10. Miet- und Leasingverträge

10.1 Mietverträge

§§ 535 ff. BGB regeln die Vermietung von beweglichen Sachen neben der von Räumen und von Grundstücken sowie – über eine Verweisung im Pachtrecht – die Überlassung von Gegenständen, z.B. von Rechten zur Nutzung *[Kap. 2.1, S. 9]*.

Mietverträge begründen sogenannte Dauerschuldverhältnisse, d.h. Verträge, die nicht auf einmal erfüllt werden, sondern gegenseitige Rechte und Pflichten über eine gewisse Dauer hin begründen. Als Dauerschuldverhältnis unterliegen sie in verstärktem Maße den Geboten von Treu und Glauben. Das kommt beispielsweise in der Pflicht des Vermieters zum Ausdruck, die Mietsache betriebsbereit zu halten *[siehe im Folgenden Kap. 10.1.1]*.

Laufzeit: Der Mietvertrag kann auf bestimmte oder auf unbestimmte Zeit abgeschlossen werden. Im zweiten Fall kann jeder Vertragspartner ihn durch eine Kündigung beenden. Dafür sind die Fristen gemäß § 580a BGB einzuhalten, bei beweglichen Sachen maximal eine Frist von drei Tagen.

10.1.1 Hauptpflichten des Vermieters und seine Haftung

Der Vermieter hat die Mietsache in einem „zu dem vertragsmäßigen Gebrauche geeigneten Zustand zu überlassen" (§ 535 BGB). Mehr ist zu den geschuldeten Eigenschaften nicht geregelt. Letztlich gelten diesbezüglich dieselben drei Bereiche zur Sollbeschaffenheit wie bei Kaufverträgen *[Kap. 6.2, S. 100]*.

Es können auch Dienstleistungen erforderlich sein, um den geeigneten Zustand zu erreichen. Diese Leistungen sind im Zweifel nur dann gesondert zu vergüten, wenn das vereinbart ist.

Der Vermieter ist weiterhin verpflichtet, die Mietsache betriebsbereit zu halten, sei es durch (vorbeugende) Instandhaltung oder durch Instandsetzung/Mängelbeseitigung. Damit ist die Wartung eines Systems durch den Auftragnehmer ansatzweise bereits im Mietvertrag geregelt. Wenn manche Auftragnehmer eine gesonderte Vergütung für die Wartung vorsehen, hat das erst einmal finanzielle Gründe: Es ermöglicht, einen eigenen Preisvorbehalt beschränkt für die Wartung vorzusehen. Sodann enthalten Wartungsverträge in der Regel Leistungen über das hinaus, was das Mietrecht vorsieht.

Haftung des Vermieters wegen Verzugs: Der Mieter kann nach Nachfristsetzung den Vertrag aus wichtigem Grund (= fristlos) kündigen und Schadensersatz statt der Leistung verlangen *[Kap. 11.1.5, S. 185]*.

Haftung für Mängel: Bei Mängeln mindert sich der Mietzins automatisch entsprechend dem Grad der Nutzungseinschränkung (ggf. auf null) von dem Zeitpunkt an, an dem der Mangel entstanden ist, bis zu dem Zeitpunkt, an dem er beseitigt worden ist. Eine Rüge ist also nicht erforderlich (§ 536 BGB). Ist die Tauglichkeit der Mietsache nur unerheblich eingeschränkt, erfolgt die Minderung nur, wenn die betroffene Eigenschaft zugesichert ist *[zur Anzeigepflicht siehe Kap. 10.1.2, S. 174]*.[66]

Wenn der Mieter aber trotz eines ihm bekannten Mangels längere Zeit den vollen Mietzins zahlt, bestätigt er seine Zahlungsbereitschaft und kann wegen Verwirkung kaum noch rückwirkend und möglicherweise auch nicht mehr für die Zukunft auf der Kürzung des Mietzinses bestehen *[Kap. 11.8 (4), S. 196]*.

Schadensersatz wegen eines Mangels ist zu zahlen, wenn der Sachmangel bereits bei Abschluss des Mietvertrags vorhanden war (§ 536a BGB). Der Vermieter haftet unabhängig davon, ob er den Mangel hätte kennen müssen und ob ihn an dessen Vorhandensein ein Verschulden trifft (haftet also garantieartig).

Wenn ein Sachmangel erst *nach* Vertragsabschluss entsteht, haftet der Vermieter auf Schadensersatz nur, wenn er diesen verschuldet hat oder wenn er mit dessen Beseitigung in Verzug kommt.

Selbstvornahme: Bei dringendem Bedarf kann der Mieter den Mangel auch selbst auf Kosten des Vermieters beseitigen (§ 536a BGB).

Fristlose Kündigung: Der Mieter kann den Mietvertrag kündigen, wenn der Vermieter ihm den vertragsmäßigen Gebrauch der Mietsache nicht rechtzeitig gewährt oder ihn wieder entzieht (§ 543 BGB) *[Kap. 11.1.5, S. 185]*. Ein Entziehen des Gebrauchs liegt auch vor, wenn die Mietsache wegen Mängeln nicht oder nur wesentlich eingeschränkt genutzt werden kann. Allerdings muss der Mieter grundsätzlich zunächst unter Ausspruch der Kündigung eine angemessene Nachfrist setzen, in der der Vermieter Abhilfe schaffen kann.

10.1.2 Hauptpflichten des Mieters

Der Mieter hat den vereinbarten Mietzins zu bezahlen (§ 535 Abs. 2 BGB), normalerweise in Geld.

---

66 Mit „zugesichert" ist weniger als eine Beschaffenheitsgarantie gemeint, eher „ausdrücklich vereinbart" *[Kap. 6.4.7 (1), S. 106]*.

Die Pflicht zur Zahlung des Mietzinses beginnt im Zweifel erst nach der Erbringung der vereinbarten Dienstleistungen, gleich ob diese vergütungspflichtig sind oder nicht.

Der Mietzins ist am Ende der Mietzeit zu entrichten. Ist diese nach Zeitabschnitten bemessen, so hat der Mieter den Mietzins nach dem Ablauf der einzelnen Zeitabschnitte zu bezahlen (§ 579 BGB).

Zahlungsverzug: Der Vermieter kann den Vertrag gemäß § 543 BGB außerordentlich kündigen, wenn der Mieter

„a) für zwei aufeinanderfolgende Termine mit der Entrichtung der Miete oder eines nicht unerheblichen Teils der Miete in Verzug ist oder

b) in einem Zeitraum, der sich über mehr als zwei Termine erstreckt, mit der Entrichtung der Miete in Höhe eines Betrags in Verzug ist, der die Miete für zwei Monate erreicht."

Anzeigepflichten: Zeigt sich während der Mietzeit ein Mangel der gemieteten Sache oder wird eine Vorkehrung zum Schutze der Mietsache gegen eine nicht vorhergesehene Gefahr erforderlich, muss der Mieter dies dem Vermieter umgehend anzeigen (§ 536c BGB). Unterlässt der Mieter diese Anzeige schuldhaft, ist er zum Ersatz des Schadens verpflichtet, der durch die Unterlassung entsteht.

Rückgabe: Nach Beendigung der Mietzeit ist der Mieter verpflichtet, die gemietete Sache zurückzugeben (§ 546 BGB). Die Mietsache muss sich in einem ordnungsgemäßen Zustand befinden. Veränderungen und Verschlechterungen, die durch den vertragsgemäßen Gebrauch der Sache entstanden sind, sind durch den Mietzins abgegolten (§ 538 BGB).

10.2 Leasingverträge *

Der Leasingvertrag ist nach der Rechtsprechung ein dahingehend modifizierter Mietvertrag *[Kap. 2.1, S. 9]*,

- dass der Leasinggeber/Vermieter seine Haftung für Sachmängel, meist auch für Verzug, möglichst ausschließt und zum Ausgleich seine diesbezüglichen Ansprüche aus seinem Liefervertrag mit dem Auftragnehmer an den Leasingnehmer abtritt. Der Kunde/Leasingnehmer hat also normalerweise kein Recht gegenüber dem Leasinggeber, die Zahlung der Leasingraten wegen Mängeln einzustellen, solange er nicht vom Liefervertrag zurückgetreten ist und damit dem Leasingvertrag die Grundlage entzogen hat.

- dass der Kunde anstelle des Vermieters die Gefahr für den zufälligen Untergang und die Beschädigung der Mietsache trägt,
- dass der Kunde (abweichend von § 535 BGB) die Mietsache betriebsbereit zu halten hat. Er wird normalerweise verpflichtet, zu diesem Zwecke entsprechende Verträge abzuschließen, typischerweise mit deren Lieferanten.

Der Kunde hat von der Unterzeichnung der Übernahmeerklärung an den Mietzins/die Leasingraten zu zahlen.

Leasingverträge sollen und können sich steuerrechtlich vorteilhaft für den Kunden auswirken. Er kann insbesondere die Leasingraten in voller Höhe als Betriebsausgaben ansetzen und braucht das Leasinggut nicht zu aktivieren. Die sogenannten Leasingerlasse setzen dem Grenzen: Sie definieren, in welchen Fällen der Kunde als wirtschaftlicher Eigentümer und damit als Eigentümer im steuerrechtlichen Sinn anzusehen ist. Ist er das, muss er das Leasinggut aktivieren (Erlasse vom 21.07.1970 und vom 22.12.1975). Er darf dann nur noch die Abschreibungsrate als Betriebsausgabe ansetzen.

Der Kunde hat Erfüllungsansprüche, wie er sie mit dem Lieferanten vereinbart hat. Denn der Kunde soll nutzen. Dementsprechend schuldet auch der Leasinggeber diejenige Verwendung, die zwischen dem Kunden und dem Lieferanten vereinbart ist. Das ist unabhängig davon, ob die beiden schon einen Liefervertrag abgeschlossen haben oder noch nicht, und im ersten Fall unabhängig davon, ob der Leasinggeber in diesen eintritt oder durch einen neuen Liefervertrag mit dem Lieferanten ersetzt.

11 Vertragsverletzungen (Leistungsstörungen) und Haftung

Es wird auch von "Leistungsstörungen" gesprochen, so in § 6 Verdingungsordnung für Bauleistungen (VOB/B) (Ausgabe 2016).

11.1 Allgemeines

Im Vordergrund stehen Anspruchsgrundlagen, die auf Schadensersatz gehen *[Kap. 11.1.1]*.

Weiterhin gibt es vom Konzept her eine ziemlich allgemeine Anspruchsgrundlage, die in verschiedenen Vorschriften ausgedrückt wird: Ein Vertragspartner kann den Vertrag beenden, wenn der andere den Vertrag verletzt und der Verletzung trotz einer Nachfrist nicht abhilft, beispielsweise Mängel nicht beseitigt. Das kann rückwirkend (= Rücktritt) oder mit Wirkung für die Zukunft (= außerordentliche Kündigung) erfolgen *[Kap. 11.1.4 und 11.1.5, S. 182]*. Der andere muss die Ursache zu vertreten haben; sie muss zumindest in dessen Risikobereich liegen *[Kap. 11.1.2, S. 179]*.

Auf die Art der verletzten Pflicht kommt es nur wenig an. Das BGB sieht allerdings aus Sachgründen gewisse Besonderheiten bei drei Arten von Pflichtverletzungen/Vertragsverletzungen vor:

- Verzug mit der Leistung *[Kap. 11.3, S. 187]*, beispielsweise zu Besonderheiten hinsichtlich Verzugszinsen,
- Haftung für Mängel[67] an Gegenständen dazu, dass diese nachgebessert/beseitigt werden können *[Kap. 6.4, S. 101, und Kap. 7.7, S. 155]*,
- Unmöglichkeit der Leistung *[Kap. 11.4, S. 189]*, weil es um eigenartig gelagerte Fälle geht.

Alle anderen Pflichtverletzungen fassen die Juristen unter „Schlechterfüllung" zusammen, wenn sie einen Begriff benötigen *[Kap. 11.5, S. 191]*.

Insgesamt kommen folgende Rechte (= Rechtsfolgen) in Betracht. Die ersten beiden sind genau genommen Gestaltungsrechte; sie beziehen sich also nicht wie Ansprüche auf eine Handlung des Schuldners. Für den Leser ist das unerheblich; deswegen behandle ich diese Rechte wie Ansprüche (wie es auch das Vertragsrecht bei Bedarf tut):

- Rücktritt = Erklärung, die zur Rückgängigmachung des Vertrags und damit zu dessen Rückabwicklung führt *[Kap. 11.1.4, S. 182]*.

---

67 Der Begriff Gewährleistung für das Einstehen für Sachmängel wird im Vertragsrecht nicht verwendet.

- Außerordentliche/fristlose Kündigung (auch: Kündigung aus wichtigem Grund) beendet den Vertrag mit Wirkung für die Zukunft *[Kap. 11.1.5, S. 185]*.
- Minderung = (Recht zur) Herabsetzung der Vergütung [68]
- Anspruch auf Nacherfüllung durch Mängelbeseitigung oder Ersatzlieferung/Neuherstellung.
- Anspruch auf Schadensersatz
- Anspruch auf Aufwendungsersatz (wenn der Aufwand ausnahmsweise keinen ersatzfähigen Schaden darstellt)
- Anspruch auf Herausgabe des Ersatzes (z.B. einer Versicherungszahlung)
- Anspruch auf Unterlassung
- Anspruch auf Auskunft, um danach die eigentlich beabsichtigten Ansprüche geltend machen zu können

Beispiel
Bei Verzug behält der Kunde erst einmal seinen Erfüllungsanspruch und kann daneben seinen Verzugsschaden geltend machen; er kann aber auch zurücktreten und zusätzlich Schadensersatz verlangen *[Kap. 11.3 (3), S. 188]*.

Verantwortung/Vertretenmüssen als Anspruchsvoraussetzung: „Ich kann Fehler in Fremdsoftware nicht beseitigen, also kann ich auch nicht dazu verpflichtet sein." So einfach ist das nicht! Wer einen Vertrag schließt, übernimmt bestimmte Pflichten, so z.B. der Verkäufer die Pflicht, Mängel zu beseitigen. Wie er das in seinem Bereich = in seinem Risikobereich organisiert, ist seine Sache. Schafft er die Mängelbeseitigung nicht, fällt das in seinen Risikobereich und kann der Käufer vom Vertrag zurücktreten. Allerdings berücksichtigt das Vertragsrecht die Situation des Verkäufers, sobald es um Schadensersatzansprüche geht: Dann ist Vertretenmüssen in der Form des Verschuldens Anspruchsvoraussetzung *[Kap. 11.1.1, S. 179]*. Für Mängel in Fremdsoftware „kann der Auftragnehmer nichts". Dementsprechend fallen sie nicht in seinen Risikobereich und haftet er nicht auf den Ersatz des Schadens, den diese verursachen (es sei denn, dass er Mängelfreiheit garantiert und damit ein besonderes Risiko übernommen hat).

Vertretenmüssen ↔ Verantwortlichkeit: Das Vertragsrecht verwende zwei Begriffe, die dasselbe besagen. Also setzen Sie beides gleich: Vertretenmüssen = Verantwortlichkeit.

---

[68] Im Mietrecht erfolgte die Minderung automatisch; formal gesehen hat der Mieter also keinen Anspruch auf Minderung *[Kap. 10.1.1 unter „Haftung für Mängel", S. 164]*.

Schon der maßgebliche § 276 BGB zeigt die Gleichsetzung: Dieser regelt mit der Überschrift „Verantwortlichkeit des Schuldners", was der Schuldner „zu vertreten" hat. Juristen mögen Unterschiede suchen, weil Verantwortung etwas mit Schuld zu tun habe, im Übrigen es aber nur um Risiko gehe.

Verwenden Sie besser den Begriff „Vertretenmüssen", weil dieser neutraler ist und weil im Projektmanagement „Verantwortung" und „Verantwortlichkeiten" andere Bedeutung haben.

Verantwortung im Projektmanagement

Im Projektmanagement wird viel von „Verantwortung" gesprochen, noch lieber von "Verantwortlichkeiten". Der Begriff „Verantwortung" macht Sinn, wird aber meistens mit der Zuständigkeit für Aufgaben verwechselt und ignoriert das AKV-Prinzip: Aufgaben Kompetenzen Verantwortung.

Verantwortung im Sinne des Projektmanagements beinhaltet die Verpflichtung, „dafür zu *sorgen*, dass in seinem" Verantwortungsbereich „alles einen möglichst guten Verlauf nimmt, dass jeweils Notwendige und Richtige getan wird und möglichst kein Schaden entsteht" (Wikipedia).

> Ein jeder trägt *Sorge*, ein jeder ist verantwortlich!
> Mohammed
> Al-Buhari, die Sammlung der Hadithe, XXIX, 32 (Reclam)

Gleich welchen Begriff Sie verwenden: Sie haben eine Spannweite von Zufall bis zu vorsätzlichem Handeln = Schädigen. Im Normalfall hat der Schuldner gemäß § 276 BGB Verschulden zu vertreten (Vorsatz und Fahrlässigkeit). Gedacht ist dabei an die Voraussetzung für Schadensersatzansprüche. Aber auch für andere Ansprüche ist Voraussetzung, dass die Ursachen im Verantwortungsbereich des Schuldners liegen. Das hat die Rechtsprechung herausgearbeitet. Um zwischen dem Verschulden (meist Ansprüche auf Schadensersatz) und dem sonstigen Verantwortungsbereich (eher nicht Ansprüche auf Schadensersatz) unterscheiden zu können, verwende ich für den sonstigen den Begriff „Risikobereich".

Gemäß § 276 BGB kann sich „eine strengere oder eine mildere Haftung" ergeben, teilweise durch die Änderung des Maßstabs für Verschulden (Beispiel: die abgeschwächte Haftung des Verleihers). Teilweise geschieht das aber durch Umstände, die vom Verschulden unabhängig sind, beispielsweise durch eine Garantieerklärung. Damit ist der Verantwortungsbereich schon in § 276 BGB angesprochen.

Beispiel für die unterschiedliche Verwendung von „Vertretenmüssen" im BGB

Der Auftragnehmer kommt in Lieferverzug, wenn er die Verzögerung zu vertreten hat, d.h. die Ursache in seinen Risikobereich fällt. Das kann den Kunden zum Rücktritt berechtigen. Wenn der Kunde dann Schadensersatz für die Mehrkosten der alternativ beschafften Lösung verlangt, ist Vertretenmüssen in der Form von Verschulden Voraussetzung *[Kap. 11.3 (2) und (3), S. 188]*.

Voraussetzung	Schadensersatz und andere Ansprüche	
	Die Breite der Zellen zeigt die Korrelation von Voraussetzung und Rechtsfolge.	
Verschulden wie jeweils definiert	Schadensersatz	
Sonstiger Verantwortungsbereich (= Risikobereich)	Schadensersatz	Andere Ansprüche

Anspruchskonkurrenz: Ein bestimmter Sachverhalt kann die Voraussetzungen mehrerer Anspruchsgrundlagen erfüllen, sodass eine Rechtsfolge mehrfach begründet ist. Die Anspruchsgrundlagen haben teilweise unterschiedliche Voraussetzungen und unterschiedliche Rechtsfolgen, z.B. hinsichtlich der Verjährungsfristen. Die Rechtsfolgen können nicht mehrfach geltend gemacht werden.

> **Beispiele**
>
> (1) Der Auftragnehmer kann seinen Aufwand, der ihm aufgrund einer unberechtigten Mängelmeldung entstanden ist, als Erfüllungsanspruch (auf Grund eines Auftrags, die Störung aufzuklären) oder auf Grund von Haftung wegen unberechtigter Inanspruchnahme geltend machen [Kap. 6.4.8, S. 114]. Im ersten Fall muss er die Beauftragung, im letzteren Fall das Verschulden (des Mitarbeiters) des Kunden beweisen.
>
> (2) Der Geschädigte kann gegen einen Raubkopierer aus Urheberrecht oder, wenn dieser Raubkopien vertreibt, auch aus Wettbewerbsrecht Unterlassung oder auch Schadensersatz verlangen. Wenn jener ein Kunde des Geschädigten ist, kann dieser gegen jenen auch auf Grund einer Vertragsverletzung vorgehen.

11.1.1 Anspruch auf Schadensersatz

Ausgangspunkt ist § 280 BGB, der eine allgemeine Anspruchsgrundlage für Schadensersatz enthält: Verletzt ein Vertragspartner eine vertragliche Pflicht, ist er dem anderen zum Ersatz des daraus entstandenen Schadens verpflichtet, (weiter geht es mit der Umkehr der Beweislast:) es sei denn, dass er die Pflichtverletzung nicht zu vertreten hat. Ausnahmsweise geht es mit der normalen Verteilung der Beweislast weiter: wenn er die Pflichtverletzung zu vertreten hat. Der Vertrag bleibt bestehen.

Normalerweise hat der Schuldner Vorsatz und Fahrlässigkeit zu vertreten. Fahrlässig handelt, wer die im Verkehr erforderliche Sorgfalt außer Acht lässt.

Das Vertragsrecht differenziert kaum zwischen leichter und grober Fahrlässigkeit. In der Praxis ist es beliebt, das in Verträgen zu tun (damit der Auftragnehmer sein Haftungsrisiko verringert). Leichte Fahrlässigkeit liegt vor, „wenn der Schuldner die im Verkehr erforderliche Sorgfalt außer Acht lässt". Grobe Fahrlässigkeit liegt vor, „wenn er die im Verkehr erforderliche Sorgfalt in besonders schwerem Maße verletzt, insbesondere wenn er schon einfachste, ganz nahe liegende Überlegungen nicht anstellt und das nicht beachtet, was im gegebenen Fall jedem einleuchten musste.

> **Beispiele für grobe Fahrlässigkeit**
> Im Normalfall dürfte grobe Fahrlässigkeit vorliegen, wenn ein Programmierer ein Programm beim Kunden abändert, ohne die Änderung zu testen.
>
> Ein Berater lässt bei telefonischer Unterstützung den Laien-Benutzer einen Löschbefehl eingeben, der bei falscher Eingabe zu einem endgültigen Datenverlust führt.

Gemäß § 276 BGB kann sich eine strengere oder eine mildere Haftung (gedacht: im Hinblick auf die Voraussetzung für Schadensersatzansprüche) ergeben, sei es aus den Vereinbarungen oder aus dem Vertragsrecht. § 276 verweist hinsichtlich einer strengeren Haftung auf die Übernahme einer Garantie *[Kap. 6.4.7 (1), S. 111]*. Auch wer Geld schuldet, haftet ohne Verschulden auf Verzugszinsen als Schadensersatz.

Eine mildere Haftung ist beispielsweise für den Verleiher vorgesehen, weil ein Gefälligkeitsverhältnis vorliegt.

Eine strengere oder mildere Haftung kann sich auch „aus dem sonstigen Inhalt des Schuldverhältnisses" ergeben. Das ist insbesondere als Hinweis auf den Risikobereich/sonstigen Verantwortungsbereich des Schuldners sowie (milder) auf höhere Gewalt zu verstehen.

Der Geschädigte kann Verschulden oft nur schwer beweisen *[Kap. 3.2 (4), S. 46]*. Deswegen wird in § 280 Abs.1 Satz 2 BGB vermutet, dass den Verursacher Verschulden trifft. Der Verursacher muss sich also entlasten. Das schwächt Verschulden als Hürde für Schadensersatzansprüche ab.[69]

> **Beispiel dafür, dass der Auftragnehmer die Vermutung widerlegen kann**
> Siehe Kap. 11.1 unter „Verantwortung/Vertretenmüssen als Anspruchsvoraussetzung" *[S. 177]*.

11.1.2 Vertretenmüssen bei anderen Ansprüchen

Das Vertragsrecht sieht für andere Ansprüche als für Schadensersatz Vertretenmüssen als Anspruchsvoraussetzung in dem Sinne vor, dass die Ursache für die Vertragsverletzung im Risikobereich des Schuldners liegt (von der Rechtsprechung oft „Verantwortungsbereich" genannt).

> **Beispiele für Vertretenmüssen des Risikobereichs**
> Rücktritt wegen Verzugs *[Kap. 11.3 (2), S. 188]*
> Anspruch auf Mängelbeseitigung im Falle einer Störung (die auch der Kunde verursacht haben kann) *[Kap. 6.4.8, S. 114]*

---

[69] Im Arbeitsrecht bleibt es dabei, dass der Arbeitgeber die Beweislast für Verschulden des Arbeitnehmers trägt.

Höhere Gewalt (§ 203 Abs. 2 BGB) ist ein außergewöhnliches Ereignis, das unter den gegebenen Umständen auch durch äußerste, nach Lage der Sache vom Betroffenen zu erwartende Sorgfalt nicht verhindert werden kann; geringstes eigenes Verschulden schließt höhere Gewalt aus. Das Ereignis muss unvorhersehbar und unabwendbar sein.

Streik oder Aussperrung sind keine „höhere Gewalt", da sie vorhersehbar sind. Deshalb ist eine entsprechende Vereinbarung in Auftragnehmer-AGB üblich, etwa „Dem Fall höherer Gewalt sind Streik und Aussperrung gleichzusetzen".

Höhere Gewalt liegt also nur selten vor. Umso wichtiger sind die Risikobereiche.

11.1.3 Mitverschulden

Wenn sich jemand schadensersatzpflichtig gemacht hat, ist gemäß § 254 BGB zu prüfen, ob) er wegen Mitverschuldens des Geschädigten nur eingeschränkt haftet *[zu Abwehrgrundlagen siehe Kap. 3.2 (5), S. 47]*. Mitverschulden ist hier als Verschulden gegen sich selbst zu verstehen, als Verletzung einer Pflicht im eigenen Interesse *[Kap. 5.7 unter "Pflichten im eigenen Interesse/Obliegenheiten", S. 94]*. Mitverschulden umfasst darüber hinaus den gesamten Risikobereich[70]; in diesem Fall hat es weniger Gewicht als Verschulden.

> **Beispiele für Mitverschulden innerhalb eines Vertrags**
>
> (1) Ein Programmierer hat bei einer Änderung eines Programms für die Abwicklung eines Versandhandels dessen Routine zur Berechnung des Portos „abgeklemmt". Er merkt das beim Test der Änderung nicht. Der Kunde setzt das geänderte Programm ohne Test ein. Nachdem einige Tausend Pakete mit Rechnung (im durchschnittlichen Wert unter 50 Euro) versendet worden sind, wird der Mangel entdeckt. Es dürfte geringes Mitverschulden des Kunden vorliegen.
>
> (2) Ein Mangel in einer gekauften Sache ist aufgetreten, der kontinuierlich zu einem Schaden führt. Der Kunde verzögert die Mangelmeldung. Ist der Kunde kein Kaufmann, muss er (nur) denjenigen Schaden selbst tragen, der bei unverzüglicher Mängelmeldung nicht mehr aufgetreten wäre. Ist er Kaufmann, liegt ein Handelskauf vor und verliert er sogar seine vertraglichen Schadensersatzansprüche wegen dieses Mangels insgesamt *[Kap. 6.4.5, S. 108]*.
>
> **Beispiel für Mitverschulden außerhalb eines Vertrags**
>
> Autofahrer kennen das Mitverschulden von der Schadensverteilung bei Unfällen her: Oft trägt der Unschuldige einen Teil selbst, weil er sich am riskanten Autoverkehr beteiligt hat. Hier geht es um Mitverantwortung aufgrund des Risikobereichs.

---

70 Genau genommen geht es also um Mitvertretenmüssen/Mitverantwortung; aber Mitverschulden ist ein uralter Begriff.

Wer welchen Anteil am Schaden tragen muss, ergibt sich aus den Umständen, insbesondere aus dem Anteil an der Verursachung des Schadens und aus dem Anteil am Verschulden.

> **Beispiel**
> Wenn der Kunde keine Datensicherung vornimmt und Daten durch einen vom Auftragnehmer verschuldeten Programmfehler verloren gehen, trägt er im Normalfall den vollen Schaden selbst, entfällt also sein Anspruch auf Schadensersatz.

11.1.4 Rücktritt

Jeder Vertragspartner kann das Recht zum Rücktritt vom Vertrag haben, wenn der andere eine Vertragspflicht erheblich verletzt hat. Bei Dauerschuldverhältnissen wie Miete wird der Rücktritt durch das Recht zur außerordentlichen Kündigung ersetzt *[Kap. 11.1.5, S. 185]*.

Nachfrist: Der beeinträchtigte Vertragspartner kann dem anderen eine angemessene Nachfrist für die Leistung setzen (§ 323 BGB). Erbringt der andere die Leistung auch innerhalb der Nachfrist nicht, kann er danach die Leistung ablehnen und vom Vertrag zurücktreten. Verschulden ist dafür nicht Anspruchsvoraussetzung.

Der beeinträchtigte Vertragspartner braucht nicht gleich den Rücktritt zu erklären, sondern kann eine angemessene Zeit lang abwarten. Der andere ist also weiterhin zur Leistung verpflichtet, muss allerdings damit rechnen, dass der beeinträchtigte Vertragspartner sein Rücktrittsrecht noch kurz vor der vollständigen Vertragserfüllung ausübt.[71]

Was eine angemessene Nachfrist ist, bestimmt sich nach den Umständen des Einzelfalls. Die Frist muss zu Gunsten eines Auftragnehmers so bemessen sein, dass dieser sie unter finanziellen und personellen Anstrengungen einhalten kann, wenn er die Leistung bereits im Wesentlichen fertig gestellt hat (vage Formulierung, sie hat aber der Rechtsprechung bisher gereicht). Die Faustformel für die Fristbestimmung lautet: zwischen 15 Prozent der vereinbarten Lieferzeit bei einer kurzen Lieferzeit und zehn Prozent bei einer langen.

---

[71] Dieses Recht zum Abwarten wird damit gerechtfertigt, dass der Auftragnehmer vertragsbrüchig sei. Er habe doch die Chance, bis zur Rücktrittserklärung noch jederzeit den Vertrag zu erfüllen. Er müsse es deswegen hinnehmen, dass der Kunde „innerhalb eines gewissen Zeitraums zwischen den verschiedenen Rechtsbehelfen wählen kann" (Amtliche Begründung zu § 323 Abs. 1 BGB).

§ 350 BGB ermöglicht zwar dem Vertragspartner, der durch ein Rücktrittsrecht des anderen betroffen ist, dem anderen eine Erklärungsfrist zu setzen, ob der andere vom Vertrag zurücktreten wolle oder nicht. Das gilt aber ausdrücklich nur für ein vereinbartes Rücktrittsrecht (das von einer Vertragsverletzung nicht abhängig ist).

Eine unangemessen kurze Frist verlängert sich automatisch in eine angemessen lange: Der beeinträchtigte Vertragspartner soll nicht das Risiko tragen, eine zu kurze Frist gesetzt zu haben. Wenn er allerdings bereits vor Ablauf der ggf. automatisch verlängerten Frist den Rücktritt vom Vertrag erklärt, bricht er den Lauf der Frist ab. Seine Erklärung ist dann zu früh gekommen und ist damit unwirksam.

In *Ausnahmefällen* ist der Verletzte zum Rücktritt berechtigt, ohne dass er vorher eine Nachfrist setzen muss, nämlich dann, wenn diese Maßnahme zwecklos oder für ihn nicht zumutbar ist (§ 323 Abs. 2 BGB). Bei Lieferverzug ist das der Fall, wenn ein Fixgeschäft vorliegt, d.h. ein Geschäft, bei dem „das Leistungsinteresse des Gläubigers an die Rechtzeitigkeit der Lieferung gebunden ist". Das ist in § 376 HGB ausdrücklich so für den Handelskauf geregelt; die Vertragspartner können das auch bei einem Werkvertrag vereinbaren.

Der Kunde kann sogar vor dem Liefertermin ohne Fristsetzung zurücktreten, wenn schon während der Vertragsdurchführung „offensichtlich" ist, dass der Auftragnehmer nicht in der Lage ist, die vertragsgemäße Leistung zustande zu bringen, in der Sprache des Gesetzes: „dass die Voraussetzungen für den Rücktritt eintreten werden" (§ 323 Abs. 4 BGB). Bei der Beurteilung ist eine angemessene Nachfrist einzubeziehen.

Umfang: Bei teilweiser Nichterfüllung bzw. teilweiser Mangelhaftigkeit kann der Kunde nur dann vom Vertrag insgesamt zurücktreten, wenn die teilweise Erfüllung für ihn ohne Interesse ist. Das ergibt sich aus der Bewertung der jeweiligen Konstellation. Es kommt eher in Betracht, dass der Kunde berechtigt ist, vom Vertrag insgesamt zurückzutreten

> **Beispiel**
>
> Bei Teilverzug bei der Erstellung eines Systems ist es für einen anderen Auftragnehmer aufwendig, sich in ein fremdes System einzuarbeiten, um dieses fertig zu stellen, und für den Kunden ist das also teuer und auch riskant.
>
> Weiterhin hätte der Kunde es im Falle der teilweisen Ersatzbeschaffung künftig mit zwei Auftragnehmern für ein System zu tun hat, die sich bei Störungen gegenseitig die Schuld zuschieben würden.

Sind Teilleistungen vereinbart, spricht das kaum gegen den Gesamtrücktritt, wenn eine solche Gesamtleistung wegen ihres Umfangs beim Kunden kaum auf einmal eingeführt werden konnte.

Die Vertragspartner können ausdrücklich eine Gesamtleistung vereinbaren, beispielsweise indem sie Begriffe wie „Lösung" oder „System" verwenden. Dann kann der Kunde bei Vertragsverletzungen stets insgesamt zurücktreten; es sei denn, dass das ausnahmsweise gegen Treu und Glauben verstoßen würde. Haben die

Vertragspartner mehrere Leistungen in einem Vertragsdokument zusammengefasst, ist das ein Indiz dafür, dass diese Leistungen eine Einheit bilden sollen bzw. bei teilweisem Fortfall der Leistungen das Gesamtinteresse entfallen soll. [72]

Änderungen im ursprünglichen Bestellumfang, insbesondere Erweiterungen, können den bisherigen Zusammenhang beeinflussen. Wenn der neue Teil mangelhaft ist, möchte der Auftragnehmer nicht auch die früher gelieferten Teile zurücknehmen müssen.

Für ein Gesamtinteresse des Kunden spricht insbesondere, wenn ergänzende Aufträge von vornherein vorgesehen oder zumindest angedacht sind. Sonst gilt allgemein: Je enger die Leistungen zusammenhängen, desto größer kann der zeitliche Abstand sein, ohne dass das Recht zum Gesamtrücktritt entfällt.

Ein Zusammenhang liegt nicht nahe, wenn der neue Teil das Risiko des Auftragnehmers deutlich erhöht. Das gilt nicht, wenn der neue Teil Defizite des ursprünglichen Teils ausgleichen soll.

Rechtsfolgen: Soweit der Rücktritt reicht, wird das ursprüngliche Vertragsverhältnis in ein Abwicklungsverhältnis umgewandelt. Damit entfallen alle Leistungspflichten.

Bereits erbrachte Leistungen sind zurückzugewähren. Sachen muss der Kunde zur Abholung bereitstellen, der Auftragnehmer muss sie auf eigene Kosten abholen, bei Bedarf auch abbauen *[siehe zum Leistungsort Kap. 5.4, S. 91]*. Beim Rücktritt nimmt die Rechtsprechung einen gemeinsamen Leistungsort für die Abholung und die Rückzahlung des Geldes an dem Ort an, an dem sich die Sachleistung befindet, also im Allgemeinen an einem Ort des Kunden.

Der Wegfall der Leistungspflichten führt nicht dazu, dass bereits entstandenen Schadensersatzansprüche erlöschen. Diese können weiterhin verlangt werden (neben dem Schadensersatz statt der Leistung *[siehe dazu im Folgenden]*).

Der Kunde ist berechtigt, den Umfang des Rücktritts zu beschränken (weil er einen Teil behalten will), sofern das für den Auftragnehmer zumutbar ist.

Der Kunde kann zusätzlich Schadensersatz statt der Leistung verlangen, wenn der Auftragnehmer den Rücktritt zu vertreten hat.

Der Schaden berechnet sich dann in erster Linie als künftig anfallende Mehrkosten bei der erneuten Beauftragung eines anderen Auftragnehmers. Ist bereits teilweise geliefert worden, kann der Kunde die Mehrkosten für die Fertigstellung verlangen. – § 284 BGB sieht vor, dass der Kunde nutzlose/„vergebliche" Aufwendun-

---

72 Auch wenn es keine solche Zusammenfassung gibt, ist die Aufteilung auf zwei Dokumente für die Frage, ob der Kunde insgesamt zurücktreten kann, unerheblich. Anders ist es nur, wenn die Verträge ausdrücklich als voneinander unabhängig bezeichnet werden.

gen für die Arbeiten an der ersten Lösung stets als Mindestschaden erstattet verlangen kann.[73] Das kommt insbesondere in Betracht, wenn der Kunde das Vorhaben einstellt.

Unerheblicher Lieferverzug/Unerheblichkeit von Mängeln: Der Kunde kann in diesen Fällen nicht vom Vertrag zurücktreten (§ 323 Abs. 5 BGB). Abzustellen ist auf die Defizite insgesamt im Verhältnis zur Gesamtleistung.

Ein Auftragnehmer mag Mängel mit der Begründung bagatellisieren, dass deren Beseitigung eine Kleinigkeit sei. Entscheidend ist aber, in welchem Umfang diese die Verwendung des Produkts beeinträchtigen. Ergänzend ist auf den Aufwand für die Mängelbeseitigung abzustellen. Ein Mangel kann unwesentlich sein, wenn der Kunde selbst ihn mit geringem Aufwand beseitigen kann.

Auch bei unerheblichen Mängeln besteht der Anspruch auf Mängelbeseitigung; es sei denn, dass der Aufwand für die Beseitigung unverhältnismäßig hoch ist. Ist das der Fall, verbleiben dem Kunden das Recht auf Minderung und das Recht auf Ersatz des Schadens, der durch den Mangel entsteht; diese Rechte dürften bei unerheblichen Mängeln allerdings meist unbedeutend sein.

11.1.5 Kündigung aus wichtigem Grund

Die Kündigung aus wichtigem Grund beinhaltet, dass ein Vertrag, der auf Dauer ausgelegt ist, mit Wirkung für die Zukunft beendet wird. Die sonst bestehende normale Kündigungsfrist braucht nicht eingehalten zu werden.[74]

Der wichtige Grund liegt meistens im vertragswidrigen Verhalten des anderen Vertragspartners. Dementsprechend hat der zu dieser Kündigung berechtigte Vertragspartner meistens auch Schadensersatzansprüche *[Kap. 11.1.1, S. 179]*.

Die Kündigung aus wichtigem Grund ist im Arbeits- und Mietrecht speziell und in § 314 BGB allgemein für andere Dauerschuldverhältnisse anstelle des Rücktritts vorgesehen.

Auch ein Werkvertrag kann aus wichtigem Grund gekündigt werden (§ 648a BGB). Er ist zwar kein Dauerschuldverhältnis, ist aber auf eine gewisse Dauer hin ausgelegt *[Kap. 7.3.5, S. 145]*.

---

73 Die Vorschrift ist erforderlich, weil dieser Nachteil aus dogmatischen Gründen aufgrund der generellen Anspruchsgrundlagen nicht immer ersatzfähig ist.

74 Außerdem entfallen sonstige Vorschriften zum Schutz des anderen Vertragspartners, die die ordentliche Kündigung einschränken (z.B. beim Arbeitsvertrag solche aufgrund des Kündigungsschutzgesetzes).

Das Recht zu einer Kündigung aus wichtigem Grund kann nicht ausgeschlossen werden *[Kap. 3.1.2 (2), S. 26]*.

11.1.6 Haftungseinschränkung im Vertrag

Denken Sie daran, dass das Vertragsrecht weitgehend nachgiebiges Recht enthält, die Vertragspartner also weitgehend davon abweichen können *[Kap. 3.1.2, S. 25]*. Das gilt auch für die Vorschriften zur Haftung. Nur wenige sind zwingend, d.h. verhindern, dass die Vertragspartner die Haftung (im Voraus) einschränken, z.B. die Haftung bei vorsätzlicher Schädigung (§ 276 BGB).[75] Haftungseinschränkungen in AGB sind allerdings nur sehr eingeschränkt wirksam.

11.2 Ausdehnung der Verantwortung: Erfüllungsgehilfe

Beim Erfüllungsgehilfen geht es darum, dass die Verantwortung des Vertragspartners, vorrangig die des Auftragnehmers, erweitert und dessen Haftung ausgedehnt wird.

Erfüllungsgehilfe ist derjenige, den der eine Vertragspartner zur Erfüllung seiner Pflichten gegenüber dem anderen einsetzt (§ 278 BGB). Wenn Vertretenmüssen Voraussetzung für Schadensersatzansprüche ist, muss der Schuldner sich das Handeln seines Erfüllungsgehilfen als eigenes zurechnen lassen: als wenn er selbst gehandelt hätte. Es kann um Mitarbeiter und um Unterauftragnehmer gehen.

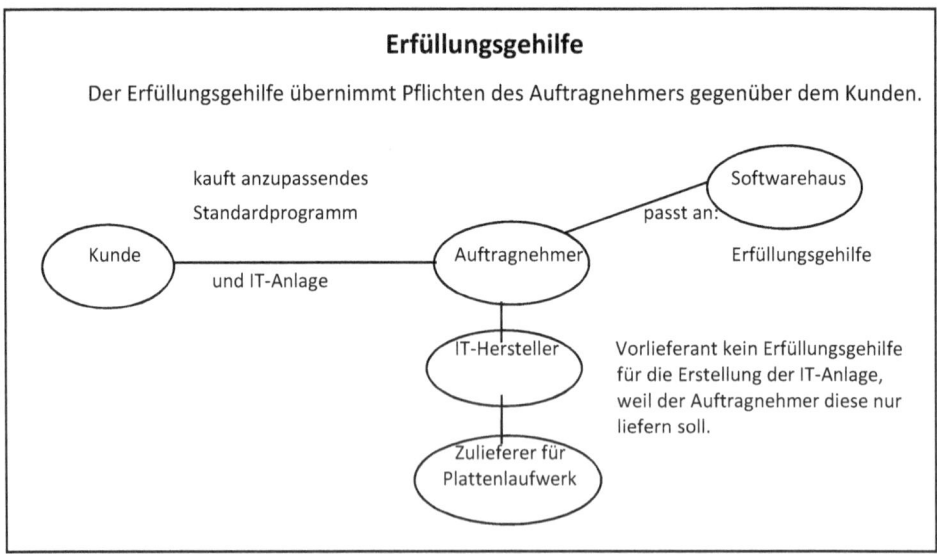

---

75 Die Vertragsfreiheit geht sogar so weit, dass die Vertragspartner teilweise auch die Haftung aus Anspruchsgrundlagen außerhalb von Verträgen *[Kap. 12.2, S. 154]* einschränken können.

Für Vorlieferanten haftet der Auftragnehmer nur abgeschwächt. Wer eine Sache verkauft, die er selbst einkaufen muss, übernimmt keine Pflicht zur Herstellung. Der Vorlieferant ist also kein Unterauftragnehmer. Damit trägt der Auftragnehmer nur sein Beschaffungsrisiko, also das Risiko dafür, dass er sich rechtzeitig eingedeckt hat *[Kap. 11.3 (3), S. 188]*.

Bei der Abgrenzung von Vorlieferanten und Erfüllungsgehilfen kommt es also darauf an, wer von ihnen die *spezifischen Pflichten* des Auftragnehmers erfüllen soll.

> **Beispiel**
> Wenn ein Hersteller eine IT-Anlage an ein Systemhaus verkauft, ist er nicht dessen Erfüllungsgehilfe im Verhältnis zum Kunden. Denn die Pflicht des Systemhauses im Verhältnis zum Kunden geht nicht auf die Herstellung der IT-Anlage, sondern auf deren Lieferung. Anders liegt es hingegen, insoweit das Systemhaus sich für die Installation der IT-Anlage des Vorlieferanten bedient. Dann ist dieser Erfüllungsgehilfe des Systemhauses, aber auch nur insoweit. – Wenn ein Auftragnehmer sich bei Programmerstellung eines Unterauftragnehmers bedient, ist dieser sein Erfüllungsgehilfe.

11.3 Verzug

Jeder Vertragspartner kann mit einer vertraglichen Leistung in Verzug kommen, auch mit der Erfüllung einer Pflicht aus Haftung, z.B. der Auftragnehmer mit der Pflicht zur Beseitigung von Mängeln.

(1) Allgemeine Anspruchsvoraussetzungen

Nichtleistung trotz Fälligkeit der Leistung *[Kap. 5.3, S. 90]* ist die erste Anspruchsvoraussetzung. Der Schuldner trägt die Beweislast dafür, dass er die Leistung rechtzeitig erbracht hat.

Mahnung nach Fälligkeit ist im Ansatz die zweite Anspruchsvoraussetzung.

Mahnung ist die bestimmte und eindeutige Aufforderung, die Leistung endlich zu erbringen. Sie ist von einer normalen Zahlungsaufforderung/einer Erinnerung zu unterscheiden *[zu Formulierungen siehe Geschäftstexte, Anhang A)]*. Eine einmalige Mahnung genügt, um den Schuldner in Verzug zu setzen.

Der Mahnung bedarf es gemäß § 286 Abs. 2 BGB nicht, wenn

„1. für die Leistung die Zeit nach dem Kalender bestimmt ist,"

> **Beispiel**
> „Liefertermin: 25. August/32. Kalenderwoche"; ausreichend auch „spätestens am 10. April", „noch im Laufe des April".

„2. der Leistung ein Ereignis vorauszugehen hat und eine angemessene Zeit für die Leistung in der Weise bestimmt ist, dass sie sich von dem Ereignis an nach dem Kalender berechnen lässt."

> **Beispiel**
> „zwei Monate nach Vertragsabschluss", „Zahlung zwei Wochen nach Lieferung".

„3... 4. aus besonderen Gründen unter Abwägung der beiderseitigen Interessen der sofortige Eintritt des Verzugs gerechtfertigt ist."

> **Beispiel**
> Die Erfüllung ist offensichtlich besonders dringend, z.B. die Reparatur eines Servers, der produktiven Zwecken dient.

(2) Recht zum Rücktritt

Vertretenmüssen: Der Schuldner kommt gemäß § 286 Abs. 4 BGB nicht in Verzug, solange die Leistung infolge eines Umstandes unterbleibt, den er „nicht zu vertreten" hat, weil dieser nicht in seinen Risikobereich fällt. Letzteres ist der Fall bei höherer Gewalt und bei den Umständen, die im Risikobereich des Gläubigers liegen *[Kap. 11.1.2, S. 179]*.

> **Beispiel für Entlastung**
> Der Auftragnehmer ist entlastet, wenn der Kunde die IT-Anlage, auf der der Auftragnehmer die erstellte Anwendungssoftware installieren soll, nicht im vereinbarten Umfang zur Verfügung gestellt hat.

Rücktritt: Zur Anspruchsgrundlage siehe Kap. 11.1.4 *[S. 179]*.

Fraglich ist, wie genau ausstehende Teile bezeichnet werden müssen. Sie ist im Ansatz zugunsten des Kunden dahingehend zu beantworten, dass der Auftragnehmer selbst wissen muss, was er nach dem Vertrag schuldet. Es gibt aber Fälle, in denen die Vertragspartner plausiblerweise unterschiedlicher Meinung sind, sodass der Auftragnehmer Klarheit braucht, worauf der Kunde besteht. Der Auftragnehmer muss die Chance haben, das zu realisieren, auch wenn der Vertrag das nach seinem Verständnis nicht vorsieht (wofür er später ggf. eine Vergütung verlangen kann). Der Kunde muss also die Teile benennen, um später seine Rechte wegen Lieferverzugs geltend machen zu können.

(3) Ansprüche des Gläubigers auf Schadensersatz

Ansprüche des Kunden: Vertretenmüssen als Anspruchsvoraussetzung für Schadensersatz beinhaltet hier Verschulden des Auftragnehmers; dieses wird vermutet *[Kap. 11.1.1, S. 179]*.

Außerdem trägt der Auftragnehmer das Beschaffungsrisiko: Für eine nur der Gattung nach bezeichnete Leistung, etwa einem PC, haftet der Auftragnehmer auch ohne Verschulden, solange dieses Produkt auf dem Markt für ihn verfügbar ist *[Kap. 11.3 (3), S. 188]*. Es ist also sein Risiko, dass er sich rechtzeitig mit diesem Produkt eindeckt.

Der Kunde behält als Gläubiger seinen Leistungsanspruch und kann *daneben* Ersatz seines Verzögerungsschadens verlangen. Der Kunde hat also Anspruch darauf, wirtschaftlich so gestellt zu werden, wie wenn er die Leistung zu dem vereinbarten Zeitpunkt erhalten hätte.

Beispiel
Infolge des Lieferverzugs kann der Kunde das System erst mit dreiwöchiger Verspätung produktiv nutzen. Er hat Anspruch auf Ersatz des entgangenen Gewinns und aller übrigen Kosten, beispielsweise die für den weiteren Einsatz des bisherigen Systems – was er der Höhe nach beweisen muss.

Zu Ansprüchen auf Schadensersatz statt der Leistung siehe Kap. 11.1.4 *[S. 168]*.

Ansprüche des Auftragnehmers: Der Kunde kommt als Schuldner einer Geldforderung automatisch in Zahlungsverzug, wenn er nicht innerhalb von 30 Tagen nach Fälligkeit und Zugang einer Rechnung (oder einer gleichwertigen Zahlungsaufstellung) zahlt. – Der Auftragnehmer kann auch schon vor Ablauf von 30 Tagen mahnen, um den Kunden in Zahlungsverzug zu setzen.

Bei Geldschulden ergibt sich aus dem Inhalt des Schuldverhältnisses, dass Verschulden nicht Voraussetzung für Schadensersatzansprüche ist: "Geld hat man zu haben." Der Schuldner komme nur dann nicht in Verzug, wenn der Umstand für die Nichtzahlung nicht in seinem Risikobereich liegt *[Kap. 11.1.2, S. 179]*.

Der Verzugszins beträgt zu Lasten von Unternehmern 9 % über dem Basiszinssatz (§ 271a BGB).[76] Der Zahlungsanspruch kann vor Eintritt des Verzugs nicht ausgeschlossen werden; er kann nur eingeschränkt werden, wenn das für den Auftragnehmer nicht grob unbillig ist. In

11.4 Unmöglichkeit

(1) Echte Unmöglichkeit

Unmöglichkeit liegt vor, wenn niemand, also weder der Schuldner noch sonst jemand, die Leistung erbringen kann, gleich welcher Grund das verhindert. Es kommt nicht darauf an, ob die Leistung schon bei Vertragsabschluss unmöglich ist

---

[76] Außerdem kann der Auftragnehmer eine Mahngebühr von Euro 40 je Zahlungsverzug verlangen.

(§ 311a BGB) oder erst später unmöglich wird: Was nicht geht, geht nicht! Deswegen „ist der Anspruch auf die Leistung ausgeschlossen" (§ 275 Abs. 1 BGB). Bei einem gegenseitigen Vertrag entfällt der Anspruch auf die Gegenleistung (§ 326 Abs. 1 BGB).

> **Beispiele**
> Verkauf einer gebrauchten Maschine, die bereits durch Brand vernichtet worden ist. – Vertrag über Montage und Inbetriebnahme einer Maschine in Deutschland, die den Vorschriften des Produktsicherheitsgesetzes nicht entspricht.

Der Schuldner haftet nach der allgemeinen Haftungsvorschrift auf Schadensersatz, also dann, wenn er die Unmöglichkeit zu vertreten hat *[Kap. 11.1.1, S. 179]*. Ist die Leistung schon bei Vertragsabschluss unmöglich, hat er die Unmöglichkeit in dem Fall nicht zu vertreten, dass er das Leistungshindernis nicht kannte und diese Unkenntnis nicht zu vertreten hat (§ 311a Abs. 2 BGB).

(2) „Faktische" Unmöglichkeit

§ 275 Abs. 2 BGB behandelt zwei Fälle, in denen die Leistung zwar möglich, aber so erschwert ist, dass das Vertragsrecht diese Fälle der echten Unmöglichkeit gleichstellt. Grundlage ist wieder einmal Treu und Glauben.

Unverhältnismäßigkeit des Aufwands für die Leistung: „Soweit und solange [die Leistung] einen Aufwand erfordert, der unter Beachtung des Inhalts des Schuldverhältnisses und der Gebote von Treu und Glauben in einem groben Missverhältnis zu dem Leistungsinteresse des Gläubigers steht," kann der Schuldner die Leistung verweigern. Diese Vorschrift soll nur für ganz krasse Fälle gelten, in denen das Leistungsinteresse des Gläubigers (= sein Vorteil) im Verhältnis zum Aufwand gering ist.

> **Standardbeispiel von Juristen**
> Der verkaufte Ring liegt inzwischen auf dem Boden eines tiefen Sees und müsste geborgen werden.

Die Vorschrift betrifft nicht den Fall, dass die Vergütung für die Erstellung eines Systems weit hinter dem dafür erforderlichen Aufwand zurückbleibt; dann geht es um die Störung der Geschäftsgrundlage *[Kap. 5.6, S. 93]*.

Persönliche Unzumutbarkeit: Ebenso kann der Schuldner eine Leistung, die er persönlich zu erbringen hat, verweigern, soweit und solange sie ihm unter Abwägung des Leistungsinteresses des Gläubigers und der Leistungshindernisse auf seiner Seite nicht zugemutet werden kann.

Beispiel

Der Mitarbeiter des Auftragnehmers, der den Vertrag allein durchgeführt hat, hat einen Trauerfall in seiner engsten Familie. Er braucht deswegen an dem Tag des Begräbnisses nicht zum Kunden zu kommen.

11.5 Schlechterfüllung

Wenn die Juristen Anspruchsgrundlagen aus Haftung unterscheiden wollen, nennen sie alles „Schlechterfüllung", was nicht speziell geregelt ist.

Beispiele

Die Verletzung der Pflicht zur ordentlichen Arbeit bei Dienstverträgen.

Die Verletzung von Nebenpflichten wie Geheimhaltungspflichten.

Allgemeine Anspruchsgrundlage für Schadensersatz ist § 280 BGB *[Kap. 11.1.1, S. 179]*.

11.6 Unzulängliche Mitwirkung des Kunden

Der Kunde hat Leistungspflichten, insbesondere zur Zahlung. Wenn er diese nicht erfüllt, kommt er in Schuldnerverzug *[Kap. 11.3, S. 187]*.

Die Mitwirkung des Kunden ist im Werkvertragsrecht geregelt *[Kap. 7.3.4]*. Die Vorschriften gelten auch (analog/entsprechend) bei anderen Vertragstypen, wenn der Kunde an der Vertragsdurchführung mitwirken soll.

Die Mitwirkung ist im Gesetz nicht als Leistungspflicht ausgestaltet. Sie ist zwar Voraussetzung dafür, dass der Auftragnehmer seine Leistung erbringen kann. Das Vertragsrecht will den Kunden aber nicht verpflichten, solche Aufgaben zu erfüllen. Denn aus der Sicht des Vertragsrechts geht es dem Auftragnehmer nur um die Vergütung, und nur darauf soll er Anspruch haben. Deswegen behandelt es solche Aufgaben als Obliegenheiten *[Kap. 5.7 unter "Pflichten im eigenen Interesse/Obliegenheiten", S. 94]*. Der Kunde soll entscheiden, ob er mitwirken will oder nicht, der Auftragnehmer soll ihn nicht zwingen können.

Wirkt der Kunde nicht mit, muss er die Nachteile tragen, die daraus entstehen, dass der Auftragnehmer seine Leistung nicht oder nicht ordnungsgemäß erbringen kann. Die Rechtsfolgen entsprechen weitgehend denen bei Verzug des Kunden als Schuldner.

Anspruchsvoraussetzung ist, dass der Kunde in Annahmeverzug kommt, insbesondere dadurch dass der Auftragnehmer ihm die Behinderung anzeigt *[Kap. 11.9 unter "Voraussetzungen", S. 197]*. Der Auftragnehmer kann dann eine angemessene Entschädigung dafür fordern, dass er seine Arbeitskraft und -mittel unproduktiv bereithält (§ 642 BGB). – Er kann entsprechend eine Entschädigung verlangen, wenn der

Kunde sonst wie unzulänglich mitwirkt, vorausgesetzt dass der Auftragnehmer ihn ordnungsgemäß geführt hat. Dieser Anspruch besteht neben dem Anspruch auf Vergütung, wenn die Leistung doch noch hergestellt wird.

Der Auftragnehmer kann gemäß § 643 BGB eine angemessene Nachfrist mit Kündigungsandrohung setzen. Nach deren nutzlosem Ablauf gilt der Vertrag als aufgehoben. Der Auftragnehmer kann dann gemäß § 645 BGB auch ohne Verschulden des Kunden die Vergütung für den geleisteten Teil verlangen, nicht aber den Ersatz des entgangenen Gewinns und den der Leerzeiten seiner Mitarbeiter nach Beendigung des Vertrags.

Bei Verschulden des Kunden kann der Auftragnehmer darüber hinaus vollen Ausgleich als Schadensersatz verlangen *[Kap. 11.1.1, S. 179]*.

Die Vertragspartner können die Mitwirkung auch als Pflicht des Kunden vereinbaren, sodass dieser bei Pflichtverletzung aufgrund von Schuldnerverzug haftet *[Kap. 11.3 (4), S. 187]*. Damit kann der Auftragnehmer Druck ausüben, dass der Kunde ordnungsgemäß mitwirkt.

> **Beispiel**
> Der Auftragnehmer will ein Programm mit fachlicher Unterstützung des Kunden für diesen erstellen, das zugleich seine Softwarefamilie erweitern soll. Ein Teil der Gegenleistung des Kunden soll in Know-how und Unterstützung bestehen, beispielsweise beim Testen. Erbringt der Kunde diese Leistungen nicht, muss der Auftragnehmer sich das Know-how und die Unterstützung anderweitig beschaffen. Dann muss der Kunde ihm die Mehrkosten als Schadensersatz erstatten. Entgangener Gewinn kann hinzukommen.

Zum Formulieren von Aufgaben des Kunden siehe Geschäftstexte, Kap. 5.3.

Pflicht des Auftragnehmers, dem Kunden Unterstützung anzubieten: Wenn der Kunde mit der Durchführung der eigenen Aufgaben nicht klarkommt, ist der Auftragnehmer im Rahmen von Treu und Glauben verpflichtet, diesem (entgeltliche) Unterstützung bei dessen Mitwirkung anzubieten *[Beispiel in Kap. 7.3.3 (2) unter „Ermittlung des genauen Verlangens", S. 141]*.

Höhe der Entschädigung für Mehraufwand: Aus § 645 Abs. 2 BGB ist zu schließen, dass der Auftragnehmer Anspruch auf seinen normalen Stundensatz als Entschädigung hat (und nicht nur auf die Personal- und sonstigen Kosten).

11.7 Schadensersatz

Begriff des Schadens: Der juristische Schadensbegriff deckt sich nicht mit dem betriebswirtschaftlichen, der auf Kosten abstellt. Vielmehr muss die Vermögenseinbuße sich in Geld bewerten lassen (statt auf Kosten ist eher auf Aufwand/Zahlungen abzustellen).

Die Rechtsprechung ist zurückhaltend, nutzlos aufgewendete Arbeitszeit von Mitarbeitern als Schaden anzuerkennen, da deren Gehälter ohnehin gezahlt werden würden.

> **Beispiel**
> Mitarbeiter des Kunden sitzen herum, nachdem die Produktionsanlage ausgefallen ist. Die Arbeit kann innerhalb der normalen Arbeitszeit nachgeholt werden. Der Kunde hätte auch ohne den Ausfall nicht mehr Umsatz gemacht. Also besteht nach verbreiteter juristischer Auffassung kein Schaden. – Wären Überstunden nötig geworden, läge ein Schaden in der sich daraus ergebenden Vergütung vor.

Wenn Mitarbeiter allerdings eingesetzt werden, um einen entschädigungspflichtigen Schaden zu beseitigen, ist der Aufwand zu ersetzen.

Inhalt und Umfang: Wenn möglich, ist der Zustand herzustellen, der ohne den schadensverursachenden Umstand bestehen würde (§§ 249 ff BGB). Ist die Wiederherstellung nicht möglich oder zur Entschädigung des Gläubigers nicht genügend, ist in Geld zu entschädigen. Bei Personen- und Sachschäden hat der Geschädigte das Wahlrecht, ob er Wiederherstellung oder den dazu erforderlichen Geldbetrag verlangt.

Die Schadensersatzpflicht kann unterschiedlich weit gehen:

- Bei Verletzung von Erfüllungsansprüchen ist der Geschädigte so zu stellen, wie er gestanden wäre, wenn der andere ordnungsgemäß erfüllt hätte (sog. positives Interesse).

- In anderen Fällen ist der Geschädigte so zu stellen, wie er gestanden wäre, wenn der andere ihn nicht geschädigt hätte (sog. negatives Interesse), nämlich bei
  - Verletzung von Nebenpflichten,
  - Verletzung von vorvertraglichen Pflichten *[Kap. 4.5, S. 85]*,
  - unerlaubter Handlung *[Kap. 12.2, S. 200]*.

Arten von Schäden: Die Rechtsordnung unterscheidet zwei Arten von Schäden, nämlich solche an „absoluten Rechten", also an Herrschaftsrechten wie das Eigentum an Sachen *[Kap. 3.1. (4), S. 20]*, und solche, die von vornherein *nur* das Vermögen treffen (= Schaden nur in Geld).

Die Schäden an absoluten Rechten werden als unmittelbare Schäden behandelt. Aus solchen Verletzungen kann ein mittelbarer Schaden entstehen, beispielsweise dass eine Produktionsanlage nicht genutzt werden kann. Dieser ist der Sache nach Vermögensschaden, wird aber als Teil des Schadens, der aus der Verletzung des Rechts stammt, behandelt und ist deswegen gemäß den Vorschriften für diese

Verletzung zu ersetzen. Die Juristen bezeichnen diesen als „unechten" Vermögensschaden.

Im Gegensatz dazu steht der „echte" oder „reine" Vermögensschaden, der sich von vornherein auf das Vermögen bezieht (= Schaden in Geld ist). Er ist bei einigen Anspruchsgrundlagen aus außervertraglichen Schuldverhältnissen nicht zu ersetzen *[siehe Kap. 12.2, S. 201]*.

Das Vertragsrecht sieht normalerweise vollen Schadensausgleich vor, gleich ob er unmittelbarer Art ist (z.B. Reparaturkosten für beschädigte Maschinen) oder mittelbarer Art (z.B. Produktionsausfall).

Um ihre Haftung zu begrenzen, sind viele Auftragnehmer darauf gekommen, ihre Haftung für mittelbare Schäden zu begrenzen. Solche Schäden sind von den unmittelbaren gut abgrenzbar, wenn der unmittelbare Schaden ein Personen- oder Sachschaden ist. Die Abgrenzung kann schwierig sein, wenn es innerhalb von Verträgen von vornherein um reine Vermögensschäden geht.

Beispiel für die Abgrenzung bei reinen Vermögensschäden
Der Produktionsausfall wird nicht durch eine beschädigte Maschine verursacht, sondern durch eine Fehlsteuerung im Produktionssteuerungsprogramm. Der unmittelbare Schaden liegt in den Mehrkosten, die Produktion trotzdem so gut es geht in Gang zu halten. Mittelbare Schaden (= Folgeschaden) entsteht, wenn weniger Produkte erstellt und abgesetzt werden können.

Entgangener Gewinn: Das klingt nach etwas Besonderem; „Gewinn" bezeichnet aber nur alle entgangenen und künftig noch entgehenden Vorteile.[77] Man kann ihn in etwa mit dem mittelbaren Schaden gleichsetzen. Das Problem liegt darin, dass er oft nur schwer abgeschätzt werden kann. Deswegen enthält § 252 BGB eine Beweiserleichterung.

11.8 Verjährung und Verwirkung

(1) Begriff und Wirkung der Verjährung

Jeder Anspruch unterliegt gemäß § 194 BGB der Verjährung. Das bedeutet, dass der Schuldner nach Ablauf der Verjährungsfrist die Leistung zu verweigern *berechtigt* ist (§ 214 BGB). Die Verjährungsfrist ist also diejenige Frist, innerhalb derer der Anspruchsteller den Prozess bei Gericht *eingeleitet* haben muss, damit sein Gegner sich nicht auf Verjährung berufen kann.

---

77 Eigentlich geht es für Juristen nur darum, die Aufteilung im römischen Recht zwischen lucrum cessans (entgangenem Gewinn) und damnum emergens (entstandenem Schaden) aufrechtzuerhalten.

Mit Ablauf der Verjährungsfrist erlischt der Anspruch also nicht. Der Schuldner kann sich aber auf Verjährung berufen *[zu Abwehrgrundlagen siehe Kap. 3.2 (5), S. 47]*. Tut er das, braucht er den Anspruch nicht mehr zu erfüllen; eine Klage wird abgewiesen. Anderenfalls nimmt der Gerichtsprozess seinen normalen Fortgang. Das Gericht beachtet den Eintritt der Verjährung nicht von Amts wegen.

> **Beispiel**
> Der Kunde verlangt nach Ablauf der Verjährungsfrist berechtigterweise Schadensersatz. Der Auftragnehmer hat eine Haftpflichtversicherung und möchte sich nicht auf Verjährung berufen, sondern im Interesse der Geschäftsbeziehung die Versicherung in Anspruch nehmen. Da der Anspruch noch besteht, muss die Versicherungsgesellschaft zahlen (es sei denn, dass die Versicherungsbedingungen das einschränken würden).

Der Auftragnehmer kann die Verjährung dahingehend nutzen, dass er erklärt, nach Fristablauf Mängel nur noch gegen Vergütung zu beseitigen, insbesondere im Rahmen eines Wartungsvertrags.

Der Auftragnehmer, der nach Ablauf der Verjährungsfrist Mängel ohne eine solche Erklärung beseitigt, kann dafür nachträglich keine Vergütung verlangen; er hat eben darauf verzichtet, sich auf Verjährung zu berufen, und hat seine Pflicht erfüllt. – Wenn er aber deutlich nach Ende der Verjährungsfrist eine Reparatur vornimmt, geht die Rechtsprechung davon aus, dass der Kunde sich bei seinem Verlangen nach Reparatur nicht mehr auf die Haftung wegen Mängeln stützen, sondern notgedrungen einen Auftrag erteilen will.

Die Verjährungsfrist bezieht sich auf einzelne Ansprüche, z.B. auf die Ansprüche wegen jedes einzelnen Mangels *[siehe dazu auch im Folgenden unter "Hemmung"]*.

Ausschlussfristen: Im Gegensatz zu Verjährungsfristen erlischt ein Recht, das einer Ausschlussfrist unterliegt, nach Ablauf dieser Frist.

> **Beispiele**
> Das Recht, eine Willenserklärung (z.B. einen Vertragsantrag) wegen arglistiger Täuschung oder wegen eines Irrtums anzufechten, unterliegt einer Ausschlussfrist.
>
> In Arbeitsverträgen ist es beliebt, für (fast) alle Ansprüche statt einer Verjährungsfrist eine Ausschlussfrist von x Monaten nach Vertragsbeendigung zu vereinbaren.

(2) Dauer und Beginn der Verjährung

Die regelmäßige Verjährungsfrist für vertragliche Ansprüche beträgt 3 Jahre (§ 195 BGB).

Sie beginnt „mit dem Schluss des Jahres, in dem der Anspruch entstanden ist *und* der Gläubiger von den den Anspruch begründenden Umständen ... Kenntnis erlangt oder ohne grobe Fahrlässigkeit erlangen müsste" (§ 199 BGB). Es geht im

Normalfall nur um die Kenntnis der Umstände, nicht um die Kenntnis des Anspruchs selbst. Die Frist endet spätestens 10 Jahre nach Entstehen des Anspruchs (von Ausnahmen abgesehen). Für Systemverträge sind die Fristen für die Verjährung von Ansprüchen wegen Mängeln normalerweise kürzer *[Kap. 6.4.6 (1), S. 110, bzw. Kap. 7.7 (6), S. 157]*.

(3) Hemmung

Die Hemmung ist vergleichbar mit „Time out" bei Handball oder Eishockey. Die Hemmung ist also das, was umgangssprachlich als Unterbrechung bezeichnet wird. Für deren Dauer ruht die Verjährungsfrist und läuft nach deren Beendigung weiter (§ 205 BGB).

Hemmung ist im Vertragsrecht beispielsweise vorgesehen, solange ein Prozess vor Gericht anhängig ist oder solange die Vertragspartner über einen Anspruch verhandeln *[Kap. 6.4.6 (3), S. 110]*.

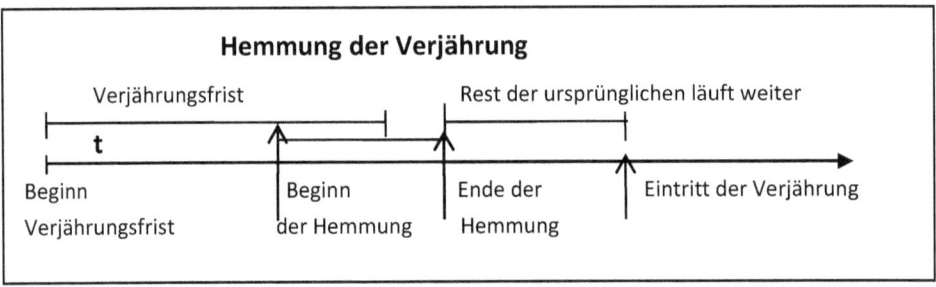

Die Hemmung bezieht sich im Normalfall nur auf den betroffenen Anspruch, so wie es die Verjährung tut. Meldet der Kunde einen Mangel nach Ablauf der Verjährungsfrist für einen anderen Teil des Systems, sind die diesbezüglichen Ansprüche also verjährt, auch wenn die Frist für einen früher gemeldeten Mangel wegen deren Hemmung noch läuft (das ist relevant, wenn dieser nur unzureichend beseitigt worden ist).

(4) Verwirkung

Verwirkung tritt ein, wenn längere Zeit seit der Entstehung des Anspruches verstrichen ist und der Gläubiger schon vor Ablauf der Verjährungsfrist den starken Eindruck erweckt hat, dass er den Anspruch nicht mehr geltend machen werde. Schweigen alleine reicht nicht aus. In Betracht kommt insbesondere, dass das Verhalten des Anspruchsberechtigten wie ein stilles Einverständnis *aussieht*, dass er es bei der Situation belassen will, seinen Anspruch also nicht mehr geltend machen will. Der Anspruch *erlischt* [Beispiel: Minderung, Kap. 10.1.1 unter „Haftung für Mängel"", S. 173].[78]

Dafür, wie lange Zeit seit der Entstehung des Anspruches verstrichen sein muss, lassen sich keine allgemeinen Maßstäbe aufstellen. In der Praxis wird wesentlich häufiger Verwirkung behauptet, als sie tatsächlich gegeben ist.

11.9 Annahmeverzug des Kunden

Soweit der Kunde die Vergütung nicht rechtzeitig zahlt, richten sich die Rechtsfolgen seines Verzuges nach den Vorschriften über den Schuldnerverzug [Kap. 11.3, S. 187]. Wenn der Kunde als Gläubiger die Leistung des Auftragnehmers nicht rechtzeitig entgegennimmt, kann das für den Auftragnehmer nachteiligen Folgen haben. Davon soll dieser entlastet werden. Das Vertragsrecht regelt das in der Weise, dass der Kunde in Annahmeverzug kommt (§§ 293 ff. BGB).

> **Beispiel**
> Bei einem Kaufvertrag ist die Entgegennahme der Ware in der Regel nicht eine Hauptpflicht, sondern nur eine Nebenpflicht des Kunden, sodass bei Verzögerung der Annahme nicht Schuldnerverzug, sondern Annahmeverzug eintritt.

Voraussetzungen: Der Auftragnehmer muss die Leistung erbringen können und sie anbieten. Der Kunde muss nach Eintritt des Liefertermins erklären, dass er die Leistungen nicht entgegennehmen wolle oder könne. Keine Voraussetzung für den Annahmeverzug ist, dass der Kunde verschuldet hat, dass er die Leistung nicht entgegennehmen kann (es reicht, dass die Ursache in seinem Risikobereich liegt) [Kap. 11.1.1, S.179].

Der Kunde gerät allerdings nicht in Annahmeverzug, wenn er nur vorübergehend an der Entgegennahme verhindert ist. Diese Ausnahme gilt wiederum nicht, wenn der Auftragnehmer die Leistung eine angemessene Zeit vorher angekündigt hat.

Rechtsfolgen: Während des Annahmeverzuges haftet der Auftragnehmer nicht für leichte Fahrlässigkeit, z.B. wenn in seinem Bereich die für den Kunden reservierten Geräte leicht fahrlässig beschädigt werden.

Der Auftragnehmer hat Anspruch auf Erstattung seiner Mehraufwendungen, z.B. auf die für die Aufbewahrung und Erhaltung der geschuldeten Sachen.

Der Kunde bleibt als Schuldner zur Zahlung am vereinbarten Liefertermin verpflichtet. Der Auftragnehmer kann also die Leistung wie im Vertrag vorgesehen

---

78 Die Rechtsprechung hat die Verwirkung aus dem Grundsatz von Treu und Glauben abgeleitet. Dieser Grundsatz verbietet ein widersprüchliches Verhalten im Rechtsverkehr [Kap. 3.1.3 (4), S. 34].

anbieten und Zahlung verlangen. Wünscht der Kunde die Verschiebung des Liefertermins, braucht der Auftragnehmer nicht darauf einzugehen. – Er kann dem mit der Einschränkung zustimmen, dass er auf dem vereinbarten Zahlungstermin besteht.

Weiterhin kommt der Auftragnehmer nicht in Lieferverzug, weil er die Verzögerung nicht zu vertreten hat *[Kap. 11.3 (2), S. 188]*.

11.10 Vertragsstrafe

Die Vereinbarung einer Vertragsstrafe (= eines Vertragsstrafeversprechens) dient zum einen dazu, Druck auf den Schuldner (meist: auf den Auftragnehmer) auszuüben, und zum anderen dazu für den Fall, dass diese zu zahlen ist, den Nachweis des Schadens in deren Höhe zu ersparen. Das führt zu zwei Konsequenzen:

Ist die Vertragsstrafe für den Fall des Verzuges vereinbart, muss der Kunde sich den Anspruch darauf *bei* der Entgegennahme der Leistung vorbehalten, wenn er die Vertragsstrafe noch bekommen will. Tut er das nicht, entfällt sein Anspruch (§ 341 Abs. 3 BGB).

Wird eine Vertragsstrafe vereinbart, kann der Begünstigte seinen über sie hinausgehenden Schaden zusätzlich verlangen (§ 340/§ 341 Abs. 2 BGB). Man kann das auch anders herum ausdrücken: Die Vertragsstrafe wird auf den Schadensersatzanspruch angerechnet. Sie beinhaltet also keine Pauschalierung des Schadens, sondern die Vereinbarung eines Mindestschadens. Die Vertragspartner können allerdings vereinbaren, dass ein weitergehender Schadensersatzanspruch entfällt, ebenso andersherum, dass die Vertragsstrafe nicht auf den Schadensersatzanspruch anzurechnen ist.

Das Vertragsrecht sieht nirgends die Zahlung einer Vertragsstrafe vor, sondern regelt – weitestgehend nur hilfsweise – die Rechtslage für den Fall, dass die Vertragspartner eine Vertragsstrafe vereinbart haben. Zwingend ist allerdings § 343 BGB, wonach das Gericht eine überhöhte Vertragsstrafe herabsetzen kann; das gilt allerdings gemäß § 348 HGB nicht zu Gunsten von Kaufleuten.

12. Haftung von Dritten

12.1 Bürgschaft und Bankgarantie

Bei einer Bürgschaft geht es darum, dass ein anderer *ersatzweise* eine „Verbindlichkeit des Schuldners erfüllen" soll (§ 765 BGB). Das ist davon abzugrenzen, dass ein anderer die Verbindlichkeit *neben* dem Schuldner erfüllen soll. Letzteres kann als Schuldbeitritt vereinbart werden; dann sind die beiden Gesamtschuldner.

Die Verbindlichkeit kann in einer beliebigen Leistung bestehen; meist hat sie eine Geldschuld/Zahlung zum Gegenstand. Es kann sich aber auch jemand verpflichten, anstelle des ursprünglichen Auftragnehmers den Vertrag zu erfüllen (z.B. die Muttergesellschaft in einer Patronatserklärung für ihre Tochtergesellschaft).

Die Verbindlichkeit kann eine Leistungspflicht oder eine Haftungspflicht betreffen. Wenn jemand für die Erbringung einer Leistung bürgt, bezieht sich die Bürgschaft in der Regel auch auf die Haftung in dem Falle, dass der erste Schuldner die Leistung nicht oder nicht mängelfrei erbringt.

Wegen der Gefährlichkeit der Bürgschaft ist Voraussetzung, dass der Bürge sie schriftlich erklärt. Das gilt nicht für einen Kaufmann *[siehe zur Schriftform Kap. 4.1.5 (1), S. 65]*.

Bürgschaften werden häufig von Banken gestellt; sie können auch mit anderen Bürgen, beispielsweise mit der Muttergesellschaft des Auftragnehmers, vereinbart werden.

Bei der *Anzahlungsbürgschaft* sichert sich der Kunde hinsichtlich geleisteter Anzahlungen ab: Sollte der Auftragnehmer zur Zurückzahlung der geleisteten Anzahlung verpflichtet sein, haftet der Bürge für diese Rückzahlung. – Die Anzahlungsbürgschaft ist zurückzugeben, wenn derjenige Leistungsumfang erreicht ist, der abgesichert werden soll. Dieser muss jeweils festgelegt werden.

Bei der *Erfüllungsbürgschaft* gilt die Bürgschaft bis zum Ende der Leistungserbringung für alle Zahlungsansprüche des Kunden. Sie gilt also nicht für Ansprüche wegen Mängeln, die nach der Erfüllung auftreten.

Bei der *Gewährleistungsbürgschaft* geht es um die Absicherung der Haftung wegen Mängeln, und zwar in der Regel nur um die ersatzweise Haftung auf Geld, nicht auch auf die Beseitigung von Mängeln. Sie deckt meist nur einen niedrigeren Geldbetrag als die Erfüllungsbürgschaft ab: Der Auftragnehmer soll von der Bürgschaft und der damit typischerweise verbundenen Belastung seiner Liquidität bei seiner Bank entlastet werden.

Belastungsgrade des Bürgen: Bei der normalen Bürgschaft kann der Bürge verlangen, dass der Begünstigte erst einmal den ersten Schuldner auf Erfüllung der Verbindlichkeit verklagt. Er kann den Bürgen erst in Anspruch nehmen, wenn er nachweisen kann, dass er erfolglos versucht hat, durch Zwangsvollstreckung zu seinem Geld zu kommen. Er hat die Abwehrgrundlage „Einrede der Vorausklage" (§ 773 BGB).

Bürgschaft auf erstes Anfordern (der Zahlung): Der Bürge kann auf diese Einrede verzichten. Dann kann und muss er sich wie der erste Schuldner gegen eine Klage verteidigen. Er wird also in einen Streit zwischen dem ersten Schuldner und dem Begünstigten hineingezogen.

Bankgarantie: Sie ist mehr sprachlich als begrifflich eine Alternative zur Bürgschaft: Die Bank verpflichtet sich, gemäß den vereinbarten Bedingungen für ihre Inanspruchnahme zu zahlen. Diese können von „Zahlung auf erste Anforderung" ohne weitere Bedingungen bis dahin reichen, dass der Gläubiger in der ersten Aufforderung bestimmte Erklärungen abgeben oder bestimmte Dokumente vorlegen muss. Auf die vertragliche Situation zwischen dem Schuldner und dem Gläubiger kommt es also nur beschränkt an.

Die Bank möchte damit vermeiden, in eine Auseinandersetzung zwischen Kunde und Auftragnehmer hineingezogen zu werden. Sie muss später aber selbst gegen den Gläubiger vorgehen, wenn die Bedingungen für ihre Inanspruchnahme nur formal, aber nicht im Verhältnis von Gläubiger/Garantieberechtigten und Schuldner wirksam erfüllt waren. Außerdem kann sie gegen den Schuldner wie bei einer normalen Bürgschaft Rückgriff nehmen.

12.2 Außervertragliche Haftung, insb. Produkthaftung

(1) Problemstellung

Es gibt zahlreiche Gesetze, die einer Person bestimmte Pflichten auch außerhalb von vertraglichen Beziehungen gegenüber einem Dritten auferlegen. Meist geht es darum, dass die Person Handlungen unterlassen soll, die den Dritten schädigen.

> **Beispiele**
> (1) Niemand darf Raubkopien eines fremden Programms herstellen (§ 97 UrhG).
> (2) Niemand darf unfairen Wettbewerb betreiben (wie im Gesetz gegen den unlauteren Wettbewerb umfangreich geregelt).

Wer eine solche Pflicht verletzt, haftet dem Dritten. Die Haftung geht erst einmal auf Unterlassen, im Geschäftsverkehr auch oft dahin, im Falle der erneuten Verletzung der Pflicht eine Sanktion zu leisten. Bei Verschulden ist auch Schadensersatz zu zahlen.

Beispiel für eine Sanktion
Der verletzte Wettbewerber verlangt eine strafbewehrte Unterlassungserklärung dahingehend, dass bei jeder künftigen Verletzung ein Betrag von X Euro an ihn zu zahlen ist. Wird eine solche Erklärung unberechtigt verweigert und geht es zu Gericht, wird das Urteil auf Unterlassung bei Vermeidung der Zahlung eines Zwangsgelds von X Euro (an die Staatskasse) je Verstoß lauten.

Wird eine solche Pflicht *innerhalb* eines Vertrags verletzt, ist das zugleich eine Pflichtverletzung, die zur Haftung aus Vertrag führt. Es besteht Anspruchskonkurrenz *[Kap. 11.1 am Anfang, S. 176]*.

(2) Unerlaubte Handlung gemäß §§ 823 ff. BGB

§ 823 Abs. 1 BGB enthält einen Grundtatbestand für die Haftung wegen schuldhafter Verletzung fremder Rechtsgüter. Die Rechtsprechung sieht insbesondere Verkehrssicherungspflichten als gesetzliche Pflichten an. Diese reichen von der Pflicht, für die Verkehrssicherheit des Bürgersteigs vor dem eigenen Haus bei Schnee und Eis zu sorgen, bis zur Pflicht, eine Fabrik als gefährliche Einrichtung so zu organisieren, zu lenken und zu kontrollieren, dass kein dort hergestelltes Produkt einen vermeidbaren Personen- oder Sachschaden verursacht (Produzentenhaftung).

Allerdings werden nur bestimmte Rechtsgüter geschützt, insbesondere die körperliche Unversehrtheit und das Eigentum. Das Vermögen als solches (reine Geldschäden) zählt nicht dazu *[Kap. 11.7 unter "Arten von Schäden", S. 193]*.

Einige gesetzliche Regelungen wollen aber auch das Vermögen des Dritten schützen und sehen vor, dass auch reine Vermögensschäden zu ersetzen sind.

Beispiel
Sittenwidrige (vorsätzliche) Schädigung gemäß § 826 BGB

(3) Produzentenhaftung

Zu unterscheiden sind

- die Produzentenhaftung, die von der Rechtsprechung aus der allgemeinen Haftung für unerlaubter Handlung *[siehe (2)]* entwickelt worden ist, und
- die Produkthaftung aufgrund des Produkthaftungsgesetzes von 1990 *[siehe (4)]*.

Beide Anspruchsgrundlagen stehen in Anspruchskonkurrenz *[Kap. 11.1 am Anfang, S. 176]*. Die Produkthaftung schafft weniger weitreichende Schadensersatzansprüche, diese aber unter weniger hohen Anspruchsvoraussetzungen (Verschulden ist definitiv nicht erforderlich).

Die Produzentenhaftung ist vom Ausgangspunkt her eine normale Haftung aus unerlaubter Handlung gemäß § 823 Abs. 1 BGB, bezieht sich also nur auf Personen-

und Sachschäden und nicht auf reine Vermögensschäden, wohl aber auf mittelbare. Sie ist im Laufe der Zeit in der Rechtsprechung dahingehend verschärft worden, dass es immer weniger auf Verschulden ankommt.

(4) Produkthaftungsgesetz

In Erfüllung der Produkthaftungsrichtlinie der Europäischen Gemeinschaft ist 1990 das Produkthaftungsgesetz in Kraft getreten. Es sieht eine Haftung nur für Personenschäden sowie für Sachschäden an Konsumgütern vor (also nicht an von Unternehmen genutzten Sachen). Auch hier gibt es keine Haftung für echte Vermögensschäden.

(5) Gesetz gegen den unlauteren Wettbewerb (UWG) *

Das UWG will den fairen Wettbewerb schützen und fördern. Es greift mit verschiedenen Verboten ein. Der beeinträchtigte Wettbewerber kann Unterlassungs-, Beseitigungs- und Schadensersatzansprüche gegen den Verletzer haben.

Abkürzungsverzeichnis

ABGB   Allgemeines Bürgerliches Gesetzbuch (Österreich)

Abs.   Absatz

AG   Auftraggeber/Kunde oder Aktiengesellschaft

AGB   Allgemeine Geschäftsbedingungen

AN   Auftragnehmer

AÜG   Arbeitnehmerüberlassungsgesetz

Aufl. Auflage

BGB   Bürgerliches Gesetzbuch

BGH   Bundesgerichtshof

Geschäftstexte (Zahrnt) Geschäftstexte schreiben: klar und rechtlich sicher

GU   Generalunternehmer

HGB   Handelsgesetzbuch

IT-PM (Zahrnt) Projektverträge: Erfolgreiches Management für Auftragnehmer

PM   Projektmanagement

VP   Vertragspartner

Literaturhinweise

Engisch, Karl
Einführung in das juristische Denken
Verlag W. Kohlhammer 1997, 9. Auflage
Das Buch ist 2005 in der 10. Auflage von Thomas Würtenberger und 2010 in der 11. Auflage von Thomas Würtenberger und Dirk Otto herausgegeben worden.

Kötz, Hein
Vertragsrecht
Mohr Siebeck Tübingen, 2. Auflage 2012

Zahrnt, Christoph
IT Projektverträge: Erfolgreiches Management für Auftragnehmer
Bei Amazon 2013, laufend aktualisiert

Zahrnt, Christoph
Geschäftstexte schreiben: klar und rechtlich sicher
Bei Amazon 2014, laufend aktualisiert

Stichwortverzeichnis

Abnahme 10, 117, 151
   Abnahmepflicht 152
   Abnahmeprüfung 150, 151
   bei Kenntnis von Mängeln 154
   keine bei Werklieferungsvertrag 164
   unter Vorbehalt/Bedingung 154
   Vereinbarter Termin 151

Abnahmeverweigerung
   endgültige unberechtigte 155
   vorläufige unberechtigte 155

Absichtserklärung *siehe Letter of Intent*

Abwehrgrundlage
   Begriff 47
   Mitverschulden 181
   Verjährung 195

AGB/AGB-Recht 37
   Anforderungen des Kunden/Aufgabenstellung (siehe auch Spezifikation) 118
   Auslegung 131
   definierte zu Festpreis 128
   Fehler darin 156
   Fortschreibung, formale 139
   Lücke 121
   mündlich vereinbarte 121
   Vertragsbestandteil geworden? 84, 86, 120, 121

Angebot (zum Vertragsabschluss) *(siehe auch Vertragsantrag)* 58
   Aufforderung zur Abgabe 59
   Begriff 57
   Vergütung für Erstellung 60

Annahme (eines Vertragsantrags) 60
   unter Vorbehalt/Änderungen 61

Annahmeverzug des Kunden 167, 197

Anscheinsbeweis *siehe Beweis des ersten Anscheins*

Anspruchsarten
   auf Erfüllung 89
   aus Haftung 176, 179

Anspruchsgrundlage 20, 42, 89, 176
   Aufbau 42, 44

Beweislast 46

Anspruchskonkurrenz 179

Anspruchsvoraussetzungen 42, 44, 103

Anzahlungsbürgschaft 199

Arbeitnehmerüberlassung 15, 165, 170

Arbeitsrecht 23

Aufklärungspflichten (vorvertragliche) 86

Aufrechnung 93

Auftragsbestätigung 62, 74

Aufwendungen
   vergebliche als Schaden 87, 185

Auslegung
   AGB 39
   Gesetz 29, 31
   Vertrag 36, 49, 51, 53, 58
      bei Widersprüchen 50
      ergänzende 52, 58, 115

Ausschlussfrist 167, 195

Austauschverträge 22, 92

Bankgarantie 200

Bedienungsfehler *(siehe auch Risikobereich des Kunden)* 102

Bedingungen (für die Geltung des Vertrags) 71

Beratungspflichten/vorvertragliches Beratungsverhältnis
   Bestehen 86
   rechtliche Einordnung 85

Beratungsvertrag
   mögliche Gegenstände 162
   Rechte an Arbeitsergebnissen 168
   Werkvertrag oder Dienstvertrag 13, 162

Beschaffenheitsgarantie *siehe Garantie der Beschaffenheit bzw. Haltbarkeitsgarantie*

Beschaffenheitsvereinbarung *siehe Sollbeschaffenheit*

Beschaffungsrisiko 187

Besitz 21

Bestätigungsschreiben, unternehmerisches (kaufmännisches) 74
  Beweislast 75
  Gegenbestätigung 76
  mit Ergänzungen 76
Beweisen 42
  Beweis des ersten Anscheins 47
  Darlegungslast/Schlüssigkeitsprüfung 44
Beweislast
  Erleichterungen 46
  Mängel 101
    Verteilung 103
  Substanziiertes Bestreiten von Mängeln 44
  Umkehr der Beweislast 46
  Verteilung 46, 75, 112
Beweiswürdigung 103
BGB/Bürgerliches Gesetzbuch 21
Bindefrist (bei Vertragsantrag) 59
Bringschulden 91, 98
Bürgerliches Recht (Begriff) 19
Bürgschaft 199
Ca.-Preis 149
Change-Request-Verfahren 139
Claimmanagement 139
Dauerschuldverhältnisse *(siehe auch Miete)* 172
Dienstleistungen 162, 165
  Begriff 9
Dienstvertrag 130, 165
  Abgrenzung zum Werkvertrag 12
  Begriff 11
  Grundzüge 165
  Haftung des AN 168
  höchstpersönliche Leistung 165, 168
  keine Minderung 168
  Kündigung 167
  Kündigungsrecht bei Diensten höherer Art 166, 167
  Pflichten des AN 165
  Rechte an Arbeitsergebnissen 168
  Vergütung 166
DIN-Normen 100, 118, 124, 125, 127, 134
Dokument (Vertrag) *siehe Vertragsurkunde*

Eigentum (siehe auch Herrschaftsrechte) 20
Eigentumsübertragung 97
Eigentumsvorbehalt 98
Einigungsmangel 58
Elektronischer Geschäftsverkehr 72
Entscheidungsfindung (juristische) 44
Entwicklungs- und Dokumentationsrichtlinien) 127
Erfüllungsbürgschaft 199
Erfüllungsgehilfe 186
  Abgrenzung zum Vorlieferanten 187
Erfüllungsort 91, 105
Ergänzende Vertragsauslegung *siehe Auslegung - Vertrag ergänzende*
Ergonomie 124
Erheblich(-keit) (Begriff hinsichtlich Mängel u.a.m.) 32, 156, 185
EU-Recht 54
Fahrlässigkeit
  leichte/grobe 179
Fälligkeit (einer Leistung) (siehe auch Liefertermin) 90
Fehlerbild/-symptom 44, 103, 104
Fehlermeldung *siehe unter Mängelmeldung*
Festpreis
  Begriff 146
  bei Werkvertrag 129
  Verhältnis zu Kontingent 146
  Verhältnis zu Werkvertrag 117
Fixgeschäft 187
Freier Mitarbeiter(-vertrag) *(siehe auch Unterauftragnehmer)* 169
  Rechte an Arbeitsergebnissen 170
Freigabe *siehe unter Spezifikation*
Fristlose Kündigung *siehe Kündigung, außerordentliche*
Fürsorgepflicht
  vertragliche 89
  vorvertragliche 86, 87
Garantie der Beschaffenheit (siehe auch Haltbarkeitsgarantie) 111
Garantie des Herstellers

Beschaffenheit 112
Gattungssache/-schuld 180
Gebrauch *siehe Verwendbarkeit*
Gefahrübergang 92, 98, 156
Geheimhaltungsvereinbarungen 69
Generalklauseln (in Gesetzen) 31
Generalunternehmer(-vertrag) 158
Gesamtschuldner 95
Geschäftsführungsbefugnis *(siehe auch Vollmacht)* 78
Geschäftsgrundlage *siehe Störung der Geschäftsgrundlage*
Gewährleistung *siehe Mängelhaftung*
Gewährleistungsbürgschaft 199
Gewährleistungsfrist *siehe Verjährungsfrist für Mängelansprüche*
Gewalt, höhere 181
Gewinn, entgangener 194
Gläubiger (Begriff) 20
Grund, triftiger 33
Grund, wichtiger 33, 167, 185
Gutachten(-erstellung)
   rechtliche Einordnung 15
Haftung (allgemein) *(siehe auch bei den einzelnen Vertragstypen)* 176
Haftung von Dritten 199
Haltbarkeitsgarantie 113
Handelsbrauch 18
Handelsgeschäfte 24
Handelskauf 109
Handlung, unerlaubte 193, 200, 201
Handlungsvollmacht 83
Herstellergarantie
   Haltbarkeit 112
HGB/Handelsrecht 24
Holschulden 91
Individualabrede (siehe auch AGB) 39, 100
Internetverträge 72
Istbeschaffenheit, Mangel darin 114
   Begriff 101

Kauf(-vertrag) 97
   Abgrenzung zum Werkvertrag 11
   auf Probe 97
   Begriff 10
   Gefahrübergang 156
   Mängelhaftung 101
Kaufmann
   Begriff 25
kaufmännische Untersuchungs- und Rüge'pflicht' 103, 109
Kaufrecht, internationales (der UN) 54
Kompatibilität (= Verträglichkeit)) 124
Konfigurationsmanagement 127
Konsortium 95
Kontingent 146
Kostenanschlag *siehe unter Vergütung nach Aufwand*
Kündigung *(siehe auch bei den einzelnen Vertragstypen)* 148, 167, 172, 192
   außerordentliche (siehe auch Grund, wichtiger) 177, 185, 186
   außerordentliche (siehe auch wichtigwichtigtiger) 173
   freies
      Dienstvertrag 167
      Werkvertrag 145
Leasingverträge 174
   Begriff 11
Leistungen Zug um Zug 92
Leistungsabdeckungsklausel 146
Leistungsort 91
Leistungsstörungen
   Begriff 176
Leistungsverweigerungsrecht 92
Mängel
   Erheblichkeit 156, 185
   erkennbare 109
   fehlerhafte Vorgaben 156
   offene 108, 153, 154, 157
   reproduzierbare 104
   versteckte 109, 153
   Zeitpunkt des Vorhandenseins 156
Mängelbeseitigung
   angemessene Nachfrist 107

Anspruch auf Ersatzlieferung 104
Anspruch bei Kaufvertrag 104
Anspruch bei Mietvertrag 172
Anspruch bei Werkvertrag 156
  ausreichende Gelegenheit 107
  Fehlschlagen, endgültiges 107
  kein Anspruch bei Dienstvertrag 168
  Kostentragung 106
    bei Vergütung nach Aufwand 156
  Mängelsuche/-lokalisierung 102
  Mitwirkung des Kunden 102, 106
  Ort 105
Mängelhaftung
  Kaufvertrag 101
Mängelmeldung/-rüge
  Anforderungen an Substanziierungspflicht 102, 104
  unberechtigte 114
  unverzüglich bei Handelskauf 109
Mangelursache 102, 115
Memorandum of Understanding (MoU) 70
Mietverträge 172
  Begriff 11
Minderung 107, 177
Mitverschulden 88, 181
Mitwirkung des Kunden bei Vertragsdurchführung 95, 143, 164, 191
Nacherfüllung *(siehe auch Mängelbeseitigung)* 104
  Fehlschlagen 107
Nachfristsetzung 107, 150
  angemessene Länge bei Mängelhaftung 107
  Entbehrlichkeit *(siehe auch Mängelbeseitigung – Fehlschlagen)* 183, 188
Nebenleistungen 89
Nebenpflichten 89
  des AN in der Lieferphase 146
Nutzungsentschädigung/-vorteile 104
Obliegenheiten 94, 104, 109, 181, 191
Option 71
Parteisitten 73
Patronatserklärung 199
Pflichten

im eigenen Interesse 94, 109, 181, 191
Verletzung allgemein 179
vorvertragliche 85
Pönale *siehe Vertragsstrafe*
Preisabgeltungsklausel 146
Preisvereinbarungen 146
Privatautonomie *siehe Vertragsfreiheit*
Privatrecht (Begriff) 19
Produktbeschreibungen 85, 100, 118, 119
Produkthaftungsgesetz/Produzentenhaftung 200
Prokura 80
Protokolle 77
Prozessrecht (siehe auch Beweisen) 18
Qualitätssicherung 127
Recht (siehe auch Gesetz)
  materielles (Begriff) 18
  öffentliches – privates 19
  ungeschriebenes 17
  zwingendes 26
Rechtsbegriffe 32, 33
  unbestimmte 31
Rechtsvorschriften
  Begriff 17
  Eigenheiten 29
Richterrecht 17, 35
Richtpreis 149
Rücktritt(-srecht) 107, 108, 188
  Umfang 107
  Verwirkung 196
Rügepflicht, kaufmännische 108
Sachenrecht (siehe auch Herrschaftsrechte) 22, 97
Schadensersatz(-ansprüche) 177
  Begriff 192
  bei Kauf 108
  negatives/positives Interesse 193
  statt der Leistung 173
  Vertragsstrafe 198
Schätzpreis 149
Schickschulden 91, 98
Schlechterfüllung 168, 176

Begriff 191
Schlüssigkeit(-sprüfung) 44
Schriftform 65
  gesetzliche 65
  mündliche Aufhebung 67
  Textform 66
  vereinbarte 65, 75, 123, 143
  vereinbarte nicht eingehalten 66, 104
Schuldner (Begriff) 20
Schuldrecht 22
  Begriff 17
Schuldverhältnis
  außervertragliches/gesetzliches 89
Schuldverhältnis,
  außervertragliches/gesetzliches 200
Schweigen *(siehe auch Bestätigungsschreiben, unternehmerisches)* 63
  Bedeutung 74
Sittenwidrigkeit 28
Sollbeschaffenheit *siehe auch Mängel)*
  Begriff 101
  bei Kauf 100
  bei Miete 172
  bei Werkverträgen 118
Spezifikation der Aufgabenstellung
  Anforderungen daran 132
  Feinanpassung 137
  Fortschreibung 138
  Freigabe 134
    Verzögerung 136
  gemeinsame 129
  Maßstab für Erstellung 131
  Nachschieben von Anforderungen bzw. Feinanpassung 137
  Rangverhältnis zu Aufgabenstellung 134
  Überprüfung durch den Kunden 134, 138
  Zuständigkeit 131
  Zwischenergebnisse 138
Störung *(siehe auch Mängel)* 32, 112
  Begriff 114
  Vergütungsanspruch für Beseitigung 115
Störung der Geschäftsgrundlage 20, 93
  Festpreis nicht kostendeckend 94
  Rechtsfolgen 94

Streik 181
Subsumtion 44
Symptom *siehe Fehlerbild/-sympton*
Tatbestandsmerkmal *siehe Anspruchsvoraussetzungen*
Technische Normen *(siehe auch DIN-Normen)* 18
Teilabnahme 154
Teilleistungen 110
  Vereinbarung 99, 150
Testinstallation 97
Textform *siehe unter Schriftform*
Treu und Glauben *(siehe auch beim einzelnen Problem)* 34, 36, 39, 72
  Beispiel 140, 172, 190
UN-Kaufrecht 54
Unmöglichkeit 189
Unterauftragnehmer 158, 166, 186
  Abnahme 160
Unternehmer 27
unverzüglich (Begriff) 90
Urkunde *siehe Vertragsurkunde*
US-Recht 55
Verantwortlichkeit 177
Verantwortung 186
Verantwortungsbereich 178, *siehe Risikobereich*
Verbote (gesetzliche) 28
Vergütung
  Ersatz von Aufwendungen 149
  Vergütung nach Aufwand 148, 149
    Budget 149
    Kostenanschlag 148, 166
    Obergrenze 149, 166
    Zirkapreis 149
Verhandlungstreuepflicht 68, 85
Verjährung(-sfrist) 110, 194
  Beginn 110
    erneuter bei Ersatzlieferung 111
  Dauer 157, 195
  Hemmung 110, 196
Verkehrssicherungspflicht 201

Verkehrssitten 18, 50, 51
Verletzung der
 Aufklärungspflicht/Beratungspflicht bei
 Vertragsverhandlungen 85
Verletzung von vorvertraglichen Pflichten
 87
Verordnungen 17
Verschleißteile 125
Verschulden 178, 180, 201
 Anspruchsvoraussetzung für Schadensersatz
  177
 keine Anspruchsvoraussetzung für
  Schadensersatz 111, 155, 173
 Nachweis 180
Vertrag
 Begriff 56, 73
 Verbindlichkeit 72
Vertragsabschluss 56
 Bedingungen 70
 Formvorschriften 65
 Vertrag mit offenen Punkten 58, 67
Vertragsänderung
 Anspruch darauf 72, 140
 mündlich trotz Schriftform 67
Vertragsannahme *siehe Annahme*
Vertragsantrag 58
 Anforderungen daran 58
 Wirksamkeit, (zeitliche) 59
Vertragsbestandteile
 dazu geworden? 83
 Reihenfolge ihrer Geltung 83
Vertragsdokument *siehe Vertragsurkunde*
Vertragsfreiheit 25
 Grenzen 26
 in AGB 39
Vertragsrecht
 Begriff 17
 Gegenstand 21, 24, 42
 Prinzipien 19, 25, 26
 Vollständigkeit 34
Vertragstypen (Begriff) 9

Vertragstypologie 23
Vertragsurkunde *(siehe auch*
 Vertragsbestandteile)
 Vermutung der Vollständigkeit und Richtigkeit
  50
Vertretenmüssen
 Risikobereich 180, 188
Vertretungsmacht *siehe Vollmacht*
Verwendbarkeit
 gewöhnliche 118, 123
  Funktionsumfang 123
  Stand der Technik 123
Verzug des Schuldners 150, 191
Vollmacht 78
 Einräumung 79
 Weisungen zur Ausübung der Vollmacht 82
 Zeichnung/Unterschrift 81
Vorauszahlungen 99
Vorfeldverträge 69
Vorrang der Individualabrede *siehe*
 Individualabrede
Vorvertrag 58
Wegezeiten 149
Werkvertrag
 Abgrenzung zum Dienstvertrag 12
 Abgrenzung zum Kaufvertrag 11, 116
 Abnahme *siehe unter Abnahme*
 Begriff 10, 116
 Grundzüge 116
 Liefertermin 150
 Mängelhaftung 155
 Vergütung 117
  Fälligkeit 147
 vorzeitige Kündigung 145
Willenserklärung
 konkludente/durch schlüssiges Handeln 56
 Zugangsbedürftigkeit 61, 64
Zirkapreis 149
Zivilrecht (Begriff) 19
Zurückbehaltungsrecht 92

www.ingramcontent.com/pod-product-compliance
Lightning Source LLC
Chambersburg PA
CBHW071532220526
45469CB00003B/749